Jörg Purner, Radiästhesie – Ein Weg zum Licht?

Grafik Titelseite: Ursula Urban, Chur
Grafik Inhalt: Werner Hofmann, Zürich
Fotos: Jörg Purner
Druck und Ausrüstung: Gasser AG, Chur
ISBN 3-907029-35-6
Gedruckt in der Schweiz

Jörg Purner

Radiästhesie – Ein Weg zum Licht?

Mit der Wünschelrute auf der Suche nach dem Geheimnis der Kultstätten

Edition Astrodata

Das Wort «Radiästhesie» wurde im Jahre 1930 vom katholischen Geistlichen Abbé M. L. Bouly in Frankreich geprägt. Es stellt eine lateinisch-griechische Wortkombination dar, aus «radius» (= Strahl) und «aisthanomai» (= empfinden, fühlen) und bedeutet wörtlich übersetzt «Strahlenfühligkeit» oder «Strahlenempfindlichkeit».

Man versteht darunter die Fähigkeit von Wünschelrutengängern und Pendlern, Strahlenwirkungen wahrzunehmen, die von belebten und unbelebten Objekten ausgehen.

Die Anwendungsgebiete der Radiästhesie liegen vor allem in geologisch-hydrologischen, botanischen, biologisch-medizinischen und psychologischen Bereichen. Am geläufigsten davon ist jener Themenkreis, der die sogenannten «Erdstrahlen» und «Wasseradern» umfaßt.

Unter Umständen kann Radiästhesie aber auch einen Weg darstellen, der zum Mysterium heiliger Stätten führt.

Über wesentliche Schritte zu diesem Erfahrungsfeld wird in diesem Buch berichtet.

Inhaltsverzeichnis

Zum Einklang

Ich erinnere mich an einen kleinen Buben, für den es selbstverständlich war, einen Freund zu haben, der «Nulliputz» hieß. Die Erwachsenen fanden diesen Namen natürlich sehr merkwürdig, aber was sie völlig zu überfordern schien, war die Tatsache, daß Nulliputz ein Wichtelmann war, der in einer Höhle abseits des Weges wohnte, auf dem die sonntäglichen Spaziergänger aus der nahen Stadt dahinzutrotten pflegten.

So war es nicht verwunderlich, daß sie dieses Kind auch nicht sonderlich ernst nehmen konnten, wenn es ihnen von seinem Freund erzählte und von den wundersamen Dingen, die es mit ihm erlebte, oder wenn es ihnen gar von jenem engelhaften Wesen zu berichten wußte, das es wie ein lichtvoller Hauch umschwebte und dessen zarte Berührung es hin und wieder ganz deutlich spüren konnte. Deshalb neigten die Erwachsenen auch dazu, den kleinen Buben «Traumulus» zu nennen, womit sie zum Ausdruck zu bringen versuchten, daß er vor allem in einer Art Traumwelt zu leben schien und es ihm sichtlich schwer fiel, sich in der Erscheinungswelt der Erwachsenen zurecht zu finden und diese als einzig reale Wirklichkeitsebene zu akzeptieren.

Ich erinnere mich aber, daß sich der kleine Bub im Laufe der Zeit mehr und mehr daran gewöhnte, auch in jener Welt zu erwachen, die wir die äußere, die physische Wirklichkeit nennen.

Seinen Freund «Nulliputz» bekam er immer seltener zu Gesicht, bis er endlich ganz seinem Blickfeld entschwunden war. Auch jenes Gespür für die liebevolle Gegenwart seines engelhaften Begleiters ging mehr und mehr verloren und versank schließlich in völliges Bewußtseinsdunkel.

Zur Freude der Erwachsenen pflegte er nun sichtlich nurmehr mit Freunden zu spielen, die auch für sie wahrnehmbar waren. Die Phase der merkwürdigen, ja manchmal beunruhigenden Kindheitsträume war also glücklich überstanden. Das Kind war vernünftig und normal – es war erwachsen geworden.

Ein merkwürdiger Auftrag

Jahrelang an die geistige Einstellung eines normalen Erwachsenen gewöhnt, glaubte ich zunächst, nicht recht gehört zu haben, als ich zu Beginn des Jahres 1973 beauftragt wurde, mich mit dem Thema der «Erdstrahlen» auseinanderzusetzen.

Ich war zu diesem Zeitpunkt Assistent am Institut für Landwirtschaftsbau und ländliches Siedlungswesen an der Technischen Hochschule in Graz, und ich empfand es vorerst ganz einfach als Zumutung, mich mit einem derart unwissenschaftlichen Themenkreis beschäftigen zu müssen. Im Rahmen meines geistigen Horizonts und meiner Denkgewohnheiten, die ich mir im Laufe der Schulbildung und durch ein Architekturstudium angeeignet hatte, konnte ich mir beim besten Willen nicht vorstellen, daß an diesem ominösen Gebiet des Wünschelrutengehens und Pendelns etwas Vernünftiges und Realistisches dransein sollte.

Aber mein damaliger Chef, Professor Bielenberg, wußte triftige Gründe anzuführen, warum eine ernsthafte Beschäftigung mit dieser Thematik vonnöten sei.

So hatte er in seiner 1963 in Braunschweig als Dissertation publizierten Arbeit «Der Einfluß des Stalles auf die Schweinemast» feststellen können, daß bei gleicher Fütterung in Stallungen verschiedener Bauweisen bzw. Baustoffzusammensetzungen unterschiedliche Tiergesundheit auftrat, und er zog daraus den Schluß, daß zwischen Baustoffen und Lebensqualität ein Zusammenhang bestehen dürfte.

Im Zuge dieser Arbeit wurde Prof. Bielenberg auch darauf aufmerksam, daß Landwirte in ihren Stallungen von Bereichen zu berichten wußten, wo immer wieder in besonders auffallender Weise Probleme mit dem Gesundheitszustand der Tiere auftraten. So sollen sich an ganz bestimmten Stellen im Stallraum regelrechte Tendenzen zu chronischen Krankheiten, zu Fehlgeburten oder vorzeitigem Verenden der Tiere gezeigt haben. Die Bauern sprachen in diesem Zusammenhang von «Problemboxen» oder «Problembuchten», deren Belegung sie weitgehendst zu vermeiden versuchten. Es schien den betreffenden Landwirten auch durchaus selbstverständlich zu sein, daß an solchen Stellen bestimmte unsichtbare Kräfte wirksam sein müßten, die jene gesundheitlichen Probleme bewirkten. Man sprach dabei unter anderem auch von «Wasseradern» und «Erdstrahlen» und akzeptierte im Rahmen der langjährigen Erfahrungen, daß Tiere offensichtlich auf derartige lokal auftretende Strahlungsverhältnisse, oder was es auch immer sein mochte, entsprechend reagieren, daß es standortbedingte Krankheiten bei Tieren zu geben schien.

Prof. Bielenberg war auf Grund seiner Erkenntnisse und Erfahrungen stets um ein – wie er es nannte – «gesundes» Bauen bemüht, und aus seinem ganzheitlichen Verständnis heraus war für ihn auch das lokale Strahlungsmilieu ein in der Bauplanung zu berücksichtigender biologischer Faktor.

Er beauftragte mich also, mich mit diesem in der etablierten Wissenschaft praktisch nicht existenten Thema der immateriellen Standortfaktoren, dem Problemkreis der «Erdstrahlen» zu befassen, um mehr darüber zu erfahren.

Zunächst fiel es mir natürlich entsprechend schwer, diesem Phänomenbereich mit der nötigen geistigen Offenheit und Unvoreingenommenheit zu begegnen und ihm eine wirklich ernsthafte Verständnisbereitschaft entgegenzubringen, war ich doch zu sehr gefangen in anerzogenen Vorstellungsgewohnheiten von der Wirklichkeit, in denen Wünschelrutengehen und Pendeln als Aberglaube abgeurteilt und eingestuft wurden.

Natürlich war ich trotz meinen Vorurteilen neugierig, was ich im Zuge meiner Erhebungen erleben würde, und ich sollte in meinen Erwartungen auch wahrlich nicht enttäuscht werden. Mit Skepsis und Zweifeln behaftet und mit der Erwartungshaltung, daß ja doch nichts Vernünftiges dabei herauskommen könne, begann ich also meine Beobachtungen im bunten Treiben der radiästhetischen Szene.

Einer, der auszog, das Gruseln zu lernen

Es ergaben sich in der Folge mehrere Gelegenheiten, mit Rutengängern und Pendlern in Kontakt zu kommen, die erfreulicherweise wenig Zurückhaltung zeigten, mich durch ihre außergewöhnlichen Fähigkeiten zu beeindrucken.

So wurde ich gleich bei meiner ersten Begegnung von einem älteren rundlichen Herrn in aufdringlicher Weise von oben bis unten abgependelt, um schließlich mit weisem Unterton zu erfahren, daß ich es auf den Nieren hätte, wovon ich natürlich nichts wußte.

Ein anderer wollte mir unbedingt demonstrieren, daß auch ich rutenfühlig sei, was er per Pendel mit Prozentangabe erleichtert feststellte, worauf er mich aufforderte, mit meiner linken Hand die eine Hälfte seiner Rute so gut festzuhalten wie ich konnte, während er mit seiner rechten Hand das andere Ende ergriff. Meine rechte Hand mußte ich in seine linke legen, worauf er sie mit Nachdruck festhielt. Als derartiges Gespann trabten wir dann im Gleichschritt los. Plötzlich schlug die Rute aus, so daß es mir meine Hälfte fast aus der Hand gerissen hätte, worauf der Kommentar «...Sehen S» erfolgte und sich ein zufriedenes Lächeln über das Gesicht des Rutengängers ausbreitete.

Radiästhesie hatte also sichtlich nichts mit Feinfühligkeit zu tun, sondern eher mit Brachialgewalt, beschloß ich aus diesem fundamentalen Ereignis im Gedächtnis zu bewahren.

Bei meinen weiteren Kontakten mit Eingeweihten der Radiästhesie war erfreulicherweise auch die Weiblichkeit vertreten, was einen fühligen Herrn unter anderem dazu animierte, radiästhetische Experimente über typisch weibliche Körperteile durchzuführen. Das Ergebnis war eindeutig – die Brüste der Frau weisen Plus- und Minus-Polarität auf. Von den Anwesenden wurde dies sichtlich mit Genugtuung zur Kenntnis genommen, während ich ein wenig betroffen war, daß mir dieser eklatante Unterschied nicht schon früher aufgefallen war.

Ich hatte dann auch die Ehre, an der Kulthandlung einer sogenannten «Entstörung» eines «erdstrahlungsverseuchten» Platzes teilzuhaben, der durch einen auffallend starken Rutenausschlag in der Hand des sensitiven Leiters einer Radiästheten-Gruppe aufgespürt worden war. Die Beteiligten standen erwartungsvoll um die mit Holzstäben gekennzeichnete Stelle. Endlich entnahm unser Rutengänger seinem radiästhetischen Utensilienkoffer jenes geheimnisvolle Kästchen, auf das man offensichtlich gewartet hatte, denn mit deutlich gesteigerter Aufmerksamkeit verfolgten die Anwesenden den weiteren Lauf des Geschehens. Das Kästchen wurde nun sehr sorgfältig auf der vermeintlichen Störstelle aufgestellt und ein wenig zurechtgerückt.

Nun hatte die Spannung ihren Höhepunkt erreicht. Der fühlige Leiter der Gruppe schritt, seine Rute im Anschlag, aus ein paar Metern Entfernung auf die bezeichnete

Stelle mit dem Kästchen zu und darüber hinweg. Die Rute blieb dabei unbewegt in ihrer Ausgangslage. Schlagartig hatte sich die gespannte Haltung unter den Beteiligten dieser Vorführung gelöst, und eine Atmosphäre der Erleichterung und Bewunderung breitete sich aus.

Das Kästchen hatte also sichtlich funktioniert; die störende Strahlung war wie weggeblasen.

Nun erfolgten rege Fachsimpeleien über das Wunderkästchen und seine Anwendung, wobei den Hinweisen des Gruppenleiters ehrfurchtsvoll gelauscht wurde. Gegen Ende dieses längst in einen Monolog des Meisters übergegangenen Fachgesprächs stellte ich dann die offensichtlich völlig unpassende Frage, ob es erlaubt sei, einen Blick in dieses Kästchen zu werfen. Worauf ich kopfschüttelnd von mehreren sichtlich bestürzten Anwesenden gleichzeitig belehrt wurde, daß das ganz unmöglich sei und man dieses nicht öffnen dürfe, da es sonst seine Wirkung verlieren würde. Außerdem sei der Inhalt ein Patentgeheimnis.

Eigentlich hätte ich mir das ja auch gleich denken können. Ich entschied micht also, vorläufig keine dummen Fragen mehr zu stellen und so geduldig wie möglich die weiteren Experimente der Strahlenfühligen über mich ergehen zu lassen.

Weitere Begegnungen mit Praktikern des Wünschelrutengehens und Pendelns bescherten mir durchaus ähnliche Impressionen. Radiästhesie begann sich mir als Spiel ohne Grenzen zu offenbaren, wobei mir ein charakteristischer Wesenszug besonders auffiel: Es wurden stets Aussagen gemacht, die niemals in irgendeiner Weise kontrolliert wurden oder werden konnten.

Ich hatte auch den Eindruck, daß es im Rahmen der vorgeführten Praktiken gar nicht so sehr darum ging, ob die Mutungsergebnisse richtig oder falsch waren, sondern eher um den suggestiven, psychodynamischen Impuls, der durch die radiästhetische Aussage ausgelöst und wirksam wurde, und nicht zuletzt um den «Unterhaltungseffekt», den zahlreiche Rutengänger in nicht unerheblichem Maße zu benötigen schienen.

Zudem reifte in mir der Verdacht, daß die radiästhetischen Methoden, die Instrumente Wünschelrute und Pendel in ähnlicher Weise eingesetzt wurden wie eine Münze, die manche Leute als Entscheidungshilfe im Alltag zu werfen pflegen.

So konnte ich mich also im Rahmen meiner ersten Erhebungen zum Thema Radiästhesie davon überzeugen, daß Leichtgläubigkeit, Kritiklosigkeit und mangelnde Selbsteinschätzung jene Symptome waren, die in den Kreisen der angeblich Strahlenfühligen vorherrschten. Mein Vorurteil, daß es sich bei Wünschelrutengehen und Pendeln um eine rein abergläubische Sache handle, daß Aberglaube das tragende Element radiästhetischer Praktiken sei, schien somit durchaus berechtigt. Auf Grund meiner Erlebnisse und Erfahrungen sah ich auch wenig Sinn darin, mich weiter mit dieser Thematik zu befassen.

Ein Hauch von Wissenschaftlichkeit

Prof. Bielenberg hörte sich meinen Bericht mit sichtlicher Gelassenheit an, und es schienen ihn die Schilderungen meiner Erlebnisse keineswegs zu überraschen. Unverständlicherweise äußerte er aber dann, er könne meine Schlußfolgerung, daß an der Radiästhesie folglich überhaupt nichts Ernstzunehmendes dran sei, nicht teilen, und ich möge mich doch etwas umfassender und gründlicher umsehen, um mögliche konstruktive Ansatzpunkte zu finden. Schwer enttäuscht über die Hartnäckigkeit meines Chefs sollte ich mich also der Beobachtung weiterer strahlenfühliger Arbeitskreise widmen.

Nun hatte mir Prof. Bielenberg wenigstens angedeutet, aus welcher Richtung er sich ernstzunehmende Beiträge zu dieser Thematik vorstellen könne. Schon leicht allergisch auf das Wort Radiästhesie und alle anderen Fachausdrücke, die mir nun wieder bevorstanden, besuchte ich auf Grund seines Hinweises im Frühjahr 1973 die Jahrestagung des Forschungskreises für Geobiologie in Eberbach am Neckar, in der Bundesrepublik Deutschland.

Dieser Forschungskreis, so hieß es, habe es sich zur Aufgabe gemacht, das Erfahrungsfeld des Wünschelrutengehens und Pendelns mit wissenschaftlichem Ernst zu bearbeiten. Hier würden auch physikalische Untersuchungen und biologische Messungen im Bereich radiästhetisch ermittelter Zonen durchgeführt. Man habe also hier doch einiges an seriösen und exakten methodischen Ansatzpunkten zum Thema Radiästhesie zu bieten.

Bei der Veranstaltung würde ich mich also über den neuesten Stand der exaktnaturwissenschaftlichen Erforschung dieses Gebietes unterrichten können und zudem die zuständigen Experten aus ganz Europa antreffen. Erleichtert nahm ich diese für mein wissenschaftsgläubiges Akademikerherz so wohlig klingenden Hinweise entgegen und betrat dementsprechend erwartungsvoll die Hallen, in denen die Tagung des Forschungskreises für Geobiologie stattfinden sollte.

Einige hundert Menschen waren anwesend und lauschten mehr oder weniger ergriffen den Worten der Vortragenden. Ein Vokabular aus höherer Mathematik, Geophysik, Astrophysik, Kernphysik, Elektrophysik, Biophysik, aus Biologie, Medizin, Meteorologie und anderen Wissenschaftszweigen beherrschte die Szene, und es war für mich erstaunlich, mit welcher Selbstverständlichkeit komplizierte Formeln, Diagramme und Fachausdrücke aus allen Wissenschaftsgebieten von den Zuhörern aufgenommen wurden.

Ich mußte mich sehr konzentrieren, um mich in den vielschichtigen Begriffssphären, die hier berührt wurden, zurechtzufinden. Zum Glück hatte ich während meines Studiums einige Vorlesungen über Mathematik und Physik gehört und war als Assistent unter anderem mit den Fachbereichen Biologie, Medizin und Verhaltungsforschung befaßt, sonst hätte ich zum Teil überhaupt nicht mitbekommen, wovon die Rede war.

Kein Wunder also, daß mir die Fülle, die Vielfältigkeit und die Wissenschaftsträchtigkeit des Gebotenen imponierte. In einer der Pausen versuchte ich dann aus den zum Teil sehr regen Gesprächen der Teilnehmer herauszuhören, welche Menschen hier als Tagungsteilnehmer überhaupt anwesend waren, denn ich war von der Bandbreite ihres wissenschaftlichen Verständnisses wahrlich beeindruckt. Umso erstaunter war ich, als sich herausstellte, daß es zu einem großen Teil Rutengänger und Pendler sowie ganz allgemein an der Radiästhesie Interessierte waren, die aus verschiedenen Ländern Europas zu dieser Veranstaltung zusammengekommen waren.

Einer Vielzahl von Kommentaren konnte ich allerdings entnehmen, daß offensichtlich nur wenige der Anwesenden mit den wissenschaftlichen Aussagen und Interpretationen der Vortragenden inhaltlich wirklich etwas anfangen konnten. Man schien sich aber durchwegs einig zu sein, daß hier die wissenschaftliche Absicherung ihrer radiästhetischen Erfahrungen stattfand. Die Ausdrucksweise der Vortragenden wurde allerdings von einigen als «zu wissenschaftlich» kritisiert, und vereinzelt bekam man leicht mißgestimmt zu hören, daß etwas mehr «praktische Radiästhesie» und konkrete Erfahrungsberichte mehr geschätzt wären. Erst jetzt bemerkte ich im Gedränge des wogenden Pausenbetriebes, daß sich da und dort kleine Gruppen gebildet hatten, innerhalb derer sich Szenen abspielten, die mir von meinen früheren Erhebungen her sehr bekannt vorkamen.

Da wurden die neuesten und eigenwilligsten radiästhetischen Instrumente angeboten und vorgeführt, das Geschlecht des zu erwartenden Kindes einer in der Blüte ihrer Schwangerschaft stehenden jungen Dame ermittelt, staunende Tagungsteilnehmer von ihrer Rutenfühligkeit überzeugt, Fachdiskussionen über neueste Entstörmatten und Wunderkästchen abgehalten. Am Bücherstand wurde radiästhetisch ermittelt, inwieweit ein vorliegendes Buch zur geistig-seelischen Entwicklung des fühligen Interessenten beitragen könnte, in der Mittagspause vor den staunenden Tischnachbarn über der Speisekarte gependelt, um dann radiästhetisch abgesichert einen fetttriefenden Schweinebraten zu verdrücken und mit sichtlicher Erleichterung den als «biologisch gut verträglich» erpendelten Wein zum Munde zu führen.

Wieder schienen Leichtgläubigkeit und Kritiklosigkeit Orgien zu feiern.

Nur sehr zögernd löste sich das bunte Treiben auf, als das wie ungeduldig klingende akustische Zeichen zum wiederholten Male daran erinnerte, daß der nächste Vortrag längst schon beginnen sollte. Ein Hauch von Wissenschaftlichkeit würde für die nächsten Stunden wiederum die abergläubische Versammlung von Rutengängern, Pendlern und ihren Sympathisanten umwehen.

Waren die meisten der Anwesenden also doch nur hierher gekommen, um sich an radiästhetischen Fachsimpeleien zu beteiligen oder sich selbst als strahlungsfühlige Pausenfüller in Szene zu setzen? Meine Ehrfurcht vor der wissenschaftlichen Atmosphäre, die diese Tagung der Radiästhesie umhüllte, hatte einen empfindlichen Dämpfer erhalten.

Aber trotzdem konnte ich meinem Chef erste Erfolge vermelden, denn obwohl ein großer Teil der wissenschaftlichen oder zumindest wissenschaftlich klingenden Vorträge nicht unmittelbar die Radiästhesie zum Thema hatte, wurde deutlich, daß es eine Reihe von exaktnaturwissenschaftlichen Ansatzmöglichkeiten gab, um dieses Gebiet zu durchleuchten.

Ich wurde bei dieser Tagung auch auf einige Schriften über Teilbereiche der Radiästhesie aufmerksam, die mir in einem gewissen Maße den Anspruch der Wissenschaftlichkeit zu erfüllen schienen. So stieß ich etwa auf Publikationen über statistische – also mathematisch abgesicherte – Untersuchungen zum Rutenphänomen, die ergeben haben, daß mit einer Wahrscheinlichkeit von mehr als 90 % das Herausfinden bestimmter Reaktionspunkte durch Rutengänger nicht vom Zufall bestimmt ist, sondern auf Gesetzmäßigkeit beruht.

Weiter wurde mir eine Dokumentation zugänglich, die eine Fülle von Ergebnissen aus physikalischen Messungen enthielt, die im Bereich von radiästhetisch ermittelten Reaktionszonen durchgeführt worden waren und bei denen eine Reihe von physikalischen Anomalien festgestellt werden konnten.

Als weitere Möglichkeit zum objektiven Nachweis von sogenannten Reiz- oder Reaktionszonen war ich auf eine biophysikalische Meßmethode – die Hautwiderstandsmessung nach Dr. Ernst Hartmann – aufmerksam geworden, durch die bei Aufenthalt auf «neutralen» Stellen und Störstellen erhebliche Unterschiede in der elektrischen Leitfähigkeit der Haut festgestellt worden waren. In mir begann ein Fünkchen Hoffnung aufzuglimmen, daß an der Radiästhesie vielleicht doch etwas dran sein könnte.

Könner, Künstler, Scharlatane

Im Sommer 1973 kam ich dann mit Robert Endrös in Kontakt, einem Wasserbauingenieur aus Landshut, von dessen radiästhetischen Fähigkeiten ich durch einen ehemaligen Studienkollegen erfahren hatte, der ihm zeitweise bei seinen Arbeiten assistierte. Bei seinem Anblick erinnerte ich mich daran, ihn bereits auf der Tagung in Eberbach in einer diskutierenden Gruppe kurz gesehen zu haben. Aber ich wäre damals nicht so ohne weiteres auf die Idee gekommen, einen praktizierenden Rutengänger vor mir zu haben, da er mir eher durch seine wissenschaftlich klingenden Aussagen aufgefallen war. Umso gespannter war ich, mit welchen radiästhetischen Einlagen er mich beglücken würde.

Zu meiner Überraschung sollte es aber in erster Linie ein sachliches und nüchternes Gespräch werden, und seine Vorführungen beschränkten sich lediglich auf einige behutsame Anleitungen, wie man mit der Erweckung des eigenen radiästhetischen Sensoriums beginnen könne.

Nichts war zu spüren von jenem Fluidum von Aberglauben, Kritiklosigkeit und Imponiergehabe, das ich von meinen bisherigen Begegnungen mit Wünschelrutengängern und Pendlern her gewöhnt war.

Zum Unterschied zu jenen Praktikern der Radiästhesie, die ich bis dahin kennengelernt hatte, schien sich Endrös auch durchaus der Problematik dieses Erfahrungsfeldes bewußt zu sein. Denn er pflegte seine eigenen radiästhetischen Fähigkeiten immer wieder im Rahmen von Mutungsexperimenten zu überprüfen, deren Ergebnisse kontrollierbar waren. So berichtete er etwa von Blindversuchen mit künstlich erzeugten elektromagnetischen Feldern, bei denen in konkreter Weise festgestellt werden konnte, ob die Rutenreaktion und ihre Deutung stimmten oder nicht. (Von einem «einfachen Blindversuch» spricht man in diesem Zusammenhang, wenn der am Experiment beteiligte Rutengänger nicht informiert wurde, ob die künstliche Störung eingeschaltet ist oder nicht. Lediglich jene Person, die den Versuch leitet und überwacht, weiß darüber Bescheid. Von einem «doppelten Blindversuch» verlangt man hingegen, daß sowohl der Rutengänger als auch der Versuchsleiter nicht wissen können, welche elektro-magnetischen Feldverhältnisse jeweils tatsächlich herrschen. Diese werden zum Beispiel durch einen «Zufallsgenerator» gesteuert.) Dabei mußte er erkennen, daß er auch zahlreiche Fehlmutungen zu verzeichnen hatte, obwohl er im Durchschnitt eine recht gute Trefferquote zustande brachte.

Er betonte, die Einsicht der eigenen Fehltreffer könne sehr hilfreich sein, einen vor der Illusion radiästhetischer Unfehlbarkeit, vor mangelnder Selbsteinschätzung, Selbsttäuschung, Überheblichkeit und Übermut zu bewahren. Auch die besten der ihm bekannten Rutengänger würden ihre Fähigkeit nur in begrenztem Maße beherrschen. Es gebe Könner, Künstler und Scharlatane auf diesem Gebiet, wobei letztere in der erdrückenden Überzahl seien, bedauerlicherweise oft ohne es selbst zu bemerken. Er wisse sehr wohl, daß der Großteil der radiästhetisch Praktizierenden sich mit ihren Mutungsergebnissen lediglich im Bereich der Zufälligkeit bewegten und daß sie in den meisten Fällen auf ihre eigenen Wünsche, Glaubensneigungen und Einbildungen hereinfielen.

Solange dies im Rahmen der eigenen Alltagsprobleme im Sinne einer autosuggestiven Lebens- und Entscheidungshilfe geschehe, wäre es für ihn noch durchaus praktikabel und tolerierbar, aber unverantwortlich bis kriminell wäre es, aus einem derartigen radiästhetischen Unvermögen heraus hilfesuchende Menschen großartig zu beraten, ihnen unsinnige oder gar gefährliche Maßnahmen zu empfehlen, um sich dafür noch bezahlen zu lassen.

Ich hatte wahrlich nicht erwartet, daß mir ein Praktiker der Radiästhesie so aus dem Herzen sprechen würde.

War ich etwa bisher nur auf schwarze Schafe der Radiästhesie hereingefallen oder mangelte es mir ganz einfach an Verständnis und Vorstellungsvermögen, die bisher erlebten radiästhetischen Szenenbilder richtig zu deuten?

Durch Endrös sollte ich aber noch eine Reihe weiterer interessanter Hinweise bekommen.

So riet er mir, bei der Erweckung und Förderung der eigenen radiästhetischen Fähigkeiten weitgehendst auf die individuellen physischen und psychischen Anlagen und Eigenheiten Bedacht zu nehmen und zu versuchen, diese in ein persönlich zu gestaltendes Übungsprogramm einzubeziehen. Er würde eher davon abraten, mit einem großartig angelegten und sozusagen standardisierten Einführungskurs irgendeiner radiästhetischen Schule zu beginnen. Dabei werde im allgemeinen zu rasch vorgegangen, zu viel auf einmal gebracht und auf die individuell veranlagten Fähigkeiten des Einzelnen praktisch nicht Rücksicht genommen.

Auch sei es nicht unbedingt günstig, sich von Anfang an den Denk- und Vorstellungsmustern eines bestimmten radiästhetischen Weltanschauungssystems und Schulungsprogramms unterzuordnen und sich durch die dabei vertretenen, zum Großteil durch nichts bewiesenen Theorien und den darauf beruhenden Patentrezepten prägen und einengen zu lassen.

Dadurch würde unter Umständen das harmonische Wachstum der keimhaft veranlagten eigenen individuellen radiästhetischen Begabungen beeinträchtigt, ja mitunter auch verhindert werden.

Radiästhesie sei eine sehr lebendige und vielseitige Angelegenheit, und demgemäß müsse auf einen entsprechenden Spielraum für die individuelle Entwicklung des Einzelnen geachtet werden.

Endrös warnte in diesem Zusammenhang auch vor den «Gurus und Päpsten der Radiästhesie», die eine bestimmte Art radiästhetischer Weltanschauungsweise predigten und gemeinsam mit ihrer zum Teil regelrecht hörigen und fanatischen Anhängerschaft das Ihre dazu beitragen würden, daß unter verschiedenen Arbeitskreisen von Rutengängern und Pendlern Intoleranz, Überheblichkeit, Besserwisserei, Konkurrenzneid und Streit herrschten.

Natürlich sei es wesentlich, gewisse grundsätzliche Anleitungen über Möglichkeiten der Handhabung von Rute und Pendel zu erfahren, aber dies könne auch ohne viel Aufwand im Rahmen einer kurzen Unterweisung eines ganz «normalen» Rutengängers erfolgen.

Üben müsse man ja dann doch selber, und dabei sei der gruppendynamische «Sog», wie er bei den üblichen Radiästhesieseminaren zu herrschen pflege, nicht gerade förderlich. Dieser könne eher zu Verunsicherung und Komplexen führen, da auch hier meist die «Unterhaltungsradiästheten», die schon alles mögliche zu können glauben, dazu neigen, sich in den Vordergrund des Geschehens zu schieben. Den Besuch eines Einführungskurses in eine bestimmte radiästhetische Methode würde er mir erst dann empfehlen, wenn ich aus eigenem geduldigem Üben heraus die ersten radiästhetischen Gehversuche erfolgreich hinter mich gebracht und das «kleine Einmaleins» der Radiästhesie vor mir selbst bestanden habe.

Zur Frage nach einem für meine anfänglichen Versuche geeigneten Rutenmaterial führte Endrös aus, daß es kein alleinseligmachendes Instrumentarium in der Radiästhesie gebe. Die unterschiedlichsten Ruten und Pendel könnten geeignet sein, die im allgemeinen unbewußt bleibenden radiästhetischen Empfindungsreaktionen des eigentlich wesentlichen «Meßgerätes» – des Menschen selbst – anzuzeigen und ins Bewußtsein zu heben. Sie seien lediglich «Krücken», die der menschlichen Sensibilität sozusagen auf die Beine des Bewußtseins zu helfen vermögen. Aber warum sich an eine Krücke klammern, die zur Überwindung der individuellen Gehprobleme nicht geeignet erscheint oder die das Gehenlernen gar verhindert?

Leider trügen die unterschiedlichen Anschauungen über verschiedene Wünschelruten und Pendel zu unnötigen Spannungen und Meinungsverschiedenheiten in Rutlerkreisen bei. Immer wieder würden findige Mitglieder auftreten, die die alleinseligmachende Rute gefunden zu haben glauben, die mit missionarischem Eifer ihre Kollegenschaft bekehren möchten und durch ihre Aufdringlichkeit und Besserwisserei lediglich Unruhe und Zwietracht in den eigenen Reihen säen.

Ich solle deshalb nicht irgend ein Instrumentarium nehmen, das mir jemand in marktschreierischer Weise als das Beste vom Besten aufzuschwatzen versucht, sondern mich darum bemühen, eines zu finden, das mir liegt, das mir sympathisch und vertrauenserweckend erscheint, eines, das mir spürbar «auf die Beine» zu helfen vermag. Unter Umständen sei es allerdings auch möglich, sich ohne Krücken radiästhetisch zu bewegen, also sich ohne Rute oder Pendel bestimmter ortsabhängiger Empfindungsreaktionen bewußt zu werden.

Endrös stellte mir dann eine seiner bis dahin unveröffentlichten Arbeiten mit dem Titel «Gitterstrukturen im Strahlungsfeld der Erdoberfläche» zur Verfügung, in der er sich eingehend mit Feldschwankungsphänomenen im lokalen Strahlungsfeld auseinandersetzte, die mit Hilfe von Wünschelrute oder Pendel und bei entsprechendem instrumentellem Aufwand auch meßtechnisch erfaßbar seien.

Er demonstrierte mir in der Folge auch, wie einzelne Zonen und Zonenkreuzungen dieses Liniensystems in jenem Raum angeordnet waren, in dem wir uns befanden.

So wurde ich zum ersten Mal mit radiästhetisch ermittelbaren Strukturelementen im Strahlungskörper der Erde konfrontiert, die mich später noch in sehr intensiver Weise beschäftigen sollten.

Vieles von unserem Gespräch habe ich damals natürlich nicht so recht verstanden, aber ich hatte das Gefühl, daß Endrös wirklich aus eigener Erfahrung sprach und es ihm ein ernstes Anliegen war, mich auf diese Dinge aufmerksam zu machen.

Die Begegnung mit Herrn Endrös trug jedenfalls wesentlich dazu bei, in mir das Vertrauen zu erwecken, daß an der Radiästhesie vielleicht doch etwas dran sein könnte.

So versuchte ich, mir seine Hinweise in groben Zügen zu merken und sie zu beherzigen.

In der Folge war es mir vergönnt, Rutengänger kennenzulernen, die vor allem im Zusammenhang mit der traditionellen Wassersuche sehr beeindruckende Mutungsergebnisse aufzuweisen hatten und trotzdem in auffallender Bescheidenheit und Unaufdringlichkeit ihr radiästhetisches Handwerk auszuüben pflegten.

Sie alle haben dazu beigetragen, mein Vertrauen zu stärken, daß das Phänomen Rutenfühligkeit tatsächlich existierte und es unter Umständen auch möglich sein dürfte, diese Wahrnehmungsfähigkeit zu schulen und zu entwickeln.

Und so begann ich schließlich, meine ersten eigenen radiästhetischen Gehversuche behutsam vorzubereiten.

Erste Gehversuche mit der Wünschelrute als «Krücke»

Auf weitere Kontakte mit radiästhetischen Kreisen wollte ich zunächst verzichten, um unnötigen Verunsicherungen jeglicher Art aus dem Weg zu gehen. Auch theoretische Anleitungen und Interpretationen über Radiästhesie, wie sie in Büchern und Skripten vorlagen, gedachte ich vorläufig aus ähnlichen Gründen zu meiden.

Ich fand, daß bereits genug Anregungen vorlagen, die ich noch nicht so recht verdaut hatte und die erst in Ruhe aufzuarbeiten waren.

Unter den damals im Handel befindlichen Ruten und Pendeln entdeckte ich kein Instrument, mit dem mich auffallende Sympathien verbunden hätten. So konnte ich mit dem Pendel schon deshalb nichts anfangen, weil ich damit im Zusammenhang eines Einführungskurses in die Praxis der Hypnosetherapie entsprechende Erfahrungen gesammelt hatte, die mir die Problematik der autosuggestiven Anfälligkeit des Pendelausschlages besonders deutlich machten.

Beim Durchprobieren aller möglichen Wünschelruten glaubte ich aber zu spüren, worauf es ankam, und so beschloß ich, mir selbst aus Metall- und Kunststoffstäben verschiedener Durchmesser und Elastizitätsgrade Ruten anzufertigen. Ich wollte ausprobieren, ob ich bei einer von ihnen ein besonders gutes Gefühl hätte, eine labile Ausgangshaltung in beherrschter Weise einzunehmen, die für radiästhetische Experimente Voraussetzung ist.

Aus einer Palette selbstgezimmerter Instrumente gelang es mir dann endlich, jenen Rutentypus zu finden, der mir von Form, Material, Grösse und Elastizität her besonders geeignet schien, diesen Spannungszustand so hervorzubringen, daß ich ihn zu beherrschen begann.

Ich probierte in diesem Zusammenhang auch die unterschiedlichsten Haltungstechniken aus, wobei sich herausstellte, daß mir unter den in der Radiästhesie üblichen Griffvariationen eine bestimmte Art des «Untergriffs» besonders zu liegen schien.

In der Folge versuchte ich dann eine Art Selbstverständnis für die Beherrschung dieser Labilitätslage zu entwickeln. Dabei übte ich nicht nur, diese ermüdungsfrei über längere Zeit beizubehalten, sondern auch beim Gehen in verschiedene Richtungen, bei Drehungen um die eigene Körperachse und bei Auf- und Abwärtsbewegungen.

Durch dieses Üben begann ich in zunehmendem Maße ein sehr differenziertes Gespür für jenen Grenzbereich zu bekommen, wo die gespannte Ausgangshaltung der Rute dazu tendierte, in den Rutenausschlag überzugehen.

Ich lernte, die Labilitätslage und ihre Überwindung in allen Erlebnisabstufungen sozusagen bewußt auszukosten und zu dosieren. Dabei beachtete ich zunächst vor allem die Rute und meine Haltungstechnik. Aber dann gelang es mir mehr und mehr,

Haltungstechniken der Rute

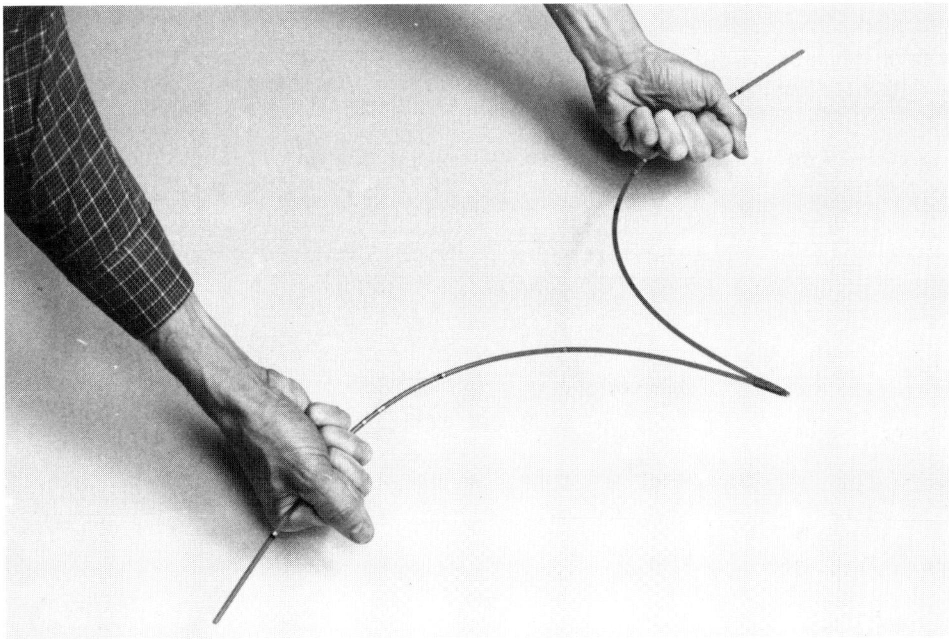

«Untergriff» an einer Kunststoffrute.

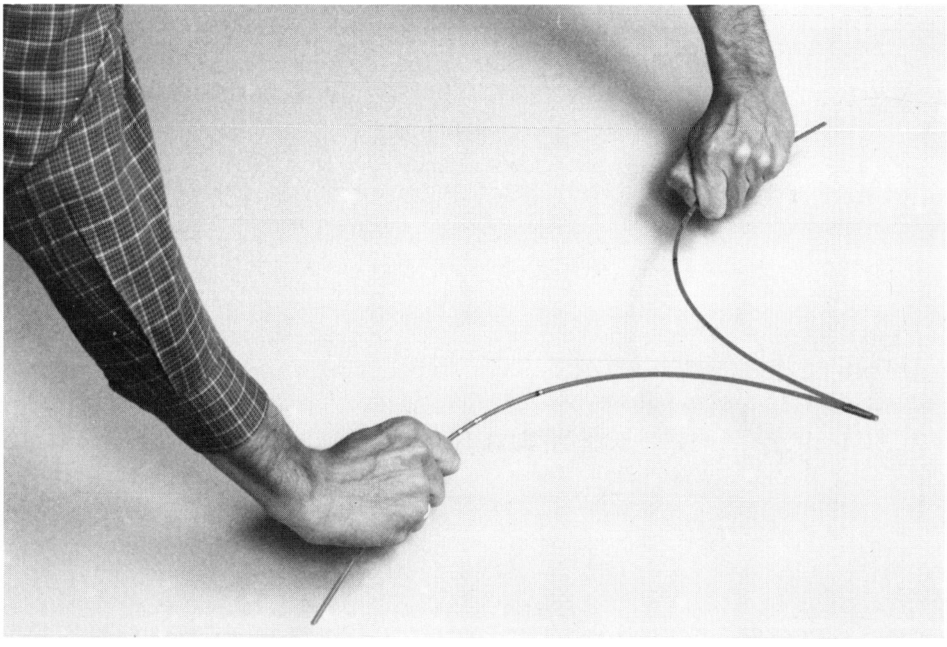

«Obergriff» an einer Kunststoffrute.

das Zusammenspiel von körperlicher Spannungssituation, anklingenden Empfindungen und auftauchenden Gedanken und Vorstellungen zu erkennen und in Ruhe zu betrachten.

Im Zuge dieses behutsamen mehr spielerischen Vorgehens bemerkte ich auf einmal, daß ich im Begriffe war, ein gewissermaßen lebendig wirkendes Gesamtgeschehen zu beobachten und mit ihm umzugehen, das körperliche, seelische und geistige Elemente umfaßte, und in das ich mich selbst als einverwoben erlebte.

Bei meinen weiteren Sensibilisierungsübungen fiel mir dann auf, daß sich die Rutenreaktion nicht nur durch bewußte Änderung der Handhaltung, sondern auch durch die Vorstellung eines Rutenausschlages auslösen ließ. Dieses körperliche, seelische und geistige Dimensionen verbindende und umfassende Geschehen schien also eine Art «Organ» zu sein, das sowohl auf physische als auch auf psychische Einflüsse in Form des Rutenausschlages reagierte.

Ich ahnte, daß mir damit die organische Anlage jenes Sensoriums bewußt geworden war, das bei der Ausübung des Rutengehens beansprucht wurde.

Behutsam begann ich, mich mit dem selbstinstallierten keimhaft veranlagten «Organ» zu beschäftigen, um seine Eigenschaften und Fähigkeiten, seine Wahrnehmungsmöglichkeiten und -grenzen näher kennenzulernen.

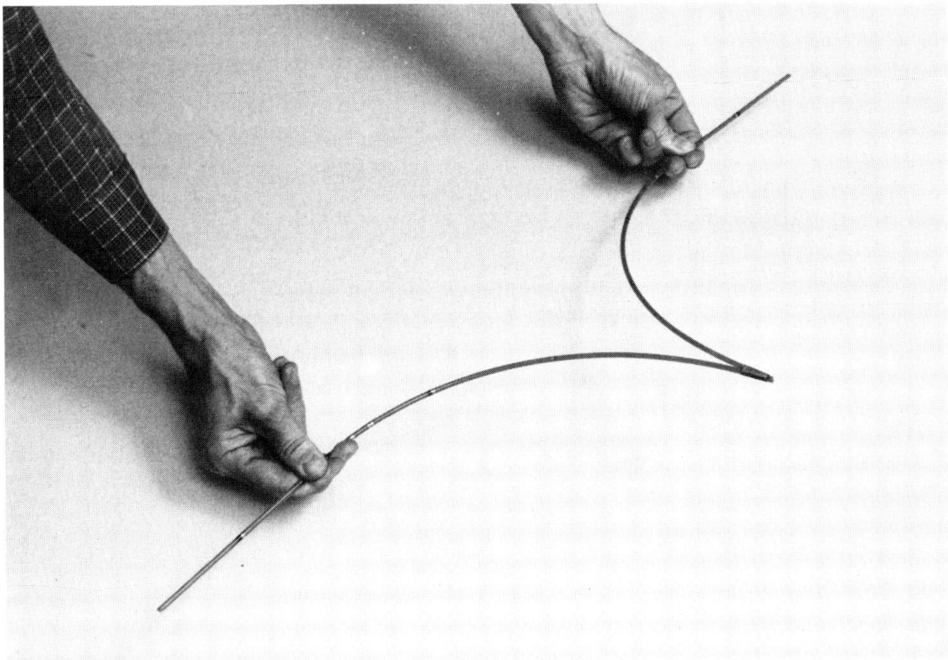

«Pfötchengriff» an einer Kunststoffrute.

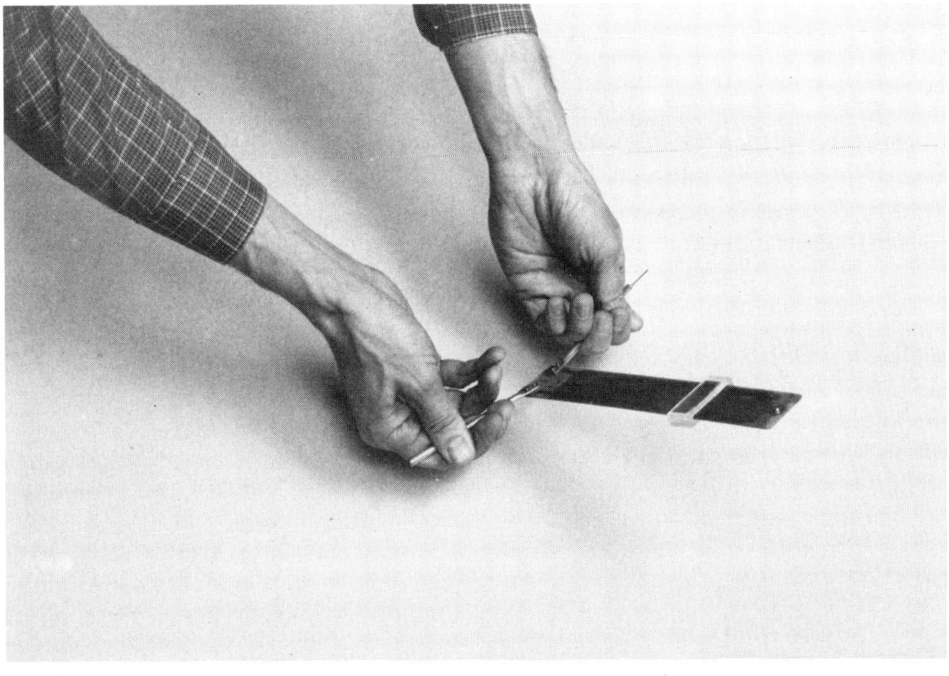

«Pfötchengriff» an einer «Lecher-Rute».

Die «Programmierung»

Im Zuge dieser Beschäftigung führte ich unter anderem eine Übung immer wieder durch, die sich in der Folge als brauchbar herausstellen sollte, eine zunehmende Aktivierung und Entfaltung des veranlagten radiästhetischen Sensoriums einzuleiten.

Ich wählte dazu einen Gegenstand aus, der für mich gut sichtbar war und den ich begrifflich leicht fassen konnte. Diesen stellte ich in ein paar Metern Entfernung von meinem voraussichtlichen Ausgangspunkt auf den Boden. Dann nahm ich die Ausgangshaltung der Rute ein, deren Beherrschung mir inzwischen zu einer selbstverständlichen Gewohnheit geworden war. Dabei versuchte ich, diesen labilen Spannungszustand in einen ruhigen und gelösten seelisch-geistigen Zusammenhang zu bringen, ihn sozusagen in ein ausgewogenes psychisches Milieu einzubetten.

Nun stellte ich mich geistig und seelisch darauf ein, daß ein Rutenausschlag erfolgen würde, wenn ich mich mit der Rutenspitze über dem Gegenstand befände. Bevor ich also auf mein Übungsobjekt zuging, versuchte ich, mir aus dieser ausgewogenen physischen und psychischen Ausgangslage heraus klar und deutlich jene Rutenreaktion vorzustellen, die mit der Ortung des Gegenstandes in Zusammenhang stehen sollte. Die Rute im Anschlag und gewissermaßen mit diesem Vorstellungsmuster «programmiert», schritt ich auf das vor mir liegende Objekt zu. Als ich mit der Rutenspitze in der Nähe des Gegenstandes angekommen war, spürte ich, wie ein «Ziehen» einsetzte, das plötzlich in den Rutenausschlag überging. Schon beim ersten Versuch schien das ausgemachte Reaktionsmuster recht gut zu funktionieren, denn ich mußte nicht zusätzlich bewußt mittun und «nachhelfen», um die Überwindung der Rutenausgangslage herbeizuführen. Mein entsprechend abgestimmtes körperliche, seelische und geistige Dimensionen verbindendes und umfassendes Sensorium hatte den sinnlich wahrnehmbaren Gegenstand beinahe «wie von selbst» registriert und ihn durch die Rutenreaktion angezeigt.

In der Folge führte ich dieses Experiment immer wieder durch, wobei ich mich stets von neuem bemühte, das ganze Geschehen in jenes ausgewogene, von Ruhe und Gelassenheit getragene physische und psychische Milieu einzubetten. Dadurch stellte sich dieser auf den Gegenstand programmierte Rutenausschlag im Laufe der Zeit immer exakter ein, und jenes Gespür für das «Ziehen» der Rute, mit dem sich das anzuzeigende Objekt «ankündigte», begann sich wirklich zu verfeinern.

Mir schien das Reaktionsmuster in diesem Zusammenhang so in Fleisch und Blut übergegangen zu sein, daß es störungsfrei und automatisch funktionierte. Ich hatte das Gefühl, mein selbstinstalliertes «Sensorium» würde «wie blind» auf mein Übungsobjekt ansprechen und es durch den eingeübten Rutenausschlag anzeigen. Deshalb kam ich auch auf den Gedanken, einmal zu probieren, ob es möglich wäre, einen nicht sichtbaren Gegenstand im Rahmen einer derartigen «Programmierung» zu orten.

Experiment gegen die «Schwellenangst»

«Was einem doch für verrückte Dinge einfallen können ...», wunderte ich mich über mich selbst und versuchte, den ersten Schreck über meinen absurden Einfall wieder loszuwerden.

Dann bemühte ich mich, mir noch einmal in aller Ruhe klarzumachen, was ich eben zu denken bereit gewesen war. Sollte ich von dem bißchen Hantieren mit der Rute schon übergeschnappt sein?

Meine «glorreiche» Idee hatte sich sehr rasch in ein mulmiges Gefühl verwandelt, und ich sah mich bereits im Gleichschritt unter dem Völkchen der Leichtgläubigen und Verrückten der radiästhetischen Szene wandeln.

Die alten Denkgewohnheiten schienen mich wieder eingeholt zu haben, und erneute Zweifel an der Sinnhaftigkeit meiner bisherigen Bemühungen kamen auf.

Um diesem unguten Gefühl in konstruktiver Weise entgegenzuwirken, entschied ich mich aber dann doch nicht zum freiwilligen Rückzug in die Bequemlichkeit der gewohnten Denkbahnen, sondern zu einer «sauberen» wissenschaftlichen Lösung. Diese sollte darin bestehen, daß ich das Experiment zumindest unter den Bedingungen eines «einfachen Blindversuches» hinter mich bringen und statistisch «abgesichert» mit meiner Welt wieder ins Reine kommen wollte. Ich wählte zu diesem Zwekke eine für einen «normalen» Rutengänger sicherlich etwas aufwendig und kompliziert anmutende Versuchsanordnung, um sicher sein zu können, mir nicht selbst irgend etwas vorzumachen. Natürlich war mir auch klar, daß bei einem derartigen Versuch eines ersten Blickes über die Grenzen des sinnlich Wahrnehmbaren eine Reihe von störenden physischen und psychischen Einflußfaktoren beteiligt sein könnten. So mußte ich rechnen, durch andere im Raum befindliche Gegenstände von meiner «Programmierung» abgelenkt zu werden. Außerdem würde in jedem Fall die Aufregung über das unbekannte Arbeitsgebiet und das zu erwartende Ergebnis als irritierende Komponente wirksam sein. Ich hatte ja eben erst erfahren, wie mich schon der Gedanke an ein derartiges Experiment in Unruhe zu versetzen vermochte. Eine Chance, diese bei einzelnen Versuchen sicher in unterschiedlicher Weise auftretenden Störprobleme eventuell ausgleichen zu können, sah ich darin, gleich eine ganze Serie von Versuchen durchzuführen, die sich über mehrere Tage, vielleicht auch Wochen verteilen sollten. Nach Abschluß des gesamten Experiments gedachte ich, die Summe der Einzelergebnisse statistisch auszuwerten, um eine Übersicht zu gewinnen, ob die daraus resultierende durchschnittliche Trefferquote im Bereich von Zufall oder Überzufälligkeit, von Wahrscheinlichkeit oder Unwahrscheinlichkeit liegt.

Ich wollte es also lieber gleich ganz genau wissen und mir selbst gegenüber mit wissenschaftlich «sauberer Weste» dastehen.

Für die einzelnen Versuche hatte ich mir dann folgendes Arbeitsschema ausgeklügelt:

In der Mitte eines für diesen Zweck leergeräumten Versuchsraumes sollten zwei zylindrische Schachteln gleicher Form und Größe, gekennzeichnet mit den Buchstaben «A» und «B», in einem Abstand von etwa einem Meter aufgestellt werden. Diese müßten groß genug sein, um eines meiner gewohnten Übungsobjekte berührungsfrei zu überdecken. Den gewählten Gegenstand gedachte ich zunächst in einiger Entfernung von diesen Schachteln auf den Boden zu legen, um meine objektbezogene «Rutenausschlagsprogrammierung» in der Weise durchzuführen, wie ich es von früheren Übungen her gewöhnt war. Nach der entsprechenden Einstimmung wollte ich den Versuchsraum verlassen, um mich in einen optisch und akustisch davon getrennten Nebenraum – das «Wartezimmer des Experimentators» – zurückzuziehen. Von diesem Raum aus gedachte ich, mich durch ein dezentes Klingelzeichen mit einem Kollegen in Verbindung zu setzen, der im «Wartezimmer des Hilfspersonals» auf seinen Einsatz warten würde. Dieser Mitarbeiter wäre für das «Verstecken» des Untersuchungsobjektes zuständig. Auf das ausgemachte akustische Zeichen hin sollte er den Versuchsraum betreten und den Gegenstand je nach Lust und Laune unter der Schachtel «A» oder «B» deponieren. In einer dafür vorbereiteten Liste hätte er anzukreuzen, in welcher der beiden sich das Untersuchungsobjekt befand. Daraufhin müßte der hilfreiche Kollege einschließlich seines Protokolls den Experimentierraum wieder verlassen, um in seinen Warteraum zurückzukehren. Von da aus würde er mir seinerseits ein Klingelzeichen übermitteln, das für mich wiederum das Signal war, den Versuchsraum aufzusuchen, um aus einer entsprechenden Eichung heraus den ersten Ortungsversuch des versteckten Gegenstandes durchzuführen. Ich sollte mich also rein auf mein angesetztes Gespür verlassen und durch Rutenausschlag anzeigen, in welcher Schachtel ich den Gegenstand vermutete. Das Ergebnis meiner Mutung würde ich – natürlich ohne seine Richtigkeit zu überprüfen – in meine Liste eintragen und damit wieder in meinen Warteraum zurückkehren. Von da aus hätte ich erneut mein Klingelzeichen zu übermitteln, und die ganze Prozedur wäre zu wiederholen. Es war vorgesehen, im Rahmen einer Versuchsreihe zwanzig solcher Mutungen durchzuführen, um entweder nach einer längeren Pause mit einer weiteren zu beginnen oder einen anderen Tag dafür zu wählen. Nach dem zwanzigsten Versuch einer Reihe würde ich durch dreimaliges Klingelzeichen meinem Kollegen signalisieren, daß er den Gegenstand neben die beiden Schachteln legen soll. Nach Rückkehr in sein Wartezimmer hätte er seinerseits das dreifache Signal als «Entwarnung» und Abschlußzeichen der Experimentierreihe zu übermitteln, worauf jeder von uns sein Protokoll in Verwahrung nehmen sollte, um erst am Ende des gesamten Versuchsprojektes – es waren zunächst sieben solcher Versuchsreihen vorgesehen – den Vergleich und die Aufarbeitung der Listen vorzunehmen.

Nachdem ich mir dieses Experiment mühsam ausgeklügelt hatte und mir dabei der Aufwendigkeit und Kompliziertheit wissenschaftlicher Denkweise so richtig bewußt geworden war, ertappte ich mich dabei, wie ich die Praktiker der radiästhetischen Szene beinahe um ihre so wunderbar einfachen, unmittelbar aus dem Alltagsleben gegriffenen menschlichen Aufgabengebiete zu beneiden begann.

Der wissenschaftliche Geist in mir ermahnte mich aber streng, derartige Gedanken bleiben zu lassen und die nötigen Vorbereitungen zu treffen, um die nach diesem Plan vorgesehenen Experimente durchführen zu können.

So stand ich also endlich vor meinen Schachteln «A» und «B» und dem davor liegenden Gegenstand und versuchte, mich in aller Ruhe per Rutenausschlag in gewohnter Weise darauf zu programmieren.

Als ich das Gefühl hatte, mich entsprechend gut eingestimmt zu haben, ging ich pflichtbewußt in mein «Wartezimmer des Experimentators» und signalisierte meinem hilfreichen Kollegen, daß er dran sei. Da saß ich nun und wartete auf mein erstes Einsatzzeichen. Natürlich bemühte ich mich, möglichst ruhig und gelöst zu bleiben, aber mit wachsendem Unbehagen mußte ich bemerken, wie mein Dasitzen und Warten bereits an der Ausgewogenheit meiner so wunderbar gelungenen «Programmierung» zu nagen begann.

Das Klingelzeichen schreckte mich rücksichtslos aus meinen Selbstbetrachtungen. Dadurch hätte ich auch beinahe mein Protokoll vergessen. Spürbar etwas aus dem psychischen Gleichgewicht geraten, stand ich dann vor meinen Schachteln und wartete ein wenig, um die merklich aufkeimende Tendenz von Unruhe ein wenig abklingen zu lassen. Obwohl mir das nicht völlig gelang, versuchte ich mich wieder mit dem Selbstverständnis meines eingeübten Reaktionsmusters einzukleiden, diesmal mit der speziellen «Programmierung», daß sich der Rutenausschlag dann auslösen sollte, wenn ich mich mit der Rute über dem verborgenen Gegenstand befand.

Eingehüllt in einen Hauch von Aufregung, gelang es mir natürlich nicht, den nun folgenden Versuch mit jener gelösten Offenheit anzugehen, wie ich es von meinen früheren Experimenten her gewöhnt war. Trotzdem empfand ich über einer der Schachteln jenes «Ziehen», das sehr rasch in einen Rutenausschlag überging.

Pflichtgemäß machte ich in meinem Protokoll auf Zeile Eins der Spalte «A» mein Kreuzchen und kehrte erleichtert in mein Wartezimmer zurück, um per Klingelzeichen meinen Kollegen aus seinen Träumen zu reißen.

Die erste Versuchsreihe von zwanzig Einzelversuchen schleppte sich so über geraume Zeit dahin, und Hilfskraft und Experimentator waren sich nach Abschluß der Prozedur auffallend einig, daß die nächste Reihe erst am nächsten Tag fortgesetzt werden sollte.

Die Langeweile des wissenschaftlichen Trotts und die Laboratmosphäre schienen uns beiden bereits einiges an Substanz gekostet zu haben.

Eines begann sich nach der überstandenen ersten Serie von Versuchen bereits klar abzuzeichnen: Egal, wie «sauber» meine ausgeklügelte Versuchsanordnung zur Beweisführung eventueller paranormaler Wahrnehmungsfähigkeiten wissenschaftlich auch sein mochte, sie war von ihrer Arbeitsatmosphäre her bestimmt nicht geeignet, irgend welche sensitiven Organanlagen zu fördern.

So hatte ich erfahren müssen, daß es mir unter derartigen Laborbedingungen nicht völlig gelang, jene gelöste und ausgewogene physische und psychische Ausgangslage einzunehmen und beizubehalten, wie sie mir für eine wirklich störungsfreie Beanspruchung meines «programmierten» außersinnlichen Sensoriums wesentlich gewesen wäre. Es schien eher eine Art diffuses und vielschichtiges «Reizklima» zu herrschen, zu dem etwa die Einflußfaktoren Aufregung, Zweifel, Neugierde, Ausgesetztsein, Zwang, sterile Laboratmosphäre, Langeweile und anderes mehr beitrugen.

Zwar hatte ich in einigen Fällen ein recht gutes Gefühl, daß mir jener innere und äußere Gleichgewichtszustand in bezug auf mich selber, auf die Rute und das zu ortende Objekt gelungen sei, aus dem heraus mir zuverlässige Resultate am ehesten möglich erschienen, aber im großen und ganzen empfand ich mich doch einverwoben in ein psychisches Milieu schwelender Unruhe und Gereiztheit.

So konnte ich mir nach den Erlebnissen der ersten Versuchsreihe noch schwerer vorstellen, daß bei dieser ganzen Experimentiererei mehr als ein zufälliges Ergebnis herauskommen sollte. Da sich diese unangenehme Arbeitsatmosphäre auch bei den folgenden Versuchsreihen spürbar als tragendes Element herauskristallisierte, war es für mich dann mehr eine Formsache, die mathematische Auswertung durchzuführen, um das statistische Urteil entgegenzunehmen.

Um so größer war die Überraschung, als nach siebenmaliger Wiederholung der Versuchsserien die Gegenüberstellung der beiden Protokolle erfolgte. Von hundertvierzig möglichen Treffern hatte ich ganze hundertdrei erreicht. Das bedeutete eine Trefferquote von etwa 73,5%. Dabei zeichnete sich im Rahmen der einzelnen Serien die Tendenz ab, daß die Treffer jeweils in der ersten Hälfte deutlich höher lagen als in der zweiten, so, als ob im Laufe des Experiments eine Art Sättigung oder Erschöpfung der Sensibilität eingetreten wäre.

Nachdenklich betrachtete ich die vorliegeden statistischen Fakten und versuchte, daraus die logischen Schlußfolgerungen zu ziehen:

Die Unwahrscheinlichkeit eines überzufälligen Ergebnisses war also eindeutig eingetreten. Meine Fähigkeit, einen nicht sichtbaren Gegenstand mit Hilfe der Rute zu orten, schien demnach zu existieren, womit die ersten Ansätze meiner Rutenfühligkeit in mathematisch «abgesicherter» Form in Erscheinung getreten waren. Zugleich wurde deutlich, daß es mir zumindest unter den gegebenen Voraussetzungen nicht möglich war, meinen «programmierten» Rutenausschlag störungsfrei zu beherrschen. Die Ergebnisse waren für mich jedenfalls beeindruckend und überzeugend genug, um meine radiästhetische «Schwellenangst» und meinen pathologischen Zweifel als überwunden anzusehen und mich zu bemühen, unter ständiger kritischer Selbstkontrolle weitere Schritte zur Entfaltung meiner Rutenfühligkeit zu versuchen.

Radiästhetisches Aufbautraining – ein vielschichtiger Übungsweg

Die im Zuge der absolvierten Versuchsreihe gemachten Erfahrungen bewogen mich in der Folge, im Rahmen meines weiteren Übungsprogrammes zwei wesentliche Bereiche besonders zu beachten:

Einerseits wollte ich systematisch Ortungsversuche mit anderen unsichtbaren Objekten durchführen, deren Vorhandensein konkret kontrolliert werden konnte. Andererseits war es mir ein Bedürfnis, mich mit den Fehlerquellen und Störfaktoren näher auseinanderzusetzen, um deren Eingrenzung oder Ausschaltung weitgehendst zu erreichen.

Da ich durch den Ausdruck «Strahlenfühligkeit» zunächst vorstellungsmäßig darauf fixiert war, daß es sich generell um die Wahrnehmungsfähigkeit von Strahlung im physikalischen Sinne handeln müsse, bemühte ich mich etwa um die Lokalisierung natürlicher und künstlicher Strahlungsphänomene, die physikalisch eindeutig meßbar waren. Dabei wurden zum Beispiel stationäre Inhomogenitätserscheinungen einstrahlender zivilisatorischer Sender (=ortsgebundene Strukturen verschieden dichter elektromagnetischer Felder, die von Radio- und Fernsehsendern stammen) untersucht, weiter Feldschwankungserscheinungen in der Nähe von kleinen Meßsendern und Erd-Magnetfeldanomalien über unterirdischen Metallrohren.

Es gelang mir im Zuge dieser Übungen tatsächlich, radiästhetisch zahlreiche signifikante Punkte und Zonen zu lokalisieren, die physikalisch als charakteristische ortsgebundene Feldschwankungserscheinungen nachweisbar waren.

Obwohl ich auch hier zahlreiche Fehlanzeigen zu verzeichnen hatte, wuchs durch diese kontrollierbaren Versuche zusehends die Sicherheit im Umgang mit der Rute und der Eichung auf verschiedene physikalisch interpretierbare Feldverhältnisse.

Gleichzeitig kündigte sich aber ein Problemkreis an, der mir später noch in viel stärkerem Maße ins Bewußtsein kommen sollte: Ich empfand gerade im Zuge dieser Übungen sehr rasch die Symptome von Ermüdung und Erschöpfung und konnte manchmal nur wenige Mutungen durchzuführen.

Die Art des Rutengehens – also die Mutung von «Objekten», die aus physikalisch definierten Strahlungsphänomen bestanden – schien mich in besonderem Maße anzustrengen.

Meine Beschäftigung mit möglichen Fehlerquellen und Störfaktoren, die sich im Rahmen meiner Rutenfühligkeit negativ – im Sinne von Fehlmutungen – auszuwirken schienen, offenbarte sich als sehr schwieriges und vielschichtiges Arbeitsfeld.

Da ich im Zuge der stufenweisen Entwicklung meiner Rutenfühligkeit erfahren hatte, daß dabei eine Art «Organ» aufgebaut und beansprucht wird, das körperliche, seelische und geistige Dimensionen verbindet und umfaßt, war ich mir bewußt, daß es verschiedenste Ansatzmöglichkeiten für vielfältigste Störungs- und Fehlerquellen geben konnte.

Verhältnismäßig leicht gelang es mir, Probleme und Einflußkomponenten zu erkennen und teilweise unter Kontrolle zu bringen, die vordergründig der physischen Wirklichkeitsebene zuzuordnen waren.

Weitaus schwerer fiel es mir zunächst, in den seelisch/geistigen Dimensionen meines radiästhetischen Sensoriums eine Art Wachbewußtsein zu entwickeln, das mir ermöglichen sollte, aus innerer Aufmerksamkeit heraus jene Vielfalt von möglichen Störfaktoren überhaupt wahrzunehmen und zu überschauen, die als seelische und geistige Einflüsse für fehlerhafte Ergebnisse in Frage kamen.

Um diesen Fehlerquellen einigermaßen erfolgreich begegnen zu können, begann ich einen meinen individuellen Veranlagungen entgegenkommenden Schulungsweg zu beschreiten, über den es mir durch geeignete seelisch/geistige Übungen in zunehmendem Maße möglich wurde, jene innere Aufmerksamkeit zu entwickeln, die zur Beobachtung seelisch/geistiger Perspektiven des radiästhetischen Geschehens Voraussetzung war.

Bei meiner Suche nach möglichen physischen Störkomponenten und Ursachen von Fehlmutungen mußte ich erkennen, daß schon erste Ansätze von Abgespanntheit und Müdigkeit genügten, um die einwandfreie Beherrschung der Labilitätslage der Rute zu beeinträchtigen und jene Verspannungen und Verkrampfungen herbeizuführen, die geeignet waren, «wie automatisch» den Rutenausschlag auszulösen und eine entsprechende Fehlanzeige herbeizuführen.

Unter den Bedingungen von offensichtlichem «nicht in Form sein», von spürbarer Zerschlagenheit, körperlichen Schmerzen, subakutem oder akutem Krankheitsgeschehen und anderem mehr, erwies es sich überhaupt als sinnlos, irgend eine radiästhetische Aufgabe zu übernehmen.

Im Rahmen dieser Betrachtungen lernte ich, mir selbst auch einzugestehen, daß es unter bestimmten Voraussetzungen unverantwortlich war, eine Mutungsaufgabe zu beginnen, oder daß es besser wäre, eine bereits begonnene Untersuchung abzubrechen, wenn zunehmende Unaufmerksamkeit, Ermüdung, Abgespanntheit und Verkrampfung die Arbeitsatmosphäre zu belasten und zu bestimmen drohten.

Im Rahmen der Beobachtung seelisch/geistiger Dimensionen des radiästhetischen Geschehens gelang es mir, im Laufe der Zeit eine Reihe von Einflußfaktoren bewußt wahrzunehmen und zu unterscheiden, die ebenfalls Anlaß zu fehlerhaften Rutenreaktionen und damit zusammenhängenden Trugschlüssen sein können.

So einen Störfaktor stellt zum Beispiel das gutgemeinte Bemühen dar, den eingeübten Automatismus des Rutenausschlages verstandesmäßig zu kontrollieren und etwa in das durch Rute, Haltungstechnik und «Programmierung» bedingte «Reaktionsmuster» mit logischen Argumenten einzugreifen. Das Vorurteil «dort muß eine Störung sein» kann dabei zum auslösenden Moment für einen fehlerhaften Rutenausschlag werden, während die Erwartung «hier kann nichts sein» unter Umständen eine berechtigte Rutenanzeige zu unterdrücken und zu blockieren vermag. Auch

Ergebnisse aus früheren Untersuchungen und die daraus resultierenden Gedanken und Vorstellungen können sich als empfindliche Fehlerquellen auswirken und sozusagen selbstsuggerierte und «selbstprojizierte» Reaktionsphänomene hervorrufen. Das Bestreben, unbedingt Resultate erzielen zu wollen, Hektik, Nervosität, Erfolgszwang, Lampenfieber, Zweifel an den eigenen Fähigkeiten und Desinteresse an der Mutungsaufgabe stellen weitere aktive und verkrampfte seelisch/geistige Zustände dar, die erheblich irritieren und zu falschen Ergebnissen führen können.

Weitere wesentliche Störeinflüsse sind das Sich-Einmischen oder Aufdrängen unbewußter oder halbbewußter Voreingenommenheit durch Wunschvorstellungen und Glaubensneigungen und das damit verbundene Problem des Mangels der Fähigkeit, aus innerer Ruhe und Gelöstheit heraus die eigene Aufmerksamkeit auf dem zu untersuchenden «Objekt» ruhen zu lassen. Darunter fällt auch das Sich-Bemerkbarmachen von aus dem Unterbewußtsein kommenden Denk- und Vorstellungsgewohnheiten und den daraus resultierenden Vorurteilen.

Obwohl es nötig wäre, während des Mutungsvorganges sich selbst, sein Denken, Fühlen und Handeln aus innerer Distanz in Ruhe und Gelassenheit aufmerksam zu beobachten, kann diese Aufmerksamkeit selbst zum Störeinfluß werden, wenn sie nicht in der nötigen gelösten, ausgewogenen Form Anwendung findet, sondern zu einem Belauern, in Frage Stellen, Bezweifeln und Analysieren jeder Bewegung und Reaktion, von Gedanken, Vorstellungen und Empfindungen entartet.

Die von mir selbst durchgeführten Übungen zur Beobachtung des seelisch/geistigen Milieus im Rahmen der eigenen radiästhetischen Arbeiten haben in mir die Erkenntnis reifen lassen, daß es als praktizierender Rutengänger nicht genügt, all diese mentalen Fehlerquellen theoretisch zu akzeptieren und ihnen sozusagen logisch auszuweichen. Es wäre zur Vermeidung unnötiger Störfaktoren in diesem Bereich vielmehr dringend anzuraten, wirklich selbst geeignete Übungswege zu beschreiten, die zu einer zunehmenden Entfaltung des Bewußtseins in seelisch/geistigen Dimensionen führen. Erst im Rahmen der dadurch erreichbaren inneren Wachheit ist es möglich, diese dominierend subjektiven und persönlichkeitsabhängigen seelisch/geistigen Störeinflüsse innerlich wahrzunehmen und zu versuchen, sie unmittelbar aus innerem Erleben heraus aufzulösen oder ihnen auszuweichen. Aus einer physischen, psychischen und mentalen Entspannung heraus, aus einer Art Gleichgewichtszustand in bezug auf sich selbst, auf die Rute und das zu lösende Problem sollten also jene verschiedenen Einflußfaktoren bemerkt, beobachtet und kontrolliert werden können, um in voller Wachheit empfindend wahrzunehmen, wenn Impulse auftauchen, die das «programmierte» radiästhetische «Organ» zur Rutenreaktion veranlassen.

Im Rahmen eines ernstgemeinten, systematischen radiästhetischen Schulungsweges wird vor allem der innere Übungsweg zur Gedanken- und Gefühlskontrolle und zum bewußten Wahrnehmen seelisch/geistiger Erlebnisebenen niemals abgeschlossen sein, und auch bei großer Erfahrung auf allen radiästhetischen Gebieten wird die Gefahr physischer und vor allem psychischer Fehlerquellen und Störeinflüsse bestehen bleiben, mit wachsendem Schwierigkeitsgrad der gestellten Aufgaben noch zunehmen und eine laufende gewissenhafte, kritische Selbstkontrolle unumgänglich machen.

Gerade dieses Übungsfeld pflegen aber die meisten Akteure der radiästhetischen Szene zu vernachlässigen.

Auf Grund meiner eigenen vielschichtigen Erfahrungen im Rahmen der Beschäftigung mit möglichen physischen, seelischen und geistigen Fehlerquellen und Störeinflüssen begann ich in der Folge für mich selbst eine Art Grundregel einzuführen, nach der ich keine Mutungsaufgaben durchführen wollte, wenn ich nicht imstande war, einen bestimmten Grad physischer, seelischer und geistiger Wachheit und Ausgewogenheit aufzubringen.

Es sollte sich aber noch in schmerzlicher Weise herausstellen, daß es mir nicht immer gelingen würde, diese Regel einzuhalten.

Gitterstrukturen im Strahlungsfeld der Erdoberfläche?

Im Laufe der Zeit lernte ich also, meine Rutenfühligkeit zusehends zu beherrschen, wobei die ernsthafte Auseinandersetzung mit möglichen Fehlerquellen und Störeinflüssen wesentlich dazu beigetragen hatte, meine Sicherheit im Umgang mit meinen radiästhetischen Fähigkeiten zu fördern. So vermochte ich mit einer durchschnittlich recht guten Trefferquote verborgene feste oder flüssige Übungsobjekte zu orten, sowie signifikante energetische Phänomene in Form elektromagnetischer Strahlungen und Felder zu lokalisieren.

Schließlich begann ich auch, jene Gitterstrukturen in mein Übungsprogramm einzubeziehen, auf die ich durch Herrn Endrös und seine Arbeit das erste Mal aufmerksam geworden war. Regelmäßige, zum Teil netzförmige Strukturelemente waren mir inzwischen auch selbst bei der radiästhetischen Mutung und meßtechnischen Erfassung von natürlichen und künstlichen Feldschwankungsphänomenen im lokalen Strahlungsfeld aufgefallen. So zum Beispiel typische Feldmuster in der Ausbreitungscharakteristik zivilisatorischer Sender oder das «ferromagnetische Netz», wie ich es zu nennen pflegte, auf das ich gemeinsam mit Freunden im Zuge radiästhetischer Feldversuche gestoßen war und das sich mit einem hochsensiblen Metallsuchgerät an der Erdoberfläche auch objektivieren ließ.

Ich wußte also aus eigener Erfahrung, daß verschiedene ortsgebundene Inhomogenitätserscheinungen in Form «stehender» elektromagnetischer Wellen im Strahlungsmilieu der Erde existieren.

Jene von Endrös beschriebenen Gitterstrukturen konnte ich mit Hilfe meiner zur Verfüngung stehenden Geräte zwar meßtechnisch nicht erfassen, aber ich erinnerte mich an den Verlauf dieser Zonen innerhalb jenes Raumes, in dem mir Endrös dieses Liniensystem vorgeführt hatte.

So konnte ich mich in durchaus ähnlicher Weise darauf eichen, wie ich es bei der Einübung meines ersten objektbezogenen Rutenausschlages an einem sichtbaren Gegenstand durchgeführt hatte.

Mit Hilfe der entsprechenden «Programmierung» meines radiästhetischen Sensoriums fiel es mir dann auch nicht schwer, mit der Rute den genauen Verlauf jenes Netzsystems wiederzufinden, das mir Endrös gezeigt hatte.

In der Folge begann ich mich für diese Gitterstrukturen besonders zu interessieren, und sie sollten schließlich einige Jahre meine radiästhetischen Fähigkeiten voll in Anspruch nehmen.

Im Zuge dieser intensiven Beschäftigung wurde es für mich immer selbstverständlicher, Strukturelemente dieses normalerweise Nord/Süd und Ost/West verlaufenden Netzsystems zu lokalisieren. Dabei stieß ich im Laufe der Zeit auf eine Vielfalt von speziellen Erscheinungsformen und Konstellationen dieser Gitterlinien.

Ich begann, aus meinen Erfahrungen heraus etwa Grob- und Feinstrukturen oder damit zusammenhängende Primär- und Sekundärphänomene zu unterscheiden, wie sie zum Beispiel in Innenräumen entstehen, und ich mußte erkennen, daß die von vielen Rutengängern vertretene exakte Nord/Süd- und Ost/West-Ausrichtung der Primärstruktur nur in sehr wenigen der von mir untersuchten Gebiete gegeben war. Viel häufiger traten Verzerrungen und Verbiegungen dieser Gitterstreifen auf, und der völlig regelmäßige und ungestörte Verlauf schien eher die Ausnahme zu sein.

Genau Nord/Süd und Ost/West gerichtete Gittersysteme stellten sich vielfach als Sekundärphänomene jener primären Strukturen heraus, die in den untersuchten

Ausschnitt aus einem «Netzgitter», das auf die Überlagerung mehrerer zeilenförmiger Rasterfelder gleicher «Ausbreitungscharakteristik» zurückzuführen ist.
Gitternetze, wie sie in der Radiästhesie eine Rolle spielen, weisen einen durchaus vergleichbaren strukturellen Aufbau auf, einschließlich der verschiedenen Unregelmäßigkeiten in Form von Feldverdichtungen und -verzerrungen.

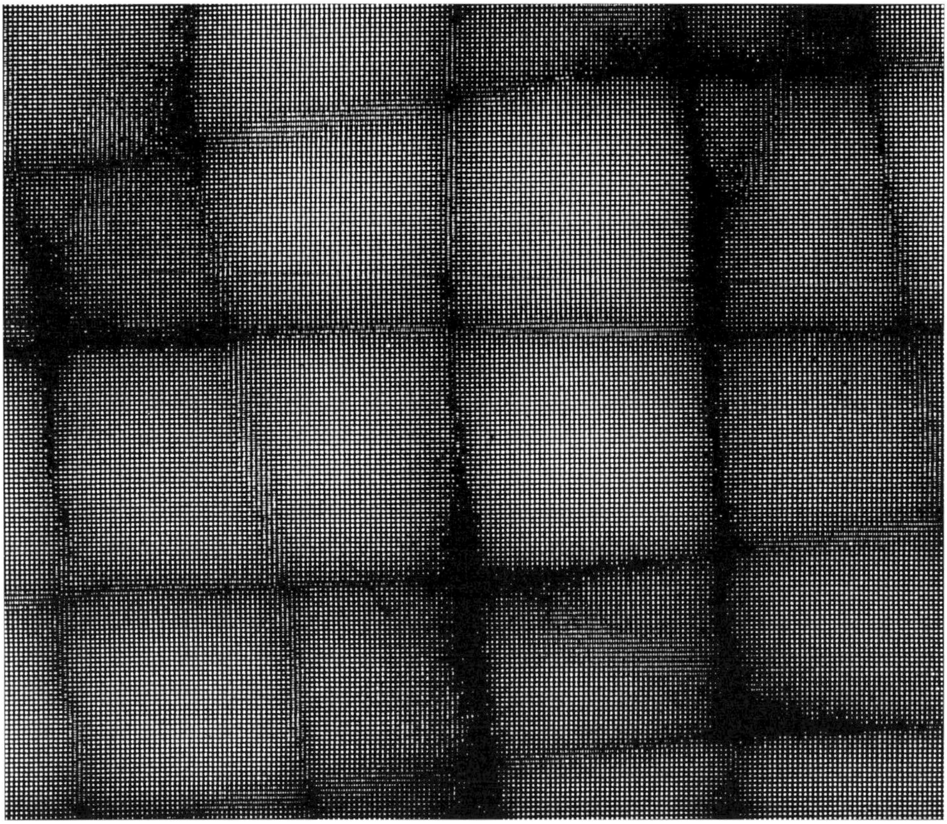

Gegenden auch bis zu 45 Grad von der Nord/Süd-Richtung abweichen konnten. Manchmal wiederum trat auch eine Art von «Pressung» oder «Dehnung» der innerhalb der radiästhetischen Szene in verschiedenen «Normmaßen» gehandelten Netzsysteme in Erscheinung.

(Auf ähnliche Phänomene und Zusammenhänge war ich im Rahmen meßtechnischer Erfassung regelmäßiger durch zivilisatorische Sender verursachter Inhomogenitätsstrukturen gestoßen. Dabei ergaben nämlich in verschiedene Raumesrichtungen gelegte Meßprofile zwar jeweils sehr regelmäßige Feldmuster, aber nur in einer ganz bestimmten Richtung zeichneten sich die Maximal- und Minimalwerte optimal

Beispiel eines «kymatischen Klangbildes» nach Dr. Hans Jenny. In einer durch einen Ton in Schwingung versetzten Flüssigkeitsschicht – in diesem Fall einer Terpentinschicht – können sich differenzierte Feldmuster bilden, die aus schlierenoptischer Sicht zum Beispiel als derartige Strukturbilder «stehender Wellen» erscheinen.
Gitterförmige Netzsysteme, wie sie in der Radiästhesie eine Rolle spielen, zeigen nicht nur einen sehr ähnlichen strukturellen Aufbau, sondern weisen auch das für «Schwingungsbilder» charakteristische dynamische Verhalten auf, so, als ob es sich bei radiästhetischen Gitterstrukturen um «energetische Klangbilder» im Sinne der «Kymatik» handeln würde (Bild aus: Hans Jenny «Kymatik-Wellen und Schwingungen mit ihrer Struktur und Dynamik», Band 2. Copyright 1972 by Basilius Presse AG, Basel)

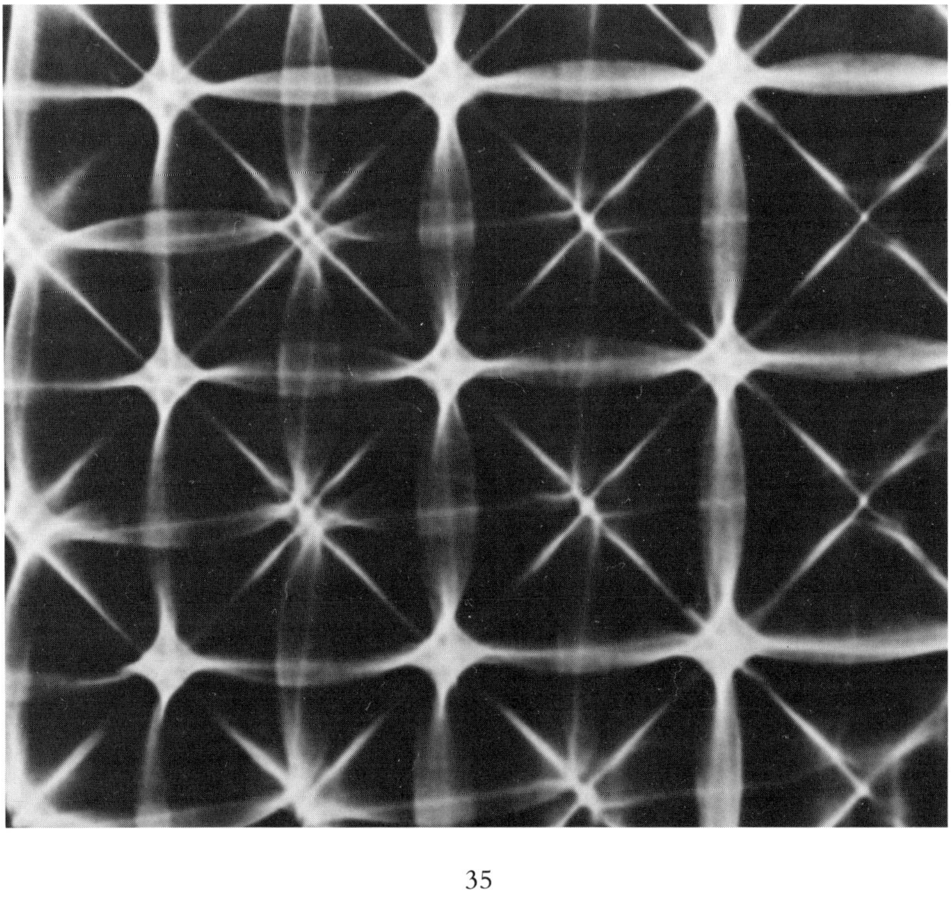

ab. Bei diesen Messungen zeigten sich auch Erscheinungen von Verzerrung, Verbiegung, Pressung und Dehnung der Feldstrukturen, je nach Geometrie der Landschaft und anderen feldbeeinflussenden Faktoren.)

Im Laufe der Zeit begannen sich mir diese Gitterstrukturen in ihren vielschichtigen Spielarten und Variationen als Teilperspektiven eines dreidimensional wirksamen Ordnungsgefüges zu offenbaren, das die Erde zu umhüllen schien. Dabei hatte ich manchmal den Eindruck, kein totes «Gebilde» vor mir zu haben, sondern ein sehr «lebendiges», eine Art sensiblen energetischen Organismus.

Es gelang mir zunehmend, verschiedene Erscheinungsformen dynamischer Phasen innerhalb dieses ortsgebundenen stehenden Inhomogenitätsgefüges zu verfolgen, die sich nach kürzerer oder längerer Zeit wieder aufzulösen und zu stabilisieren begannen oder völlig abrupt wieder in ihre scheinbar starre und «leblose» Ausgangslage zurückkehrten. Bei diesen Beobachtungen hatte ich den Eindruck, sozusagen «lebendige energetische Klangbilder» vor mir zu haben, die ähnlich «aussahen» wie bestimmte Schwingungsbilder aus der Phänomenologie der «Kymatik» nach Dr. Hans Jenny, bei der auf Grund hörbarer Schwingungen in flüssigen Medien sehr sensible ortsgebundene Inhomogenitätsstrukturen in Erscheinung treten.

Mich selbst erlebte ich bei meinen Mutungen als unmittelbar einverwoben in diese durch ein «höheres» Ordnungsprinzip strukturierten elementaren «Kraftgestalten».

Durch den Umgang mit derartigen Erfahrungen entwickelte ich allmählich auch eine Art Gespür für unterschiedliche Qualitäten jener feldverändernden Einflüsse, die in bestimmten Besonderheiten und Variationen der Gitterlinien zum Ausdruck kamen. Ich schien im Rahmen meines auf Gitterstrukturen eingestellten radiästhetischen Horizonts sozusagen einen «Blick» dafür bekommen zu haben, ob ein «harmonisches» oder «disharmonisches», ein «gesund-», «normal-» oder «krankklingendes» energetisches Klangbild vorlag.

Und so kam es dann nach einigen Jahren intensiver Beschäftigung mit diesen netzförmigen Feldmustern im Energiekörper des Endorganismus, daß ich mich dazu überreden ließ, meinen ersten radiästhetischen Auftrag – die Untersuchung eines Wohnhauses – anzunehmen.

Mein erster radiästhetischer Auftrag

Seit einigen Jahren war ich nun bereits als Mitarbeiter am Institut für Baukunst und Denkmalpflege an der Universität Innsbruck beschäftigt, wo ich in Forschung und Lehre eine Reihe architektonischer Fachbereiche zu betreuen hatte. Der wissenschaftliche Schwerpunkt meiner Arbeit lag auf dem Gebiet der «Baubiologie», also der biologischen Einflüsse von Standort und baulicher Umwelt auf den Menschen.

In diesem Zusammenhang führte ich gerade eine Versuchsreihe durch, bei der an Studenten bioelektronische Messungen vornommen wurden, um die individuellen regulatorischen Verhaltensweisen auf eine bestimmte Form elektromagnetischer Impulsstrahlung zu untersuchen. Zu diesen Messungen hatten sich zahlreiche Studenten auf Grund eines Anschlages gemeldet.

Im Zuge dieser Untersuchungen zeigte sich nun, daß in den Meßkurven zum Teil ein bioenergetisches Regulationsverhalten zum Ausdruck kam, das zum Beispiel auf chronische Störfelder, auf subakutes oder akutes Krankheitsgeschehen schließen ließ.

Daraus entwickelten sich natürlich hin und wieder Gespräche über den Gesundheitszustand der Betroffenen, über ihre Ernährungsweise und allgemeinen Lebensverhältnisse. Mitunter wurde ich in diesem Zusammenhang aber auch über meine Forschungsarbeiten befragt, und es ergab sich manchmal die Gelegenheit, sehr detailliert darauf einzugehen. Dabei wird wohl auch jene «undichte» Stelle entstanden sein, durch die es sich herumzusprechen begann, daß sich da an der Universität in Innsbruck ein angeblich «normaler» Mensch mit diesem merkwürdigen Problemkreis des Rutengehens beschäftigte.

Eines Tages jedenfalls wurde ich von einem nähern Verwandten eines bei diesen Versuchsreihen mitwirkenden Studenten um meine radiästhetische Beratung gebeten. Obwohl ich derartige Unersuchungen sonst nur im engeren Bekanntenkreis durchzuführen pflegte, interessierte mich dieser spezielle Fall deshalb, weil sechs andere Rutengänger dieses Haus bereits untersucht hatten und mir zugesichert wurde, daß ich nach meiner Begehung alle bisher erstellten radiästhetischen Gutachten einsehen könnte.

So nahm ich auch die zweistündige Autofahrt in die Gegend südlich von Bozen (Südtirol) gerne in Kauf, denn die Chance einer Gegenüberstellung von insgesamt sieben Mutungen, die unabhängig voneinander durchgeführt wurden, wollte ich mir nicht entgehen lassen.

Das zu untersuchende Haus eines Weinhändlers lag etwas außerhalb einer Ortschaft in der unteren Hälfte eines steil nach Westen abfallenden Weinbergs.

Zunächst blieb ich in einiger Entfernung vom Gebäude stehen, denn ich gedachte, mich durch einen ausgiebigen Spaziergang von den Strapazen der Anreise zu erholen. Dabei wollte ich auch die nähere und weitere Umgebung in Augenschein nehmen.

Wuchtige Formationen rötlichen Quarzporphyrs beherrschten die Landschaft, in die sich die Weingärten liebevoll einfügten. In unmittelbarer Nähe des Gebäudes meines Auftraggebers schien der Berg wie gespalten, und aus einer schluchtartigen Vertiefung konnte man deutlich das Rauschen eines Baches vernehmen. Oberhalb und unterhalb des zu untersuchenden Hauses ragten silberne Stahlmasten zweier parallel zum Hang verlaufenden Hochspannungsleitungen aus dem Grün der Weingärten.

Es sprach also einiges dafür, daß ich mit bestimmten Eigenschaften im Strahlungsmilieu zu rechnen hätte.

Ich fühlte mich von der Autofahrt bestens erholt und betrat erwartungsvoll das Büro des Weinhändlers.

Er schien bereits auf mich gewartet zu haben, entschuldigte sich aber dann für einige Minuten und bat mich, einstweilen Platz zu nehmen. Da saß ich nun, musterte das Büro, in dem er mich zurückgelassen hatte und harrte der Dinge, die da kommen würden.

Auf das Folgende war ich allerdings nicht gefaßt: Schon nach wenigen Augenblikken fühlte ich ganz deutlich, wie mich eine merkwürdig bedrückende Atmosphäre einzuhüllen begann.

Als der Weinhändler nach wenigen Minuten ins Büro zurückkehrte, war meine anfängliche Frische wie weggeblasen und ein dumpfes lähmendes Gefühl von Müdigkeit hatte von mir Besitz ergriffen.

Dieses Phänomen war für mich so auffallend, daß ich mich nicht scheute, gleich zu Beginn unseres Gespräches meinen Gastgeber von meinem bedenklichen Zustand in Kenntnis zu setzen.

Diesen schien mein Hinweis aber keineswegs zu überraschen. Er nickte vielmehr sichtlich zufrieden vor sich hin und bat mich, auf einem anderen Stuhl Platz zu nehmen. Dann versuchte er, mir zu erklären, daß ich damit einen wichtigen «Test» bestanden hätte, denn an dieser Stelle wäre er früher immer wie gerädert vor seinem Schreibtisch gesessen, bis ihn ein Rutengänger auf diesen «katastrophalen» Punkt aufmerksam machte. Er wollte also nur ausprobieren, ob ich davon etwas merken würde. Jedenfalls fände er es ganz großartig, daß man so etwas sofort zu spüren vermochte. Ich sah mich außerstande, seine Begeisterung zu teilen. Da konnte ich ja wirklich gespannt sein, was als nächster «Test» auf dem Programm stand.

So war ich dann fast etwas enttäuscht, als mir der freundliche Weinhändler lediglich einen Plan seines Hauses überreichte und mich ersuchte, bestimmte Räume davon radiästhetisch zu untersuchen. Ich solle es aber möglichst genau machen und mir dazu ruhig den ganzen Tag Zeit lassen.

In der Verschnaufpause, die ich mir auf Grund meines «erfolgreichen» Tests genehmigen mußte, versuchte ich, ihm kurz zu erklären, daß ich ihn lediglich mit der radiästhetischen Aufnahme bestimmter Gitterstrukturen zu beglücken gedenke, daß ich mir aber auf Grund meiner Erfahrungen zumute, aus der Art ihrer Anordnung gewisse qualitative Aussagen über den Standort zu machen.

Das schien meinem Gastgeber sehr einzuleuchten, und so ließ er mich mit meiner Mutungsaufgabe allein.

Ich begann in der Folge damit, in der Nähe der zu untersuchenden Räume die charakteristische Anordnung der Primär-Gitterstrukturen außerhalb des Hauses zu orten und in den Plan einzutragen. (Für den eigenen «Hausgebrauch» meiner radiästhetischen Begehungen hatte ich mir diese Vorgangsweise angewöhnt, da der grobe Verlauf des primären Netzsystems im Freien eindeutiger zum Ausdruck kam und nicht in dem Maße von Sekundärphänomenen überlagert war wie in Innenräumen.) Dabei zeichnete sich eine klare Tendenz der Hauptrichtungen der linienförmigen Reaktionszonen ab.

Es traten aber auch Bereiche auf, in denen sich zum Teil erhebliche Verdichtungen und Verzerrungen des Feldmusters zeigten. In ihnen sah ich die ersten Wirkungen von verschiedenartigen feldbeeinflussenden Kräften, die in die Ausgewogenheit des Netzsystems eingriffen. Unterschiedliche Schattierungen derartiger Störungen zogen sich wie eine Spur durch das Grundgefüge der Gitterstrukturen und mündeten dort in das Gebäude, wo jene Räume lagen, die ich noch zu untersuchen hatte.

Im Inneren des Hauses traten die Irritationen und Anomalien nicht so klar und eindeutig in Erscheinung. Hier muteten sie eher wie eine verschwommene und diffuse Zusammenballung aller möglichen feldstörenden Faktoren an, in der sich vielfältige Überlagerungen von Sekundärphänomenen entsprechend auszuwirken schienen.

Im Rahmen meiner Mutungen selbst fortwährend einverwoben in dieses Milieu vielschichter Störeinflüsse, fühlte ich mich bald völlig ausgelaugt. Neuerlich mußte ich mir eine Verschnaufpause genehmigen, um wieder einigermaßen zu Kräften zu kommen. Eben hatte ich mich dabei ertappt, wie ich zum wiederholten Male meine Grundregel zu brechen bereit war, nach der ich nur dann Mutungen durchführen wollte, wenn ich physisch, seelisch und geistig einen bestimmten Grad von Wachheit und Aufmerksamkeit aufzubringen vermochte.

Dieses Gebäude schien aus radiästhetischer Sicht wirklich eine Katastrophe zu sein. Aber auch meine Messungen der elektrischen und elektromagnetischen Feldsituation ergaben bedenkliche Werte. Völlig erschöpft saß ich schließlich vor meinem Auftraggeber und versuchte, ihm jene unerfreulichen Feldverhältnisse zu verdeutlichen, die ich radiästhetisch und meßtechnisch in seinem Hause gefunden hatte.

Nachdenklich betrachtete er den Plan, in dem die gemuteten Feldstrukturen eingetragen waren und hörte sich geduldig meine Ausführungen an, durch die ich ihn auf die unterschiedlichen qualitativen Merkmale der gemuteten Zonen aufmerksam machen wollte.

Gelassen, so als ob er das alles schon wüßte, nahm er zur Kenntnis, daß ich ihm praktisch keine im eigentlichen Sinne «störungsfreie» Plätze anzubieten hätte, daß somit auch ein Verschieben der Betten kaum Verbesserungen bringen würde.

Als ich vorsichtig die Empfehlung aussprach, die fraglichen Räume wenn möglich überhaupt zu meiden, gestand er erleichtert, daß bereits auf einem von verschiedenen

Rutengängern als «störungsfrei» bezeichneten Bauplatz ein neues Wohnhaus errichtet wäre, in das er und seine Familie so bald wie möglich umzuziehen gedachten. Hier jedenfalls sei es nicht mehr auszuhalten, obwohl er noch am wenigsten unter den geheimnisvollen Feldern zu leiden habe. Am schlimmsten träfe es seine Frau und die Kinder, die seit Jahren an mysteriösen Krankheitssymptomen litten, die man im allgemeinen unter den Teppich der «vegetativen Dystonie» zu kehren pflegte, um dem Kind einen Namen zu geben, ohne sein Wesen zu kennen oder gar zu verstehen. Ich bekam dann noch eine ganze Menge davon zu hören, was er überhaupt von der heutigen Medizin halte, die schon längst mit «Heilkunst» und «Heilkunde» nichts mehr zu tun hätte und am Wesentlichen der Krankheit «Vorbei-doktere».

Als sein diesbezüglicher Mißmut und seine Verzweiflung abklangen, war es dann endlich so weit: Die in den letzten Jahren in Auftrag gegebenen sechs radiästhetischen Gutachten wurden, eines nach dem anderen, vor mir ausgebreitet. Schließlich lagen alle Pläne vor mir, inklusive meines eigenen.

Ich war ja auf einiges gefaßt gewesen, aber was ich da zu sehen bekam, übertraf doch bei weitem meine Erwartungen. Auf der gemeinsamen Grundlage des Gebäudeplanes präsentierten sich sieben völlig verschiedene Bilder. Nicht eine einzige gemeinsame Linie konnte ich in dieser bunten Palette von eingezeichneten Reizstreifen und Zonenkreuzungen erkennen. Dabei waren die Zeichnungen von Rutengängern mit anerkannt gutem Ruf angefertigt worden, die extra aus Italien, Deutschland und Österreich angereist waren, wie mir mein Auftraggeber ausdrücklich versicherte.

Zunächst war ich sprachlos, denn irgendwelche Ähnlichkeiten hätte ich mir trotz unterschiedlichsten radiästhetischen Weltanschauungsweisen ja doch erwartet. Aber was hatte das alles zu bedeuten? Waren nun alle Ergebnisse falsch? Oder war eines richtig? Aber welches?

Eine Reihe von Fragen und Befürchtungen schwirrten mir durch den Kopf. Nachdenklich betrachtete ich die vor mir liegenden Aufzeichnungen und versuchte, in dieser Zeichen-Sprachen-Verwirrung doch irgendwelche Gemeinsamkeiten zu finden.

In meinem Grübeln wären mir beinahe die anerkennenden Worte entgangen, die über mein Mutungsergebnis und meine vorgebrachten Erläuterungen geäußert wurden. Demnach hätte ich nicht nur die Gesamtaussagen der früheren Gutachten voll bestätigt, sondern es wäre mir darüber hinaus auch gelungen, noch wesentliche Details in der diffusen Situation des energetischen Standortmilieus zu lokalisieren, die mit speziellen negativen Erfahrungen der Bewohner an bestimmten Punkten in Zusammenhang stehen dürften.

Mir war in diesem Augenblick nicht klar, ob ich am Verstand meines Auftraggebers oder an meinem eigenen zweifeln sollte.

Doch dann begann ich allmählich zu begreifen, daß sich die einzelnen Untersuchungsergebnisse keineswegs widersprechen mußten, sondern sich möglicherweise auch ergänzen konnten.

Hier waren ja keine versteckten Gegenstände im Sinne meiner Schachtelversuche gemutet worden, die eine klar überschaubare abgegrenzte Form auswiesen und sich begrifflich eindeutig fassen ließen.

Vielmehr hatte jeder Rutengänger versucht, mit Hilfe seiner individuellen radiästhetischen Fähigkeiten ganz bestimmte Elemente aus dem unsichtbaren energetischen Gesamtgeschehen herauszuspüren, die ihm auf Grund seiner Vorstellungen und Erfahrungen als «Störungen» wesentlich erschienen. Dabei sprach jeder – sofern er richtig «funktionierte» – nur auf jene «Teil-Gebilde» innerhalb der Vielschichtigkeit und Komplexität des lokalen Strahlungsfeldes an, auf die er entsprechend «programmiert» war.

Jedes der sieben abgebildeten Feldmuster stellte somit den individuellen Versuch dar, eine subjektiv «gesehene» Teilperspektive des tatsächlich gegebenen Gesamtbildes der energetischen Standortsituation zum Ausdruck zu bringen.

In diesem Zusammenhang wurde mir klar, daß auch ich nur auf ganz bestimmte qualitative Elemente des energetischen Standortmilieus geachtet hatte und daß ich auf das Gittersystem ja nur deshalb ansprach, weil mein radiästhetisches Sensorium darauf «eingestellt» war. Jemand, der sich im Rahmen seiner Empfindsamkeit zum Beispiel auf «Wasser» geeicht hatte, konnte somit auf die von mir lokalisierten Strukturphänomene gar nicht reagieren, und er verband seine Rutenausschläge folgerichtig mit dem Verlauf einer «Wasserzone», die er als «Störung» empfand.

Mit wachsendem Interesse studierte ich die einzelnen Ergebnisse und versuchte zu entschlüsseln, was die jeweils eingezeichneten Zonen bedeuten könnten. Sollten es «Wasserzonen», «Bruchlinien» oder sonstige «Störstrahlungen» sein, mit denen der betreffende Rutengänger besondere Erfahrungen hatte und die ihn aus seinem radiästhetischen Empfindungsgleichgewicht zu bringen vermochten?

Im Zuge dieser Betrachtungen kam ich schließlich auf die Idee, die verschiedenen Zeichnungen übereinanderzulegen. Ich begann also, eine Art Schichtenbild aufzubauen, in dem alle sieben Mutungsergebnisse enthalten waren.

Daraus ergab sich ein kompliziert anmutendes Gesamtbild, in dem sich einige Bereiche deutlich als dunklere Stellen abhoben. Diese waren dadurch entstanden, daß hier die meisten «Teil-Störungen» übereinandergeschichtet lagen und sich zum Teil in komplizierter Weise kreuzten.

Natürlich war bei einer Überlagerung aller gemuteten Zonen mit derartigen «Verdunkelungsphänomenen» zu rechnen gewesen, mit Zonen also, die aus mehreren radiästhetischen Blickwinkeln als «irritiert» und «gestört» angesehen wurden. Trotzdem verfolgte ich gespannt den Aufbau des Schichtenbildes, denn immer klarer trat mir vor Augen, daß die sich mehr und mehr herauskristallisierenden «Störungsbereiche» mit jenen Gebieten zusammenfielen, die ich während meiner Mutungen als besonders unangenehm empfunden hatte.

Dadurch fand ich mich verständlicherweise im Vertrauen bestärkt, mit meinem radiästhetischen Gespür für unterschiedliche Standortqualitäten grundsätzlich richtig zu liegen.

Doch noch etwas anderes erregte meine Aufmerksamkeit: Wesentliche der von den anderen Rutengängern lokalisierten «Störzonen» schienen sich in dem von mir gemuteten Feldmuster auszuwirken. Es sah jedenfalls so aus, als ob jene Unregelmäßigkeiten, die ich als Verzerrungen, Verbiegungen und Verdichtungen innerhalb der Gitterstrukturen festgestellt hatte, mit bestimmten Störungselementen anderer Mutungsergebnisse in Zusammenhang standen.

Auf diese Weise begann mir klar zu werden, daß meine radiästhetische Betrachtungsweise geeignet war, gewissermaßen die Spuren weiterer, von mir im Rahmen meiner Eichung nicht unmittelbar berücksichtigter Feldstörungen mit aufzunehmen. An der Lagebeziehung der von mir gemuteten Strukturelemente konnte ich also eine Reihe von feldverändernden Wirkungen durch andere Teilkomponenten des Strahlungsmilieus regelrecht «sehen».

So deutete sich etwa eine von einem anderen Rutengänger als «Wasserzone» bezeichneter Bereich überwiegend als Verzerrung im Netzgitter an, während sich eine «Bruchlinie» als extreme Verdichtung oder wie eine «Verdoppelung» der Gitterlinien auszuwirken schien. Auch wenn man berücksichtigte, daß möglicherweise ein Teil der eingezeichneten Zonen «Fehlmutungen» oder «Fehldeutungen» darstellten, womit bei einer länger andauernden und entsprechend ermüdenden Untersuchung in der Regel zu rechnen war, wurde also deutlich, daß wesentliche Zusammenhänge zwischen den verschiedenen radiästhetischen Bewertungen des Standortmilieus bestanden.

Dadurch war es für die Rutengänger auch möglich, unabhängig voneinander zur gemeinsamen Empfehlung zu gelangen, ganz bestimmte Bereiche zu meiden, obwohl sich die für den «Nichteingeweihten» «unleserlichen» und unverständlichen individuell «gesehenen» Feldmuster so stark voneinander unterschieden.

Auf Grund der gemachten Erfahrungen nahm ich mir jedenfalls vor, in Zukunft nicht gleich die Fassung zu verlieren, wenn Mutungsergebnisse verschiedener «Experten» rein optisch deutlich voneinander abwichen, sondern jeweils kritisch zu prüfen, ob und welche Gemeinsamkeiten sich in der qualitativen Bewertung eines Standortes herauskristallisierten. Natürlich gedachte ich deshalb auch in Zukunft, nicht einfach alles blind zu glauben, was mir an Aussagen von Rutengängern vorgelegt würde. Aber ich wollte mich zumindest etwas ernsthafter mit anderen radiästhetischen Anschauungsmethoden und Erfahrungen auseinandersetzen.

Denn durch meinen ersten Auftrag war mir klargeworden, wie wichtig es wäre, mehrere Störelemente in die eigene radiästhetische Betrachtungsweise einzubeziehen, um zumindest in gewissem Maße auf die Vielschichtigkeit und Komplexität der Gesamtsituation des lokalen Strahlungsfeldes eingehen zu können. «Gut» und «Böse» schienen sich in diesem Zusammenhang jedenfalls weitaus deutlicher abzuzeichnen, wenn ein gewisses «Spektrum» von Feldkomponenten berücksichtigt wurde.

Es sollte aber noch einige Zeit in Anspruch nehmen, bis ich meinen «radiästhetischen Blick» für verschiedene Perspektiven des energetischen Standortmilieus entsprechend «geschärft» hatte.

Ernüchterungen

Eigentlich war es nicht meine Absicht, mich im Rahmen meines radiästhetischen Ausbildungsprogrammes auf «störende» energetische Phänomene besonders einzulassen oder gar zu beschränken. Vielmehr wollte ich ganz allgemein meine Rutenfühligkeit erwecken und entwickeln, meine Ansprechbarkeit auf verschiedene nicht sichtbare «Objekte» fördern und zunehmend mehr Sicherheit und Selbstverständnis im Umgang mit meinem radiästhetischen Sensorium erreichen. Doch der nüchterne Alltag der Rutengängerpraxis – wo es fast immer um die Mutung von «Störeinflüssen» in Wohnungen und Häusern geht – zwang mich dazu, mich mehr und mehr mit der Ortung von negativ wirkenden Reaktionszonen im lokalen Strahlungsfeld zu befassen. Der Umgang mit angeblich «krankmachenden» Zonen und Punkten wurde so allmählich zu einer Art Dauerbeschäftigung, und schließlich war es für mich selbstverständlich, meine radiästhetischen Fähigkeiten ausschließlich für derartige Mutungsaufgaben in Anspruch zu nehmen. Wohl fielen mir dabei immer wieder jene Symptome von Ermüdung und Erschöpfung auf, die mich von Zeit zu Zeit deutlich spürbar erfaßten. Aber zunächst hielten sich diese Erfahrungen doch in einem begrenzten Rahmen, sodaß ich nichts Außergewöhnliches daran finden konnte. Vor allem sah ich darin keinen Anlaß, etwa meine radiästhetische Arbeitsweise in Frage zu stellen oder gar zu ändern.

Das Aufspüren «negativer» Störzonen schien einfach zum Alltag eines radiästhetisch Praktizierenden zu gehören, denn mit wenigen Ausnahmen hatten alle an mich herangetragenen Mutungsaufgaben dieses Thema zum Inhalt.

So gewöhnte ich mich allmählich daran, auch für den eigenen «Hausgebrauch» ständig meine «Programmierung» auf «Störstrahlungen» zu beanspruchen. Dadurch wurde es für mich schließlich völlig «normal», überall in meiner unmittelbaren Umgebung nach «störenden» Komponenten im energetischen Standortmilieu Ausschau zu halten. Im Laufe der Zeit war ich auf diese Weise immer empfänglicher geworden für diese «negativen» Elemente. Immer häufiger und differenzierter sprach ich auf sie an und vermochte sie sehr genau zu lokalisieren. Ich hatte eine merkliche Steigerung meiner Sensibilität für derartige «Störungen» erreicht, und ich sah darin zunächst durchaus einen Fortschritt im Rahmen der Entwicklung meiner radiästhetischen Fähigkeiten.

Doch eines Tages begann diese Art von Empfindsamkeit regelrecht unangenehm für mich zu werden und drohte allmählich in eine Überempfindlichkeit überzugehen. So fühlte ich mich hin und wieder auch dann von irgendwelchen «Störelementen» umgeben und in unangenehmer Weise berührt, wenn ich mit ihrer Lokalisierung gar nicht unmittelbar befaßt war. Meine «Programmierung» klang gewissermaßen nach und zeigte Tendenzen, auch dann zu funktionieren, wenn ich sie «offiziell» nicht «eingeschaltet» hatte.

In diesem Zusammenhang mußte ich auch bemerken, wie sich die Symptome der Ermüdung und Erschöpfung immer nachhaltiger einstellten und sich nicht mehr so ohne weiteres abschütteln ließen. Meine dauernden Mutungen «krankmachender» Zonen schienen in einem Maße an meinen eigenen Lebenskräften zu zehren, daß es zum Teil sogar mehrere Tage in Anspruch nahm, bis ich mich von den Ermüdungserscheinungen wieder erholt hatte.

Auch begann mir mehr und mehr ein allgemeines Unbehagen aufzufallen, das von meinem ganzen Körper Besitz ergriff und sich vor allem in den Gelenken zunehmend zu einem dumpfen Schmerz verdichtete. Schließlich riß mich ein Kreislaufkollaps aus dieser verhängnisvollen Entwicklung meiner radiästhetischen Fähigkeiten.

«Warum suchst Du das Negative?»

Dieses umwerfende Ereignis war mir in einer derart eindrucksvollen Weise in die Glieder gefahren, daß es keiner weiteren Überlegungen bedurfte, um das Rutengehen vorläufig bleiben zu lassen und in Ruhe darüber nachzudenken, welche Fehler mir im Rahmen der Ausbildung meiner Rutenfühligkeit offensichtlich unterlaufen waren.

Die daraus folgende besinnliche Zwangspause reichte immerhin dazu aus, in mir den Entschluß reifen zu lassen, meine künftige radiästhetische Praxis weitgehendst einzuschränken.

Natürlich begann ich mich in diesem Zusammenhang auch zu fragen, welche elementaren Kräfte es wohl sein könnten, die mich in derart eindrucksvoller Weise zu schwächen vermochten. Waren das nun einfach Strahlungen im physikalischen Sinne, denen ich mich zu häufig ausgesetzt hatte oder steckte da noch etwas anderes dahinter? Natürlich gedachte ich nicht, mich auf irgendwelche Spekulationen über eventuelle «teuflische» Hintergründe einzulassen, aber ich faßte das Vorgefallene doch als mahnenden Hinweis auf, mich nicht unnötig mit diesen mysteriösen «Störungen» zu befassen.

Weitere Aufträge wollte ich jedenfalls nur in äußersten Notfällen annehmen. Auch für meinen eigenen «Hausgebrauch» nahm ich mir vor, von meiner Rutenfühligkeit nur in bescheidenem Maße Gebrauch zu machen und die Mutung «störender» und «krankmachender» Phänomene möglichst zu meiden.

Trotz diesen erheblichen Einschränkungen traten bei meinen radiästhetischen Arbeiten auch in der Folge immer wieder Phasen auf, in denen ich deutlich spüren konnte, wie mich während der Mutung dieses diffuse kräftezehrende Unbehagen befiel und ich zusehends geschwächt, ja kräftemäßig regelrecht ausgelaugt wurde.

Doch durch meine unerfreulichen Erfahrungen war ich wachsam und vernünftig genug geworden, um beim Auftauchen dieser Symptome rechtzeitig meine radiästhetische Aufgabe zu beenden.

Auch gewöhnte ich mir an, nach einer Rutenbegehung sehr bewußt und gewissenhaft meine Eichung auf «Störstrahlung» wieder loszulassen, sodaß ich durch «ungelöschte» Reaktionsmuster nicht mehr in dem Maße mit Nachwirkungen negativer Elemente belästigt wurde wie früher.

Auf diese Weise blieb mir in der Folge ein weiterer «störstrahlungsbedingter» Kollaps erspart, obwohl mich diese Art radiästhetischer Beschäftigung nach wie vor kräftemäßig stark beanspruchte.

Eines Tages nun ergab sich die Gelegenheit, mit einem alten Rutengänger, der einen besonders vertrauenerweckenden Eindruck auf mich machte, über meine Mutungsprobleme zu sprechen.

Geduldig hörte er mich an. Rein äußerlich wirkte er dabei sehr ernst und nachdenklich, aber zugleich hatte ich das Gefühl, als ob ein beständiges lichtvolles Lächeln von ihm ausging, das mir vor allem durch seine Augen entgegenstrahlte.

Gerade als mich dieses geheimnisvolle Lächeln zu faszinieren begann, hörte ich ihn mit einem eigenartigen Unterton, der nach vorwurfsvoller Verwunderung klang, wie von weit her fragen: «Warum suchst Du das Negative?»

Merkwürdigerweise fiel mir in diesem Moment dazu keine Antwort ein. Aber vor dem Hintergrund meines betroffenen Schweigens dämmerte mir allmählich, daß der alte Mann mir mit seiner schlichten Frage einen wertvollen Rat und Hinweis auf meinen weiteren Weg mitgegeben hatte.

Kultbauten und radiästhetische Phänomene

Im Sommer 1976 folgte ich einer Einladung zu einem vierwöchigen Architektur-Seminar nach England, in dem es unter anderem um die Aktivierung eines allgemeinen architektonischen «Gespürs» und um die Förderung gestalterischer Fähigkeiten ging.

Zu dieser Veranstaltung waren aus mehreren Ländern Europas etwa dreißig Personen zusammengekommen, die sich in verschiedenen Arbeitsgruppen mit diesem Themenkreis theoretisch und praktisch auseinandersetzten.

Bei diesem Seminar «ertappte» mich während einer Übungspause ein jüngerer Architekt aus London dabei, wie ich in der erholsamen Parklandschaft des College Untersuchungen mit der Rute durchführte. Ich hatte hier nämlich einige merkwürdige Wuchsanomalien an einer alten Eiche entdeckt, die ich aus radiästhetischer Sicht näher «beleuchten» wollte.

Dieser ruhig und bescheiden wirkende junge Mann, der mich bei meiner Tätigkeit aufmerksam beobachtete, war mir schon früher bei gemeinsamen Sensibilisierungsübungen durch seine hohe Empfindsamkeit und sein feines Gespür für künstlerische und gestalterische Aufgaben aufgefallen.

Bei Kuchen und Tee ergab sich dann die Gelegenheit, über meine Mutungsergebnisse zu sprechen. Ich versuchte ihm also zu erklären, was ich gefunden hatte und daß sich zum Beispiel im Bereich der untersuchten Krebswucherungen mehrere Störzonen kreuzen würden.

Meinen Gesprächspartner schien dieses Mutungsergebnis keineswegs zu überraschen. Vielmehr sah es so aus, als ob er in diesem Fachgebiet bestens Bescheid wußte.

Ich allerdings dürfte eher ungläubig dreingeschaut haben, als er mir versicherte, daß er zur Lokalisierung derartiger «störender» Standortqualitäten keine Rute oder sonstigen Hilfsmittel benötige, sondern diese unmittelbar zu empfinden in der Lage sei.

Dann riet er mir, mich lieber nicht zu sehr auf diese «negativen» Elemente einzulassen, um ihren kräftezehrenden Wirkungen nicht unnötig ausgesetzt zu sein.

Außerdem gäbe es eine Reihe anderer unsichtbarer Zonen im Strahlungsfeld der Erdoberfläche, auf die ein baukünstlerisch interessierter Rutengänger seine forschende Aufmerksamkeit eher richten sollte. So sei für ihn ein rutenfühliger Architekt vor allem für die Lokalisierung und Unterscheidung jener elementaren Energiephänomene zuständig, die in der alten Wissenschaft und Kunst der «Geomantie» eine Rolle spielten.

Im Rahmen dieses alten Wissenschaftszweiges wären zum Beispiel für die Standortwahl und die bauliche Anlage von Kirchen und Kultstätten einst typische Strukturelemente im lokalen Strahlungsmilieu berücksichtigt worden, wie man jederzeit radiästhetisch nachprüfen könne.

Auf Grund derartiger Mutungen sei in England auch das Wissen weitverbreitet, daß zwischen bestimmten heiligen Stätten eine Art energetischer Verbindungslinien bestünde.

In diesem Zusammenhang hörte ich zum ersten Mal die Ausdrücke «Leys» oder «Ley-lines», die zur Bezeichnung der zwischen heiligen Gebieten verlaufenden Energiebahnen verwendet wurden.

Im Laufe des weiteren Gesprächs begann ich mich dunkel zu erinnern, bereits früher schon von derartigen Zusammenhängen gelesen zu haben.

Der prähistorische Steinkreis von Stonehenge. (Südengland).

So war in der Broschüre «Gitterstrukturen im Strahlungsfeld der Erdoberfläche» von Robert Endrös kurz erwähnt worden, daß sich Kirchen und Kultstätten stets auf Plätzen besonderer lokaler Strahlungssituationen befinden sollen.

Später war ich dann in dem Buch «Erde, Mensch und Krankheit» von Werner Christian Simonis auf einen Absatz gestoßen, in dem von deutlichen Bezügen zwischen Kultbauten und Kreuzungspunkten von bestimmten Reizstreifen die Rede war. Diese Hinweise hatte ich aber beide weiter nicht ernst genommen, und auch jetzt stand ich den Schilderungen meines englischen Kollegen doch äußerst skeptisch gegenüber.

Mein Gesprächspartner muß wohl gemerkt haben, daß ich nicht so recht bereit war, ihm all seine Behauptungen gutgläubig abzunehmen, denn er schlug vor, diese Hinweise mit Hilfe meiner radiästhetischen Arbeitsmethode an einigen Kirchen und Kultstätten zu überprüfen, die wir mit den Seminarteilnehmern in den folgenden Tagen gemeinsam besuchen wollten. Dazu gehörten unter anderem die Kathedrale von Salisbury, Old Sarum, Stonehenge und die prähistorische Schürffigur «Long Man» von Wilmington.

Zunächst begann ich, einige Bereiche der Kathedrale von Salisbury nach Gitterstrukturelementen auszumuten.

Zu meiner Überraschung schienen die dabei georteten Primärlinien und ihre Kreuzungen tatsächlich klare Beziehungen zur baulichen Anlage aufzuweisen. Die Ausrichtung und Einbindung des Bauwerkes in das gemutete Gitterstruktursystem war so auffallend, daß ich es vorerst einfach nicht glauben konnte.

Es sah wirklich so aus, als ob die Erbauer diese Kathedrale völlig in das unsichtbare natürliche Feldmuster dieses Standortes eingefügt hatten.

Aber auch die übrigen Kultbauten schienen jeweils in ihrer Weise klare Beziehungen zu den ortsspezifischen Gitterstrukturelementen aufzuweisen.

In Stonehenge fiel mir bei meinen Mutungen besonders jener komplizierte Kreuzungspunkt im Zentrum der Anlage auf, der durch eine Vielzahl von Zonen verschiedener Breiten und Intensitäten gebildet wurde. Ich hatte den Eindruck, daß hier aus allen Himmelsrichtungen Energiebahnen zusammenströmten, um sich im Mittelpunkt des Steinkreises in Form eines «Strahlenbündels» zu vereinigen. Gleichzeitig sah es aber so aus, als ob von diesem Punkt ausgehend Kraftlinien in alle Raumesrichtungen ausstrahlten.

Die bauliche Anlage des Steinmales wirkte auf mich beinahe wie eine Art Quellfassung unbekannter Energien, die aber sichtlich nicht in der Weise an meinen Lebenskräften zehrten, wie ich es von Mutungen üblicher «Störstrahlungen» her gewöhnt war. So verspürte ich nicht jene Symptome allgemeiner Schwächung und Erschöpfung, mit denen ich bei einer «normalen» Rutenbegehung vergleichbaren Ausmaßes auf jeden Fall rechnen mußte, obwohl die radiästhetische Aufnahme dieses vielschichtig strukturierten Kraftfeldes einige Stunden in Anspruch genommen hatte.

Später besuchten wir die prähistorische Schürffigur «Long Man» in der Grafschaft Sussex, die sich nahe der Kanalküste über den steil geneigten Abhang des Windover Hill erstreckt. Sie stellt eine aufrechtstehende menschliche Gestalt dar, die mit leicht abgewinkelten Armen etwa in Schulterhöhe zwei zu ihrer Körperachse parallel verlaufende Stäbe hält, welche ihr von den Füßen bis über den Kopf reichen.

Zunächst wäre ich gar nicht auf die Idee gekommen, an dieser Figur, die etwa die Ausmaße von siebzig mal vierzig Metern aufwies, überhaupt radiästhetische Untersuchungen vorzunehmen. Aber der Architekt aus London riet mir doch, eine Rutenbegehung durchzuführen. Ich versuchte also wiederum mit meiner Eichung auf primäre Gitterlinien, die Lage des ortsspezifischen Feldmusters zu lokalisieren. Und tatsächlich wies auch diese Schürffigur aus prähistorischer Zeit markante Merkmale

Die prähistorische Schürffigur «Long Man» von Wilmington (Südengland).

einer Einbindung in das lokale Gitterstruktursystem auf, wobei die beiden Stäbe exakt dem Verlauf zweier auffallend stark ausgeprägter Primärlinien folgten.

Fast schien es, als ob sich dieser «Long Man» an jenen parallel laufenden ausgeprägten Energiebahnen festhielt, die sich über das Gelände dahinzogen.

Es ergaben sich bei meinem Englandbesuch noch weitere Gelegenheiten, radiästhetische Untersuchungen im Bereich heiliger Stätten durchzuführen, und in allen Fällen konnte ich deutliche Beziehungen zwischen den baulichen Anlagen und den jeweils lokalisierten Reaktionsstreifen feststellen. Manchmal erschien mir dabei die Einbindung der Bauwerke in die gemuteten Strukturelemente beinahe zu schön, um wahr zu sein, und ich begann mich zu fragen, ob ich mir das alles vielleicht doch nur so klar und eindeutig einbildete. Mein englischer Kollege würdigte zwar meine skeptische Einstellung, versicherte mir aber, daß ich mit meinen Mutungsergebnissen durchaus richtig liegen würde. Er betonte allerdings, daß es noch eine Vielzahl anderer Strukturelemente gäbe, die ich bei meinen Untersuchungen nicht berücksichtigt hätte. Die energetischen Linienmuster seien in ihrer Gesamtheit also noch erheblich komplexer und ihre Beziehungen zu den Kultbauten entsprechend differenzierter. Er versuchte, mich auch dadurch von der Richtigkeit meiner radiästhetischen Entdekkungen zu überzeugen und mich zu ermutigen, mit derartigen Rutenbegehungen fortzufahren, indem er mir einige Bücher besorgte, in denen unter anderem über Besonderheiten im Strahlungsmilieu heiliger Orte berichtet wurde. So begegnete ich den Werken von John Michell «The View over Atlantis», «The Earth Spirit», Nigel Pennick «The Ancient Science of Geomancy», Guy Underwood «The Pattern of the Past» und Alfred Watkins «The Old Straight Track».

Bestärkt und angeregt durch die Schilderungen dieser Autoren und eine Reihe weiterer Literaturhinweise zu dieser Thematik, die mir in der Folge in die Hände fielen, begann ich schließlich, Kirchen und Kultstätten, die ich auf meinen Reisen in den Sommermonaten aufsuchte, systematisch nach standortsspezifischen energetischen Strukturelementen zu untersuchen.

Die entsprechenden Mutungen führte ich in England, Italien, Frankreich, Skandinavien, Deutschland, Irland und Österreich in den Jahren 1976 bis 1980 durch. Auf diese Weise wurden über hundert Kirchen und Kapellen sowie etwa dreißig prähistorische Kultstätten – Megalithgräber, Steinkreise, Dolmen und Menhire – aufgemessen und radiästhetisch untersucht.

Diese Arbeiten waren begleitet von einer kontinuierlichen Vertiefung in radiästhetische Methoden sowie der kritischen Auseinandersetzung mit ihren Möglichkeiten und Grenzen.

In diesem Zusammenhang wurde für mich allmählich das beständige und geduldige Beschreiten eines inneren Schulungsweges selbstverständlich, wodurch es mir in zunehmenden Maße gelang, die eigenen körperlichen, seelischen und geistigen Phänomene im radiästhetischen Wirkungszusammenhang besser zu beobachten und zu kontrollieren. Dabei wurde ich auch an die Notwendigkeit einer entsprechenden moralischen Grundhaltung im Rahmen meiner Rutenpraktiken herangeführt.

Frankreich 1977 — Radiästhetische Impressionen

Im Sommer 1977 unternahm ich eine Studienreise nach Nordfrankreich, die mich unter anderem in die Normandie, die Bretagne und durch das Tal der Loire führte. Dabei bot sich die Gelegenheit, zahlreiche christliche Kultstätten und Megalithbauten zu besuchen und nach ortsspezifischen Feldmustern auszumuten. Dazu gehörten etwa die Kathedralen von Amiens, Angers, Tours und Chartres, die Kirchen von Candes, Loches, Saint Benoit sur Loire und Vézelay, das Kloster Mont St. Michel, verschiedene Menhire, Dolmen und Tumuli sowie die Steinalleen von Carnac.

Im Vordergrund meiner radiästhetischen Aufmerksamkeit standen vor allem primäre Gitterstrukturen, obwohl ich verschiedentlich auch andere Teilelemente des lokalen Standortmilieus zu erfassen versuchte.

Im Gegensatz zu meinen früheren Kultstättenbegehungen gewöhnte ich mir nunmehr an, meine Mutungsergebnisse auch planlich festzuhalten. Sofern mir nicht bereits ein brauchbarer Plan zur Verfügung stand, fertigte ich mir also vor meinen Untersuchungen jeweils eine maßstäbliche Grundrißskizze mit eingetragenen Himmelsrichtungen an, wodurch die für meine weiteren Betrachtungen wesentlichen materiellen Perspektiven von Standort und Bauwerk sozusagen sinnbildlich erfaßt wurden. Diese Grundrißpläne – in denen Form, Größe, Proportion und Orientierung der baulichen Anlage enthalten waren, dienten mir als Grundlage, in die ich in der Folge jene durch meine Rutenbegehung ermittelten Reaktionszonen einzeichnete – gewissermaßen als Abbild immaterieller Perspektiven der Kultstätte.

Im Laufe der Zeit kam auf diese Weise eine ganze Sammlung von planlich fixierten Mutungsergebnissen zustande, die mir später für meine Forschungsarbeiten zu dieser Thematik noch sehr dienlich sein sollten.

Meine «standardisierte» Begehungstechnik begann ich stets außerhalb der Bauwerke, wobei ich die Längs- und Querrichtung jeweils zweimal abschritt.

Dann erfolgten im Inneren der baulichen Anlage je nach Größe mehrere Längs- und Querbegehungen. Die lokalisierten Rutenausschlagszonen wurden zunächst mit Kärtchen oder Stäben markiert und später in den Plan eingetragen.

Bei den in dieser Weise durchgeführten Untersuchungen kristallisierte sich heraus, daß die Reaktionszonen des primären Gittersystems, wie ich es von Herrn Endrös her kannte, ganz bestimmte Beziehungen zu den Kultbauten aufwiesen.

So zeigten sich in den Haupt- und Nebenachsen der Kirchen und Kapellen eindeutig streifenförmige Strukturelemente, die im Altarbereich jeweils von einer ausgeprägten Gitterlinie gekreuzt wurden. Derartige Zonen führten aber auch durch die Achsen der Haupt- und Nebeneingänge der Sakralbauten.

Dabei traten zum Teil sehr regelmäßige Feldmuster auf, die sich wie selbstverständlich in die baulichen Anlagen einfügten. Derartige für mich geradezu unglaub-

Amiens, Notre Dame.
1220 begonnener Bau, anstelle der 1218 abgebrannten alten Kathederale errichtet und im wesentlichen 1269 vollendet.
Hier deutet sich ein sehr regelmäßiges System primärer Gitterlinien an mit stärkeren und schwächeren Zonen, wobei vor allem die besonders deutlich spürbaren Reaktionslinien in den Achsen des Lang- und Querhauses sowie im Chor auffallen. Eine starke Primärzone kreuzt die Längsachse der Kathedrale im Bereich einer in den Boden eingelassenen Windrose, die das Zentrum eines achteckigen Labyrinths darstellt.

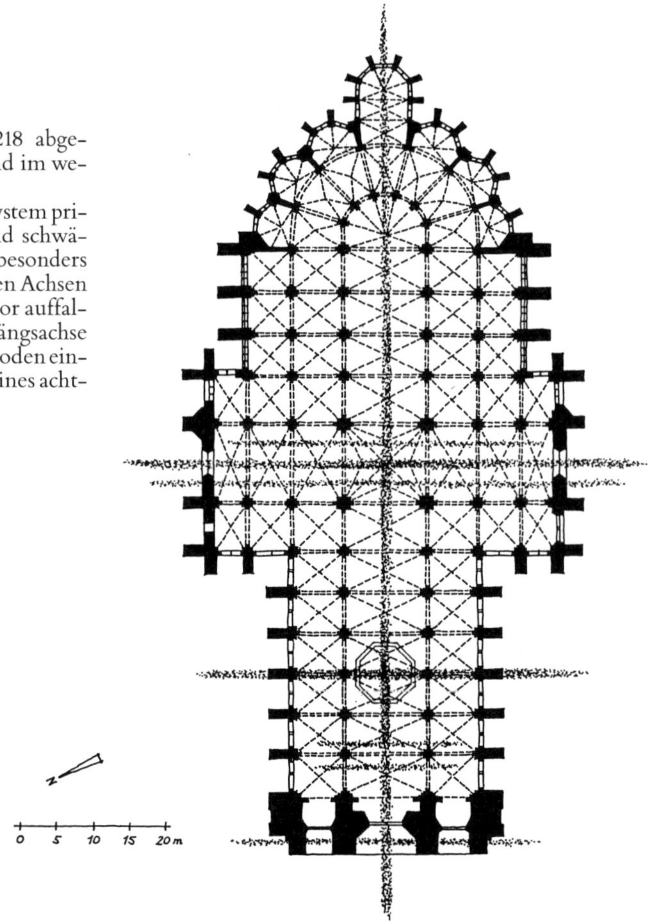

lich wirkende Regelmäßigkeiten konnte ich etwa in den Kathedralen von Amiens, Orléans und Chartres feststellen, wo jeweils in den Achsen der Mittel- und Seitenschiffe ausgeprägte Reaktionslinien verliefen, welche zudem durch die Achsen der Haupt- und Seitenportale führten.

In anderen Sakralbauten wiederum kamen mehr oder weniger deutliche Unregelmäßigkeiten in den Linienmustern zum Ausdruck, die sich auch in den Bauwerken widerzuspiegeln schienen. So kreuzten sich etwa in der Kathedrale von Angers das Längs- und das Querschiff mit einer leichten Abweichung vom rechten Winkel, und es sah so aus, als ob sie damit dem Verlauf jener auffallend starken Primärzonen folgten, die durch die Längs- und Querachse des Baukörpers führten.

Aber auch stärkere Unausgewogenheiten – etwa in Form von deutlichen Feldverzerrungen, -verbiegungen und -verdichtungen – konnten beobachtet werden, die sichtlich mit baulichen Unregelmäßigkeiten in Zusammenhang standen. So zeigte zum Beispiel das Grundrißgefüge der Kirche St. Martin in Candes vielfältige Abweichungen vom rechten Winkel, die das gesamte Gebäude wie ein beunruhigender Gestaltungsimpuls durchzogen und die in den gemuteten Gitterstrukturelementen in ähnlicher Weise zum Ausdruck kamen.

Oder es trat etwa in der Abteikirche von Vézelay dort, wo das Querschiff an das Langhaus ansetzte, ein deutlicher Knick im Bauwerk auf, welcher mit einer Richtungsänderung jener in der Hauptsache verlaufenden Primärzone zusammenfiel.

Die lokalen Feldmuster wiesen aber nicht nur zum Ordnungsgefüge der Bauwerke klare Beziehungen auf. Auch auffallende Bodenmuster schienen häufig gewissen

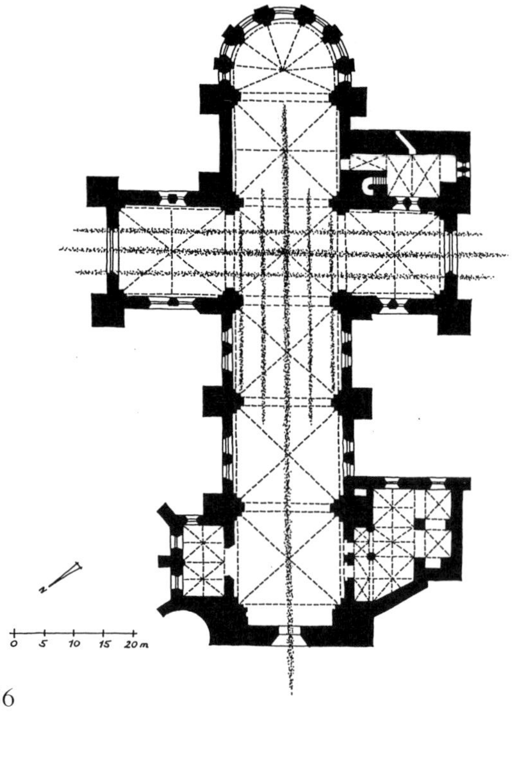

Angers, St. Maurice.
Kathedrale aus dem zwölften und dreizehnten Jahrhundert, die auf mehrere Vorgängerbauten zurückgeht.
Die ausgeprägten Gitterlinien treten im Bereich der Achsen des Längs- und Querschiffes auf. Parallel zu den Hauptachsen verlaufen Reaktionszonen geringerer Intensität.

Gitterstrukturelementen zu folgen, und besonders bezeichnete Bodenplatten – etwa im Zentrum der Labyrinthe von Chartres und Amiens – lagen eindeutig im Kreuzungsbereich primärer Gitterstrukturen. Oder zwischen einzelnen baulichen Elementen eines «heiligen Bezirks» – z.B. einem Kreuz, einem in Stein gehauenen Calvarienberg und dem Kircheneingang – konnten derartige Reaktionszonen als Wegachsen oder «freie» Verbindungslinien festgestellt werden. Es schien also in größeren Anlagen, die mehrere Objekte umfaßten, ebenfalls eine Art «Anlehnungsbedürfnis» an lokale Feldmuster zum Ausdruck zu kommen. Die Gesamtübersicht zur Orientierung der dreißig in Frankreich untersuchten Kirchen und Kapellen, die zum Teil über prähistorischen Kultstätten errichtet waren, ergab mit einer einzigen Ausnahme deutliche Abweichungen von der Ost-/West-Ausrichtung der Gebäude, die aber in allen Fällen mit dem Verlauf der gemuteten Reaktionszonen übereinstimmten.

Auch die besichtigten prähistorischen Kultbauten zeigten auffallende Lagebeziehungen zu Strukturelementen des Gittersystems. So verliefen durch die Längsachsen aller untersuchten Dolmen und Tumuli jeweils klar lokalisierbare Gitterlinien, die zum Teil ausgeprägte Kreuzungspunkte aufwiesen. So etwa auf Gavrinis in der Grabkammer knapp vor den zwei abschließenden Tragsteinen oder beim Dolmen von Tregastel im Zentrum der Steinanlage.

Drei besonders deutliche Reaktionszonen konnten in Locmariaquer im Bereich des gewaltigen umgestürzten Menhirs «Er Grah» und des Ganggrabes «Table des Mar-

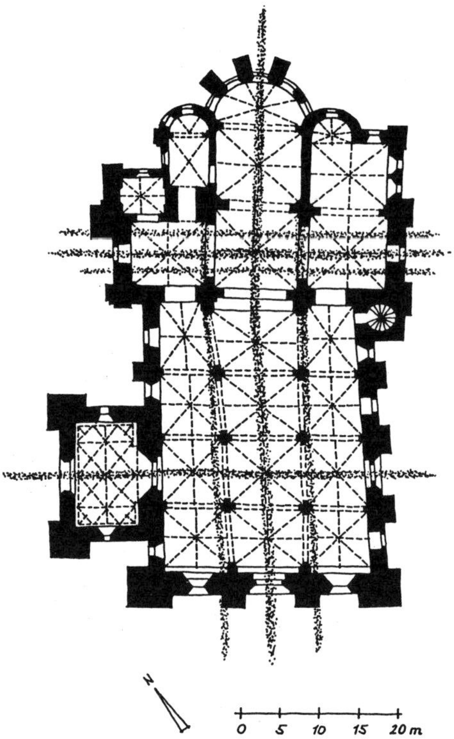

Candes, St. Martin.
Im zwölften Jahrhundert begonnene Wallfahrtskirche. Laut Überlieferung wurde sie an jener Stelle errichtet, wo der heilige Martin, der Schutzpatron Frankreichs, im Jahre 397 starb.
Die Kirche weist einen auffallend unregelmäßigen Grundriß auf. Dies versucht man in der offiziellen Bauforschung dadurch zu erklären, daß sich die Raumform im Laufe der Jahrhunderte offensichtlich durch die Berücksichtigung älterer Bausubstanz ergeben habe. So wird angenommen, daß ursprünglich an der Stelle des Sterbelagers des heiligen Martin eine einschiffige Kapelle eingerichtet worden war, von der aus die Kirche allmählich weiterwuchs. Damit glaubt man, unter anderem auch jene dicke Mauer und den rundbogigen Verbindungsgang erklären zu können, die sich zwischen der nordseitig in den Bau eingefügten St. Martinskapelle und dem nordwestlichen Querhausarm befindet.
Die radiästhetisch ermittelten Gitterstrukturen weisen ebenfalls erhebliche Unregelmäßigkeiten auf, die wie eine Art Verzerrung des lokalen Feldmusters anmuten. Auffallend ausgeprägte Reaktionszonen verlaufen durch die Längsachse des Kirchenschiffes und durch die Achse des Seiteneinganges.

chands» lokalisiert werden. Eine verlief in der Achse der Grabanlage, wo sie sich im Bereich des großen Tragsteines der Deckplatte mit einer zweiten Zone kreuzte. Diese Reaktionszone stellte eine Art Verbindungslinie zu einem außerhalb des Grabes liegenden Kreuzungspunkt dar, der mit dem ursprünglichen Standort des einst über zwanzig Meter hohen und jetzt zerbrochenen Menhirs zusammenfiel.

Die im Bereich der prähistorischen Steinalleen von Carnac gemuteten Gitterstrukturen zeigten zum Teil erhebliche Unregelmäßigkeiten in Form von Verbiegungen, Verzerrungen und Verdichtungen.

Die Steinsetzungen schienen aber in den untersuchten Ausschnitten der Anlage dem Verlauf des Feldmusters zu folgen, wobei allerdings nur jede zweite etwa Ost/West verlaufende Primärzone von einer Steinreihe besetzt war. Dabei standen die einzelnen Steine meist im Bereich von Kreuzungspunkten, obwohl der Zahn der Zeit sichtlich Lücken in die Reihen gerissen hatte. Trotz diesen Eingriffen der Vergänglichkeit sah es aber so aus, als ob die Gesamtanlage völlig in das Ordnungsgewebe der lokalen Feldstrukturen eingebunden war.

Die radiästhetischen Untersuchungsergebnisse meiner Studienreise nach Nordfrankreich trugen natürlich wesentlich dazu bei, mich in der Folge weiter in diesen Themenkreis zu vertiefen. Gleichzeitig mußte ich erkennen, daß es für mich immer schwieriger wurde, eine Kultstätte völlig unvoreingenommen auszumuten, denn die Erfahrungen aus früheren Begehungen begannen spürbar als Einflußfaktoren «mitzugeistern». So mußte ich besonders gut aufpassen, um nicht von schon bekannten Ergebnissen aus ähnlichen baulichen Situationen in meinen Rutenreaktionen geprägt zu werden.

In diesem Zusammenhang wurde mir mehr und mehr bewußt, wie problematisch der radiästhetische Umgang mit Phänomenen war, die man im Rahmen unserer Sinneserfahrung nicht beweisen und überprüfen konnte. Der Zweifel an meinen so faszinierenden Mutungsergebnissen war deshalb mein ständiger Begleiter, und ich hoffte im stillen auf ein Ereignis, das zur Lösung dieser Konfliktsituation etwas beitragen würde.

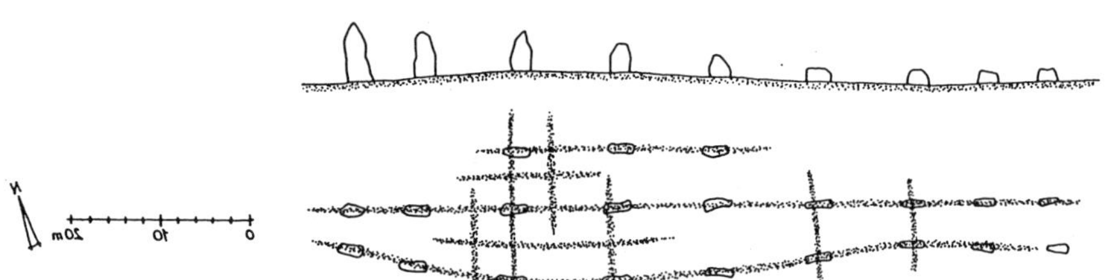

Carnac.
Teilweise untersuchter Ausschnitt aus der Steinallee von Menec (westlicher Teil).
Hier konnten in der gesamten Anlage primäre Gitterstrukturen mit deutlichen Abweichungen von der Nord/Süd- und Ost/West-Orientierung festgestellt werden, die zum Teil erhebliche Unregelmässigkeiten und Verzerrungen aufweisen, welche sich vor allem bei den in der Längsrichtung verlaufenden Netzlinien als leicht schlängelnder Verlauf zeigen. Die einzelnen Steine sind in den untersuchten Ausschnitten der prähistorischen Steinallee meist im Bereich der Kreuzungspunkte zweier Globalzonen situiert. Jeweils zwischen den in der Längsrichtung verlaufenden Steinreihen treten Globalzonen und deren Kreuzungen auf, die keine Steinsetzungen aufweisen.

Gavr'inis, Tumulus (Ganggrab).
Diese als Königsgrab und Kultstätte angesehene prähistorische Anlage beherrscht mit ihrem etwa hundert Meter großen Umfang und ihrer acht Meter hohen Aufschüttung aus lockerem Geröll und Erdreich die unbewohnte Insel Gavr'inis (= die «Ziegeninsel»).
Ein etwa fünfzehn Meter langer gepflasterter Gang führt in das Innere des Ganggrabes, das sich am Ende zu einer 1,8 Meter hohen rechteckigen Grabkammer erweitert.
Dreiundzwanzig der neunundzwanzig Tragsteine sind mit Gravierungen bedeckt, die sich in einem eigenartigen Rhythmus als dichtes Muster von parallel verlaufenden senkrechten, schrägen und geschwungenen Linien abzeichnen – eine rätselhafte Komposition aus konzentrischen Halbkreisen, Bögen, Krummstäben, Schlangen, Spiralen, Wellenlinien und Dreiecken.
Bei dieser und ähnlichen prähistorischen Grabanlagen fällt besonders die in den Längsachsen verlaufende primäre Gitterstrukturlinie auf. Innerhalb der Steinsetzungen treten dabei Kreuzungen auf, wie zum Beispiel in der Grabkammer von Gavr'inis knapp vor den zwei abschließenden Tragsteinen.

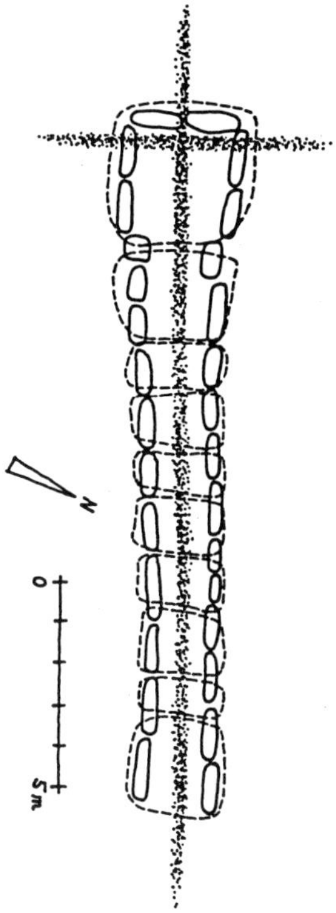

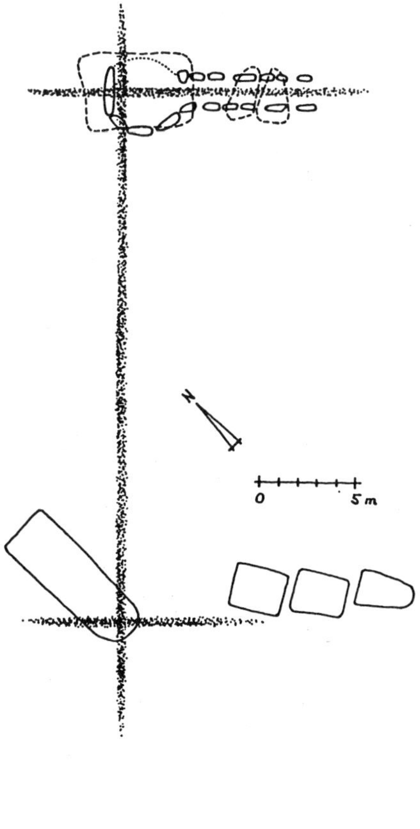

Lochmariaquer.
Umgestürzter Menhir «Er Grah» und Grabanlage «Table des Marchands».
In dieser Anlage heben sich vor allem drei Primär-Globalzonen klar aus dem Standortmilieu ab. Eine verläuft in der Achse des Ganggrabes, wo sie sich knapp vor dem großen Tragstein der Deckplatte mit einer zweiten Zone kreuzt. Die Reaktionslinie weist außerhalb des Grabes einen weiteren Kreuzungspunkt mit einer primären Gitterlinie auf, der im Bereich des ursprünglichen Standortes eines heute umgestürzten und zerbrochenen, ehemals über zwanzig Meter hohen Menhirs liegt.

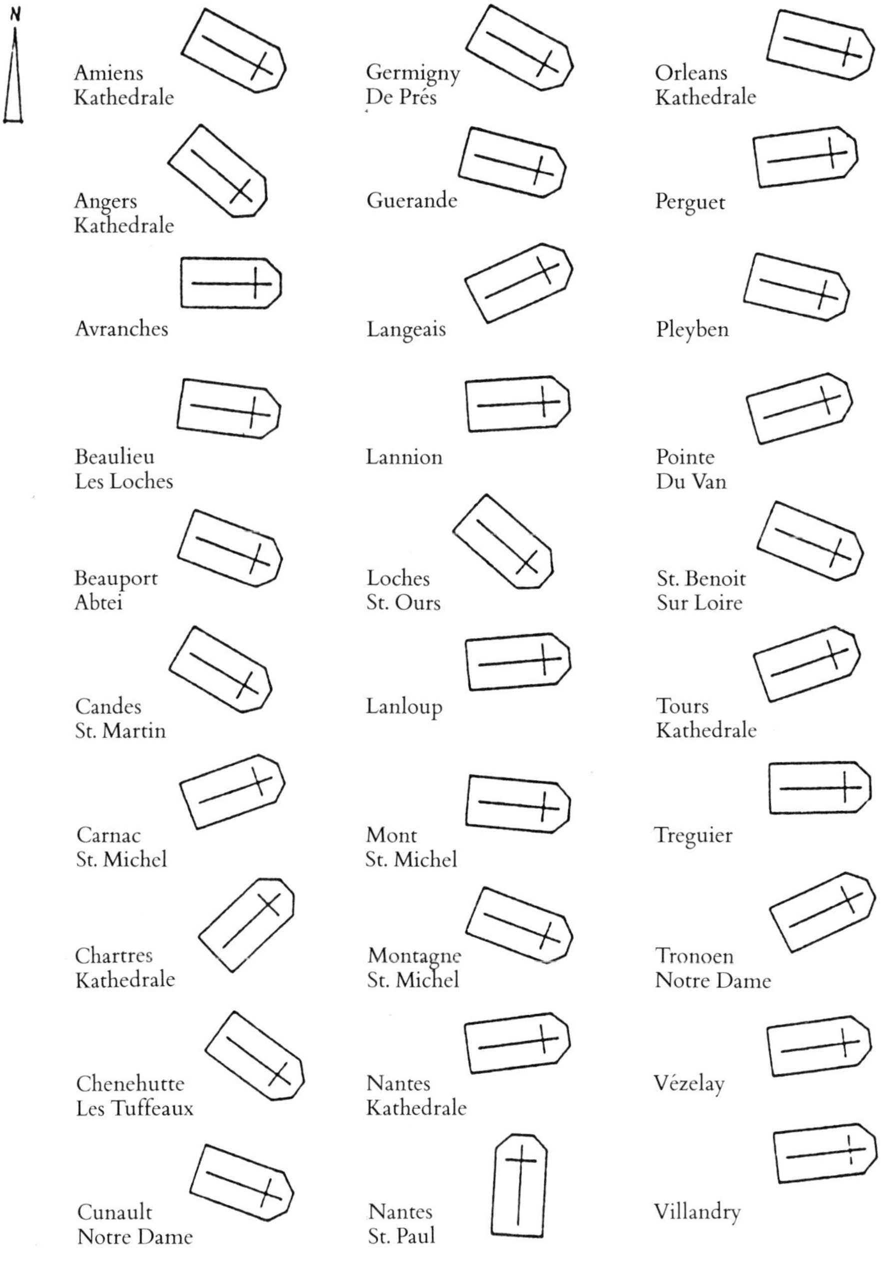

Orientierung der Kirchen in Frankreich.
An dieser Übersicht zur Ausrichtung der in Frankreich radiästhetisch untersuchten Kirchen wird deutlich, daß zwar eine Tendenz zur Ost-Orientierung vorliegt, eine exakte Ostung jedoch die Ausnahme darstellt.
In allen Fällen konnten jeweils im Bereich der Kirchenachsen deutlich ausgeprägte Reaktionszonen ermittelt werden. Der Verlauf dieser auffallenden Zonen war auch außerhalb der Bauwerke feststellbar, sodaß der Eindruck entstand, als hätten die Erbauer ihre Kirchen ganz bewußt nach diesen Strukturelementen ausgerichtet.

Auf Besuch in einem radiästhetischen Weltanschauungsgebäude

Ich hatte mir im Laufe der Jahre also einen gewissen radiästhetischen Erfahrungshorizont angeeignet, ohne je einen Einführungskurs in das Rutengehen besucht zu haben und ohne mich durch eines der etablierten radiästhetischen Schulungs- und Weltanschauungssysteme beeinflussen und prägen zu lassen. Auch war ich theoretischen Anleitungen und Erklärungen zum Rutenphänomen, wie sie in Büchern und Skripten vorlagen, aus dem Weg gegangen, um mich zunächst unabhängig davon mit der Erweckung der «organischen Anlagen» meiner individuellen Fühligkeit zu beschäftigen.

Als einigermaßen «mündig» gewordenem Rutengänger, der zumindest das «kleine Einmaleins» der Radiästhesie ein wenig zu beherrschen glaubte, reifte aber allmählich in mir das Bedürfnis, auch eine offizielle radiästhetische «Einweihungszeremonie» zu besuchen. Dazu ergab sich im Juli 1978 eine günstige Gelegenheit. In der Nähe von Innsbruck sollte ein Einführungslehrgang in die Praxis des Rutengehens unter der Leitung von Reinhard Schneider, Leiter eines Ingenieurbüros für Verfahrens- und Mikrotechnik in Wertheim stattfinden. Der in der Einladung aufscheinende Titel der Veranstaltung «Einführung in die praktische Geobiologie mit neuzeitlichen Methoden» klang für mich jedenfalls recht vielversprechend, und so beschloß ich, daran teilzunehmen.

Natürlich war zu erwarten, daß sich bei dieser Gelegenheit auch wieder einige «Unterhaltungsradiästheten» in Szene setzen würden. Da ich aber ehrlich gewillt war, mein radiästhetisches Einsiedlerdasein für einen kleinen Abstecher zu verlassen, um auch aus anderen Erfahrungen zu lernen, nahm ich mir vor, mich in Geduld und Toleranz zu üben und zunächst einmal alles, was man mir bei diesem Kurs bieten würde, möglichst unvoreingenommen auf mich wirken zu lassen.

Andächtig lauschten die Anwesenden den einführenden Worten des Kursleiters, denen eindeutig zu entnehmen war, daß hier endlich nüchtern und sachlich auf dem naturwissenschaftlichen Fundament der Physik das Phänomen des Rutenausschlages erklärt würde.

So erfuhr man hier, daß die Rute eine Dipol-Antenne sei, durch die bei bestimmten Grifflängen, welche sich aus der Antennentechnik ergeben, genau definierte Wellenlängen erfaßt würden, die, je nach Intensität der Strahlung, im menschlichen Organismus als nachgeschaltetes «Meßinstrument» den Rutenausschlag bewirkten. Es wurde von bestimmten physikalisch interpretierbaren Einstimmtechniken berichtet, durch die es möglich sein soll, die Polarität bzw. Polarisation, die Einfallsrichtung und Stärke der jeweiligen Strahlung, festzustellen.

(Bei der qualitativen Beurteilung radiästhetischer Reaktionszonen spielen neben der «Intensität» die Begriffe «Polarität» und «Polarisation» eine wesentliche Rolle.

Darunter werden im allgemeinen Phänomene und Reaktionen im Rahmen eines polaren Energieprinzips im Sinne von Yin und Yang verstanden. So wird unter Rutengängern etwa zwischen «positiven», «negativen» und «neutralen» Zonen unterschieden sowie solchen mit «rechtsdrehender», «linksdrehender» und «gemischtdrehender» Polarisation. Die Bewertung von radiästhetischen Phänomenen kann unter anderem aber auch im Spannungsfeld der Begriffe «aufladend» und «abladend», «harmonisch» und «disharmonisch», «biologisch günstig» und «ungünstig» erfolgen.)

Man hörte über den «Mikrowellen-Charakter» der in der Radiästhesie gemuteten Zonen, die frequenzmäßig im Gigahertz-Bereich lägen, von Gitterstrukturen erster, zweiter, dritter, vierter und fünfter Ordnung, von «Spektroiden» der Wasseradern, von der «Lecher-Rute» mit entsprechender «Antennen- und Richtungscharakteristik» und anderes mehr.

All diese Erklärungen schienen logisch aus physikalischen Zusammenhängen heraus begründet zu sein und wurden durch entsprechende Formeln, Daten und Diagramme aus Antennentechnik und Radioastronomie belegt.

Schließlich folgten einige praktische Demonstrationen, die in «handgreiflicher» Weise den Tatsachengehalt des Vorgebrachten beweisen sollten. Besonders überzeugend wirkte in diesem Zusammenhang ein Versuch mit einem Meßsender, durch dessen Inbetriebnahme Herr Schneider offenbar bei allen Beteiligten, die eine bestimmte Rutenlänge und Ausgangshaltung eingenommen hatten, einen Rutenausschlag hervorzurufen imstande war. Und dies, obwohl die Versuchsteilnehmer nicht wissen konnten, ob der Sender eingeschaltet war oder nicht.

Dabei zeigte sich allerdings, daß nicht alle Anwesenden gleich schnell und intensiv auf die künstlich hervorgerufenen elektromagnetischen Impulse reagierten, was als unterschiedliche Sensibilität der Versuchspersonen gewertet wurde.

Spätestens nach diesem Experiment schien jedenfalls kein Zweifel mehr daran zu bestehen, daß der Rutenausschlag physikalischen Ursprungs war und somit eindeutig elektromagnetische «Wirkungsmechanismen» dahintersteckten.

Auch ich war natürlich sehr beeindruckt, daß es da einem sichtlich physikalisch Ausgebildeten gelungen war, einen exaktnaturwissenschaftlichen Ansatz zur Erklärung des Rutenausschlages zu finden. Ja es tat einem regelrecht wohl, sich im radiästhetischen Zusammenhang einen etwas wissenschaftlich anmutenden Hauch um die Ohren wehen zu lassen.

Aber waren auf Grund der vorgetragenen physikalischen Erklärungsversuche der Rute und der vorgeführten Experimente auch jene Schlußfolgerungen berechtigt, wonach die in der Radiästhesie wesentlichen «Stör-» und «Reaktionszonen» als elektromagnetische Strahlungsphänomene existierten? Und war dadurch wirklich bewiesen, daß die Rute wie eine «Antenne» und der Mensch wie ein nachgeschaltetes «Meßgerät» funktionierten?

Ich wollte mich nach diesem Einführungskurs eingehender mit der Beantwortung dieser Frage befassen. Vorläufig hatte ich alle Hände voll zu tun, um die folgenden praktischen Übungen zu absolvieren.

Im Zuge dieses Übungsprogramms machte ich die Erfahrung, daß es mir mit Hilfe der «Grifflängentechnik» besonders leicht fiel, mich auf die geforderten Mutungsaufgaben einzustellen und klare Ergebnisse zu erzielen. Vor allem hatte ich den Eindruck, die spezielle Art der angewendeten Eichungstechnik würde wesentlich dazu beitragen, gewisse Feinheiten besser und eindeutiger zu lokalisieren und auseinanderzuhalten.

Allmählich begann ich aber dann zu durchschauen, daß die «Antenneneinstimm-Methode» nach Schneider lediglich eine besondere Form einer Konzentrations- und Eichungshilfe darstellte, durch die man sich unter Anwendung von Vorstellungsmodellen und Denkgewohnheiten des etablierten physikalischen Weltanschauungssystems auf das zu mutende Problem geistig einstellen konnte.

(Je nach Bildung, Vorstellungsvermögen, persönlichen Neigungen und ähnlichem mehr werden auch in anderen Lehrauffassungen der Radiästhesie gewisse Gedächtnishilfen und Konzentrationstechniken empfohlen, die alle lediglich den Sinn haben, die klare, eindeutige geistige Einstellung auf eine bestimmte Mutungsaufgabe zu erleichtern und zu untersützen.)

Im Rahmen der Abstimmung der Rute im Sinne einer Antenne erfolgte die «Programmierung» des Rutengängers nämlich dadurch, daß er sich bewußt oder unbewußt geistig auf jene physikalischen Vorstellungen von Wellenlängen und Frequenzen einstellte, die mit den zu untersuchenden Zonen in Zusammenhang gebracht wurden.

Durch die manuelle, physische Abstimmtätigkeit an der Rute und durch die Einbettung des ganzen Vorganges in klar definierte physikalische Vorstellungen wurde so eine korrekte, eindeutige Fragestellung und Eichung erleichtert und die geistige Einstimmung auf das zu ortende «Objekt» unterstützt und ermöglicht.

Dabei war es für das Funktionieren des «geeichten» radiästhetischen Sensoriums unwesentlich, ob diese physikalischen Perspektiven als Mutungsobjekt tatsächlich existierten oder ob sie lediglich als «Pseudonym» für eine bestimmte «Störzone» verwendet wurden.

Das Denken in den strengen Bahnen physikalischer Vorstellungsmuster erwies sich so als wertvolle geistige Vorbereitung und Konzentrationshilfe, um Phänomene radiästhetisch zu ermitteln, die entweder «echte» physikalisch erklärbare und meßbare Perspektiven aufwiesen oder lediglich mit physikalisch klingenden Begriffen und Formulierungen bezeichnet und «eingekleidet» waren.

Die Methode Schneider vermochte deshalb als Eichungstechnik vor allem bei jenen Anwesenden auffallende Sympathien zu erwecken und entsprechende Erfolgsquoten zu bewirken, die gewöhnt waren, sich geistig im physikalischen Gedankengebäude zu bewegen, oder denen es leichter fiel, an Mutungsobjekte zu glauben und sich diese vorzustellen, wenn sie ein physikalisches «Mäntelchen» trugen.

Ich lernte in der Folge die Methode Schneider vor allem deshalb schätzen, weil sie sich bei meinen weiteren Arbeiten als besonders brauchbar erwies, um im Sinne einer «analytischen» Radiästhesie differenzierte Mutungen im lokalen Strahlungsfeld durchzuführen. So fiel es mir mit ihrer Hilfe sehr leicht, aus dem komplexen energetischen Gesamtmilieu eines Standortes unterschiedlichste Teilperspektiven in den Vordergrund meines radiästhetischen Bewußtseins zu rücken.

Außerdem hatte ich in der von Herrn Schneider entwickelten «Lecher-Rute» ein Instrumentarium gefunden, dessen Handhabung mir besonders gut lag.

Aber schon bald empfand ich dieses angelernte Arbeitsschema der «Grifflängentechnik» als Einschränkung der Entwicklungsmöglichkeit meiner individuellen radiästhetischen «Gehweise». Ich hatte regelrecht das Gefühl, durch sie an eine Art starres «Bewegungssystem» gebunden zu sein, das mich daran hinderte, mich frei zu bewegen und meine radiästhetischen Fähigkeiten ihrer individuellen Eigenart entsprechend weiterzuentwickeln.

Deshalb beschloß ich, zwar die «Lecher-Rute» als bewährte «Krücke» zu behalten, aber die «Antennenabstimm-Methode» in einer Weise abzuwandeln und zu erweitern, daß ich mit ihr auch freiere radiästhetische «Gehbewegungen» durchführen konnte.

So gelang es mir allmählich, die Grifflängentechnik nach Schneider den individuellen Eigenheiten und «Bewegungsbedürfnissen» meiner Rutenfühligkeit entsprechend anzupassen.

Skandinavien 1978

Mit der «Antennenabstimmtechnik» nach Schneider war ich also einer radiästhetischen Methode begegnet, die ich als wertvolle Hilfe für differenzierte Mutungsaufgaben empfand. Durch sie wurde ich aber auch auf eine Reihe von Reaktionszonen aufmerksam, die ich bis dahin bei meinen Begehungen nicht berücksichtigt hatte.

Das «erste Gitter» – auch «Globalgitter», «Globalnetzgitter» oder «Hartmann-Gitter» genannt – schien im wesentlichen den von Endrös beschriebenen Gitterstrukturen zu entsprechen, obwohl ich im Rahmen meiner Erfahrungen nicht jene «sture» Nord / Süd- und Ost / West-Ausrichtung feststellen konnte, die offensichtlich in der Anhängerschaft der «Schule Dr. Hartmann» vertreten wurde.

Mit dem «zweiten Gitter», das andere radiästhetische Schulsysteme unter der Bezeichnung «Diagonalgitter», «Currygitter» oder als «Strukturelemente der polaren Felder nach Wittmann» führten, wurde ich aber auf einen Phänomenbereich aufmerksam, der mir bis dahin nicht bekannt war.

Doch auf Grund des radiästhetischen Einführungskurses begannen mich nunmehr noch weitere Reaktionszonen zu interessieren. Etwa die geologischen Bruchlinien oder Verwerfungen, die vielschichtigen Perspektiven der «Wasserzonen» mit ihren «Ankündigungszonen», «Uferzonen» und anderes mehr.

Vor allem sollten mich aber die sogenannten «Wachstumslinien», das «dritte Gitter» sowie «Medial-» und «Beredsamkeitslinien» beschäftigen, auf die Reinhard Schneider im Zusammenhang des Themenkreises «Geomantie» besonders hingewiesen hatte.

(«Wachstumslinien» wird in Radiästhetenkreisen eine «aufbauende», «wachstumsfördernde» Wirkung zugesprochen. Von «Medial-» und «Beredsamkeitslinien» heißt es, daß es über deren Kreuzungen leichter sei, sich in höhere Bewußtseinszustände einzustimmen und gewissermaßen zum «Sprechorgan» höherer Wirklichkeiten zu werden.)

Auch Herrn Schneider waren nämlich auf Grund eigener Untersuchungen radiästhetische Besonderheiten im Bereich von Kultstätten geläufig, was ich unter anderem deshalb als beruhigend empfand, da er völlig unabhängig von meinen Arbeiten offenbar zu ähnlichen – wenn auch differenzierteren – Ergebnissen gekommen war.

Auf meiner nächsten Studienreise, die mich durch Dänemark, Norwegen und Schweden führte, begann ich bei meinen Rutenbegehungen von Sakralbauten ebenfalls auf mehrere Strukturelemente des Standortmilieus zu achten. Dabei galt meine Aufmerksamkeit dem Verlauf besonders ausgeprägter Zonen des «ersten» und «zweiten Gitters» sowie «Wachstumslinien» und «Wasserzonen».

Da ich inzwischen auch mit Eichungshilfen umzugehen gewöhnt war, durch die ich mir in gewissem Rahmen zumutete, Aussagen über die Einfallsrichtung und

Intensität sowie die «Polarität» bzw. «Polarisation» einer lokalisierten Zone zu machen, versuchte ich vornehmlich, jene Strukturelemente zu ermitteln, die im Sinne der Radiästhesie «positiv gepolt» bzw. als «rechtsdrehend polarisiert» bewertet wurden.

Dies deshalb, weil sich auch im Bereich heiliger Orte bei längerem radiästhetischem Arbeiten mit Eichungen auf «negative» Reaktionszonen immer wieder jene Symptome von Ermüdung und Erschöpfung ankündigten, die ich von meiner ausschließlichen Beschäftigung mit «Störzonen» – also von der rein «negativen Radiästhesie» – her zur Genüge kannte.

Wie die Erfahrung zeigte, schien mich die überwiegende Mutung «positiver» Zonen körperlich nicht annähernd in der Weise zu beanspruchen. Deshalb hatte ich mich dazu entschlossen, meine radiästhetische Aufmerksamkeit künftig vor allem auf die «positiven» Perspektiven des Standortmilieus heiliger Orte zu richten, obwohl ich in diesem Zusammenhang «positiv» und «negativ» keineswegs als Kriterium für «Gut» und «Böse» oder «gesund-» und «krankmachend» betrachtete.

Die im Zuge der Skandinavienreise durchgeführten Untersuchungen ergaben, daß alle Kirchen im Bereich ihrer Hauptachsen mindestens eine, meist aber eine Überlagerung von mehreren im Sinne der Radiästhesie positiven Reaktionszonen aufwiesen.

Es zeigten sich einfache und komplizierte Kreuzungen derartiger Feldanomalien, wobei speziell in den Altarbereichen Kreuzungen und Durchdringungen mehrerer besonders ausgeprägter Strukturelemente auftraten. In allen Fällen konnte mindestens eine positive Wasserzone im Bereich des heiligen Ortes gemutet werden.

Für die Eignung eines Standortes als Kultstätte schien demnach die Anwesenheit des energetischen Fluidums eines unterirdischen «rechtsdrehenden» Wassers unbedingt notwendig zu sein.

Bei einzelnen Bauwerken fiel ähnlich wie in Frankreich auf, daß sich bestimmte Unregelmäßigkeiten der Baukörper offensichtlich aus entsprechend angeordneten Feldstrukturen ergaben.

So wies etwa die Wallfahrtskirche von Vibyggerå – eine 1314 errichteten Steinkirche in Schweden – einen auffallend schräg zur Achse des Kirchenschiffes liegenden östlichen Wandabschluß auf, der alles bisher an schiefwinkeligen Raumformen Gemutete bei weitem übertraf. Entlang dieser Mauer, an der, auf einem Podium ruhend, ein schlicht gehaltener Holzaltar unmittelbar anschloß, konnte ich drei parallel verlaufende, sich teilweise überlappende Reaktionsstreifen lokalisieren – eine «Wachstumszone», eine «Wasserzone» und eine «Globallinie». Diese kreuzten sich im Altarbereich mit einer Überlagerung rechtsdrehender Strukturelemente, die sozusagen das immaterielle «Rückgrat» des Kirchenraumes bildeten. Zwei Zonen des «Diagonalgitters» ergänzten diesen ungewöhnlichen Punkt.

War es den Erbauern also auch in diesem Falle wichtiger gewesen, das Bauwerk in extrem unregelmäßige lokale Feldmuster einzupassen, als einen optisch ausgewogenen und symmetrischen Baukörper und Raumeindruck zu schaffen?

Vibyggerå (Schweden)
1314 errichtete Wallfahrtskirche. Diese Steinkirche fällt unter anderem durch einen schräg zur Achse des Kirchenschiffes liegenden Wandabschluß im Osten auf. Entlang dieser Mauer verlaufen drei sich teilweise überlagernde positive Zonen – eine Wachstums –, eine Wasser- und eine primäre Globalzone –, welche die in der Kirchenachse feststellbare positive Wasser- und Globalzone schräg durchkreuzt. Zwei Diagonalstreifen ergänzen diesen ungewöhnlichen Kreuzungspunkt. Durch den im Süden liegenden Eingang und die Vorhalle führt eine «rechtsdrehende» Linie des «ersten Gitters».

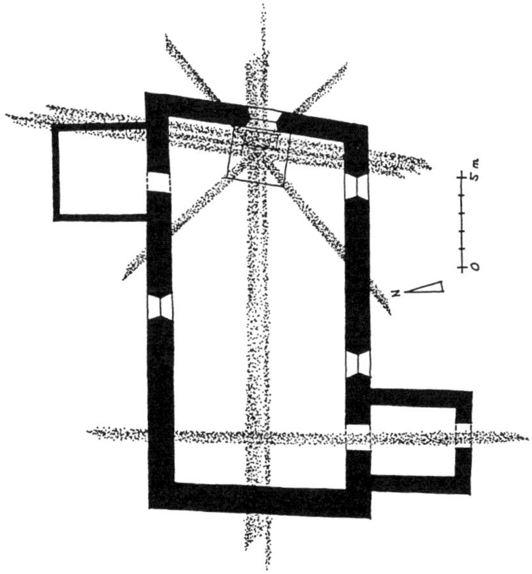

Wallfahrtskirche von Vibyggerå (Schweden).

Ähnlich wie auf meiner Frankreichreise war ich mir dessen nicht völlig sicher. Immer wieder kam mir der Verdacht, daß ich diese so gut zur baulichen Anlage passenden energetischen Strukturen vielleicht doch nur deshalb radiästhetisch lokalisierte, weil ich sie mir auf Grund der jeweiligen Raumform unbewußt vorstellte. Wie sollte ich mir auch beweisen, daß all diese Reaktionszonen nicht aus sozusagen «hingewünschten» «raumform-gerechten» Vorstellungsmustern bestanden und das «Anlehnungsbedürfnis» der Bauformen an die lokalen Feldmuster tatsächlich existierten?

In der Folge sorgten drei überraschende Mutungsergebnisse dafür, meine Zweifel in diesem Zusammenhang etwas zu dämpfen.

Am frühen Morgen eines strahlenden Augusttages begann ich die Kirche von Ullensvang in Norwegen radiästhetisch zu untersuchen. Diese Kirche stammte aus dem Jahre 1250 und war an der Stelle eines ehemaligen, dem Gott Ullin geweihten Tempels errichtet worden. Auf Grund ihrer vorchristlichen Geschichte interessierte mich das «Strahlungsmilieu» dieses Ortes ganz besonders.

Im Rahmen meiner «standardisierten» Begehungsweise ergab sich zunächst eine deutliche Reaktionszone im Bereich der Hauptachse des Bauwerkes, in der sich eine Globallinie und eine Wasserzone überlagerten. Dieses zentral verlaufende Strukturelement wurde von mehreren positiven Reaktionsstreifen verschiedener Intensität gekreuzt, wobei sich etwas östlich der Mitte des Kirchenraumes, weitab vom bestehenden Altar, der radiästhetisch interessanteste Punkt ergab. Auch bei einer detaillierten Untersuchung des Altarbereiches konnte ich lediglich an der Rückseite einen «diffusen» positiven Kreuzungspunkt feststellen, der aber ausgesprochen «kraftlos» auf mich wirkte. Der eigentliche «Ort der Kraft», in dem sich je zwei positive Wasserstreifen, Globallinien und Diagonalzonen kreuzten, lag sichtlich unberücksichtigt im Mittelgang zwischen den hölzernen Bankreihen. An dieser Stelle hätte ein Altar im bestehenden Kirchenraum allerdings auch etwas «verloren» und deplaziert gewirkt. Obwohl die Erbauer bei der Situierung des Altarbereiches also offenbar nicht auf diesen außergewöhnlichen Punkt eingegangen waren, schienen sie aber über geomantische Kenntnisse zu verfügen. So war die achsiale Ausrichtung des Bauwerkes eindeutig nach der etwa Ost / West verlaufenden Doppelzone erfolgt, und auch eine Nebenachse der Kirche wies klare Beziehungen zu einem positiven Reaktionsstreifen auf.

Noch einmal überprüfte ich die einzelnen Zonen, um ganz sicher zu sein, daß ich mich nicht geirrt hatte. Doch es blieb dabei – der Altar war auf dem «falschen» Platz.

Erst jetzt bemerkte ich jenen jungen Geistlichen, der schweigend im Halbdunkel des Eingangsbereiches stand. Möglicherweise hatte er mich schon eine ganze Weile bei meiner Arbeit beobachtet.

Ich überlegte also, wie ich ihm am besten beibringen sollte, was ich da für eine Arbeit ausführte und warum ich mich dabei in so umständlicher Weise in dieser Kirche umherbewegte.

Doch ehe es zu einem Gespräch kam, war der Geistliche auch schon wieder verschwunden.

Als ich die Kirche ebenfalls verlassen wollte, bemerkte ich dann in der letzten Bankreihe – offenbar frisch hingelegt – einen kleinen Stapel bedruckter Zettel. Darauf standen in mehreren Sprachen verschiedene geschichtliche Daten dieser Kirche, nebst einigen weiteren Erläuterungen. Und so stieß ich dann auch auf jenen wesentlichen Hinweis, durch den mir klar wurde, daß ich auf einen «echten» «Ort der Kraft» reagiert hatte.

In den Jahren 1884 bis 1886 wurde nämlich die Kirche um ein Drittel nach Osten verlängert und der gemutete auffallende Kreuzungspunkt lag somit im unrsprünglichen Altarbereich.

Natürlich standen auch zahlreiche Stabkirchen auf dem Besichtigungsprogramm meiner Norwegenreise.

Eine davon war jene von Torpo, welche um 1150 errichtet wurde. Von dieser alten Stabkirche steht heute nurmehr ein annähernd quadratischer Raumteil – das «hohe Schiff». Man hatte nämlich 1880 bereits mit dem Abriß der Kirche begonnen, bevor Einspruch dagegen erhoben wurde. Dadurch konnte zumindest der verbliebene Teil erhalten werden.

Form und Ausmaße des ursprünglichen Bauwerkes sind heute nicht mehr erkennbar, und ich hatte auch keinerlei Vorstellungen, wie diese Kirche einmal ausgesehen haben könnte.

In der Achse des bestehenden Teiles war mir eine ausgeprägte Primärzone des Globalgitternetzes aufgefallen, die sich in nordöstlicher Richtung im Friedhofsgelände fortsetzte. In einigen Metern Entfernung vom noch erhaltenen Kirchenrest kristallisierte sich im Laufe der Rutenbegehung allmählich eine ausgewogene Kreuzung mehrerer positiver Zonen heraus, an der Strukturelemente des Global- und Diagonalgitters sowie je eine Wasser- und Wachstumszone beteiligt waren.

Dieser Punkt schien mir aus radiästhetischer Sicht für die Situierung eines Altars besonders geeignet zu sein, aber ich konnte mir schwerlich vorstellen, daß der abgerissene Chor bis an diese Stelle gereicht hatte.

Erst Monate später sollte ich jene planlichen Unterlagen bekommen, durch die bestätigt wurde, daß dieser ausgewogene Kreuzungspunkt tatsächlich im ursprünglichen Altarbereich der Stabkirche lag.

Doch noch ein weiteres Mutungsergebnis faßte ich als eine Art «Beweis» auf, daß die von mir im Bereich von Sakralbauten gemuteten Feldmuster doch nicht auf reiner Einbildung beruhen konnten. Auf meiner weiteren Fahrt gegen Norden war ich auf die Holzkirche von Öye gestoßen. Mit gewohntem Forschereifer machte ich mich daran, meine radiästhetische Begehung durchzuführen.

Zu meiner Überraschung waren aber diesmal keine der üblichen Besonderheiten zu lokalisieren. Da gab es weder eine axial verlaufende Primärzone noch einen auffallenden Kreuzungspunkt. Das Bauwerk wies auch keine Beziehung zu einer positiven Wasserzone auf, ja nicht einmal nach dem Feldmuster der «normalen» Gitterstrukturen schien diese Kirche ausgerichtet zu sein.

Etwas ähnliches war mir bisher noch nicht untergekommen.

Torpo, Hallingdal (Norwegen)
Um 1150 erbaut. Von der alten Stabkirche steht nur noch das hohe Schiff, da man 1880 schon mit dem Abriß des Chores begonnen hatte, bevor Einspruch dagegen erhoben wurde.
Der aus radiästhetischer Sicht interessanteste Punkt liegt östlich des noch bestehenden Kirchenrestes und ergibt sich aus einer Kreuzung und Überlagerung zahlreicher positiver Zonen – je zweier Global- und Diagonallinien sowie je einer Wasser- und Wachstumszone. Nach Ermittlung der früheren Ausmaße der Kirche war dieser Kreuzungspunkt im ursprünglichen Altarbereich situiert.

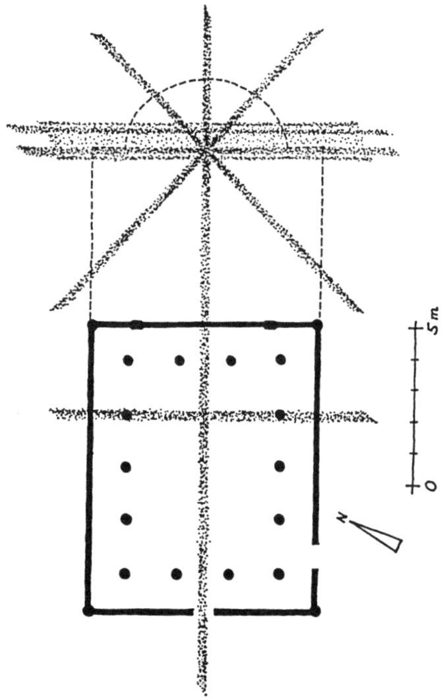

Torpo (Norwegen), Blick ins Gebälk des hohen Schiffes.

Torpo (Norwegen), Ansicht von Süden.

Borgund, (Norwegen)
Stabkirche, um 1150 über einem heidnischen Steinaltar errichtet, der noch heute erhalten ist. Die Hauptachse weist eine «rechtsdrehende» Wasserzone mit überlagerter Primär-Globallinie auf und wird von mehreren weiteren positiven Zonen des «ersten Gitters» durchkreuzt. Im Bereich des Steinaltars tritt eine Überlagerung und Durchdringung von je zwei Global- und Diagonallinien sowie je einer Wasser- und Wachstumszone auf.

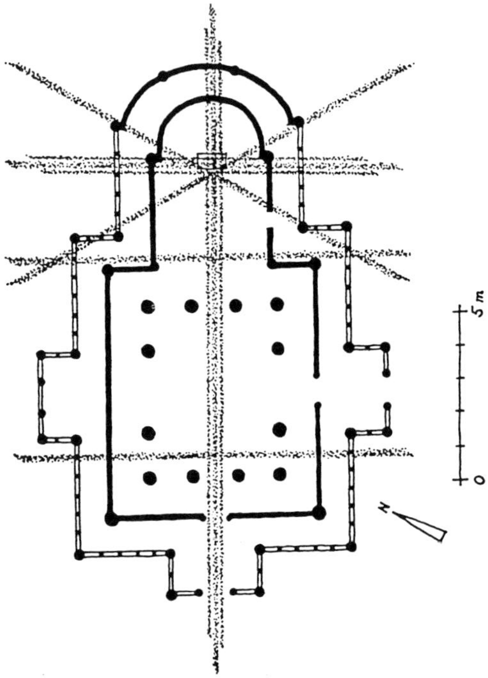

Borgund (Norwegen), Ostansicht.

Borgund (Norwegen), Südansicht.

Da diese Holzkirche aus dem Jahre 1747 stammte, kam mir zunächst der Verdacht, daß um diese Zeit vielleicht die Kenntnisse um die Bestimmung und Berücksichtigung derartiger Standortqualitäten bereits verloren gegangen waren. Ich erinnerte mich aber, in anderen Kirchen aus dem achtzehnten Jahrhundert noch auf diese Besonderheiten gestoßen zu sein. Warum hätten die Erbauer also ausgerechnet in diesem Falle auf die Anlehnung des Bauwerkes an besondere Strukturelemente verzichten sollen?

Des Rätsels Lösung ergab sich dadurch, daß mich die anwesende Aufsichtsperson darauf aufmerksam machte, diese Kirche habe dereinst an einem ganz anderen Platz gestanden. Sie sei um die Jahrhundertwende zerlegt und später weitab vom ursprünglichen Bauplatz wieder aufgestellt worden.

Wäre ich in diesem Falle auf besondere zur Kirche passende Strukturelemente gestoßen, hätte ich mich somit selbst ertappt, daß ich nur auf meine eigenen Wunschvorstellungen reagierte. So aber war mir unversehens ein neuerlicher «Beweis» zuteil geworden, durch den ich mich von der Echtheit meines radiästhetischen Gespürs im Zusammenhang mit der Ausmutung von Kultstätten überzeugen konnte.

Stabkirche von Öye (Norwegen).

Rutengehen ohne Rute?

Im Zuge meiner radiästhetischen Untersuchungen im Bereich von Kirchen und Kultstätten mußte ich des öfteren erfahren, daß ich mich durch anwesende Besucher, die mich bei meiner Tätigkeit beobachteten, gestört fühlte. Ihre gespannte Aufmerksamkeit und ihre Erwartungshaltung empfand ich dabei zum Teil regelrecht als «Kraftfeld», das auf mein selbstinstalliertes «radiästhetisches Organ» einwirkte und in die labile Ausgangslage irritierend einzugreifen drohte. Deshalb versuchte ich, die heiligen Stätten wenn möglich zu einer Zeit aufzusuchen, wo ich am ehesten rechnen konnte, allein zu sein. Aber oft war dies einfach nicht möglich, und so überlegte ich mir, ob es nicht eine Mutungsmethode gab, mit der man derartige Untersuchungen in unauffälliger Weise durchzuführen vermochte.

Im Laufe dieser Überlegungen spielte ich eine ganze Reihe von Möglichkeiten durch, um herauszufinden, ob ich im Rahmen bestimmter Arm- und Handhaltungen nicht auch ohne zusätzliche Hilfsmittel einen beherrschbaren labilen Spannungszustand hervorrufen konnte, der in ähnlicher Art radiästhetisch ansprechbar und «programmierbar» war wie die Ausgangshaltung der Rute.

Zunächst erschien mir dieses Vorhaben zwar ziemlich aussichtslos zu sein, aber eines Tages entdeckte ich, daß es mir möglich war, zwischen Daumen und Mittelfinger der rechten Hand eine bestimmte Art gespannter Labilitätslage herzustellen, die sich in der Folge als durchaus brauchbares «Anzeigeinstrument» im Sinne einer Rute herausstellen sollte.

Durch entsprechende Übungen hatte ich gelernt, die beiden Finger so untereinander in eine leichte Spannungshaltung zu bringen und zu dosieren, daß ich ein sehr gutes Gespür für jenen Labilitätszustand bekam, der dazu tendierte, schon bei einer geringfügigen Spannungssteigerung in ein plötzliches Abrutschen der Finger überzugehen, womit das Geräusch eines leisen «Schnipfens» verbunden war.

In der Folge gelang es mir, diese labile Gleichgewichtslage zwischen Daumen und Mittelfinger in ähnlicher Weise zu beherrschen wie die Ausgangshaltung der Rute. Normalerweise hatte ich dabei den rechten Arm ganz gelöst nach unten hängen, so, «als ob gar nichts wäre».

Im Laufe der Zeit wurde es für mich völlig selbstverständlich, diese unauffällige «handliche» und «fingergerechte» Labilitätslage auch dann aufrechtzuerhalten, wenn ich verschiedene körperliche Bewegungsabläufe und Armhaltungen ausführte.

Schließlich ging ich dazu über, eine Art Eichung und «Programmierung» des damit in Zusammenhang stehenden «Fingerausschlages» in ähnlicher Art zu üben, wie ich es von meinen anfänglichen radiästhetischen «Gehversuchen» mit der Rute her gewöhnt war. An einfachen Übungsbeispielen stimmte ich mich auf verschiedene kontrollierbare Mutungsobjekte entsprechend ein, und schon nach kurzer Zeit zeigte sich, daß diese Art von Fingerfertigkeit tatsächlich wie eines der üblichen radiästhetischen Anzeigeinstrumente funktionierte und sich für die unterschiedlichsten Mutungsaufgaben bewährte.

Obwohl die Störanfälligkeit dieser Art von Labilitätslage sichtlich höher war wie jene der Ausgangshaltung der Rute, hatte ich mir damit ein sehr brauchbares «Instrumentarium» angeeignet, das ich vor allem dann einsetzte, wenn es mir auf Grund äusserer Umstände ratsam erschien, sich nicht mit der Rute in auffälliger Weise in Szene zu setzen.

Normalerweise pflegte ich in diesem Zusammenhang den «Auslösemechanismus» meines radiästhetischen Sensoriums so zu «programmieren», daß er dann in Aktion trat, wenn ich die jeweils zu mutende Zone überschritt oder mit der Hand gewissermaßen «berührte». Dabei hatte ich hin und wieder das Gefühl, das Mutungsobjekt auch ohne mein selbstinstalliertes «Anzeigeinstrument» regelrecht zu spüren.

Zunächst waren derartige Empfindungserlebnisse aber eher flüchtig und unauffällig, sodaß ich ihnen kaum Beachtung schenkte. Erst später sollte mir bewußt werden, daß sich damit die keimhaften Anlagen eines Erfahrungsfeldes ankündigten, die sich zu einer direkten radiästhetischen Wahrnehmung entwickeln ließen.

Vorläufig begann mich in Verbindung mit meiner Fühligkeit aber ein anderer Phänomenbereich näher zu beschäftigen. Ich hatte nämlich erfahren, daß sich ein «echter» Rutenausschlag oder «Fingerausschlag» nicht nur dann einstellte, wenn ich selbst physisch in unmittelbare Nähe des jeweiligen Mutungsobjektes kam, sondern auch bei «Sichtkontakt» auf Distanz, also sozusagen durch «Berührung» des unsichtbaren Gegenstandes mit dem Sehstrahl.

Auf diese Art von «Blickrichtungs-Peilverfahren» war ich während der Rutenbegehung einer Kirche mehr aus Verzweiflung gekommen, nachdem ich einen Bereich nicht betreten durfte, der mir für meine Mutungsaufgabe wesentlich gewesen wäre. So stand ich also außerhalb des zu untersuchenden Bereiches und probierte einfach aus, ob es möglich war, eine Reaktionszone auch auf Distanz zu lokalisieren. Ich hatte zu diesem Zwecke die labile Ausgangshaltung eingenommen und versuchte, mich nach der entsprechenden Eichung mit meinem Sehstrahl als «Antenne» langsam an der Innenwand der Kirche «entlangzutasten». Ohne das dabei wahrgenommene Lichtbild zu beachten, reagierte ich prompt mit einem Rutenausschlag, wenn mein Blick bestimmte Stellen der Wand streifte.

Ich wiederholte dieses Verfahren von der anderen Seite und konnte dadurch die Lage dieser Art von Reaktionszonen verhältnismäßig genau bestimmen.

Selbstverständlich vermochte ich in diesem Falle nicht zu überprüfen, ob die auf Distanz gemuteten Zonen «echt» oder lediglich hinprojizierte Wunschreaktionen waren.

In der Folge probierte ich dieses «tastende radiästhetische Schauen» aber an entsprechend kontrollierbaren Mutungsobjekten im Sinne der Schachtelversuche aus. Das Ergebnis war überraschend eindeutig. Der «Sehstrahl als Antenne» funktionierte statistisch abgesichert mit deutlich überzufälliger Trefferquote.

Eine neue Dimension radiästhetischer Möglichkeiten tat sich damit für mich auf.

Natürlich war mir klar, daß es ratsam wäre, die diesbezüglichen Erfahrungen für mich zu behalten, konnte ich mir doch nur zu gut vorstellen, von jedem «normalen» Menschen für völlig verrückt erklärt zu werden, dem ich von derartigen Fähigkeiten erzählen würde. Noch vor kurzem hätte ich ja selbst nicht im Traume gewagt, mir derlei Mutungsmöglichkeiten vorzustellen.

Später fand ich dann heraus, daß es auch für andere Rutengänger selbstverständlich zu sein schien, sich dieser «Blickrichtungstechnik» als radiästhetischer Anpeilmöglichkeit von Mutungsobjekten zu bedienen.

Gehörte ich also damit endgültig zum Kreise der fühligen «Insider»? Bei dieser Vorstellung empfand ich doch ein dumpfes Gefühl von Unbehagen, sodaß ich mich entschloß, von nun an noch wachsamer und kritischer mit meinem radiästhetischen Erfahrungsschatz umzugehen.

Fühlige «Insider» unter sich

Eines Tages saß ich nun mit einem «alten Hasen» der Radiästhesie beim Mittagessen. Wir plauderten ganz allgemein über Banalitäten des Rutengehens.

Ich hatte allerdings den Eindruck, daß mein eher zurückhaltend wirkender Tischgenosse über wesentlich tiefgreifendere radiästhetische Erfahrungen verfügte, und so überlegte ich, wie ich ihn wohl dazu bewegen konnte, mir etwas mehr über seine Fähigkeiten zu verraten. So beschloß ich, ihn in unaufdringlicher Weise radiästhetisch «herauszufordern».

Während mein Gegenüber genüßlich seinen Rindsbraten verspeiste, ließ ich meinen rechten Arm nach unten baumeln und nahm jene labile Spannungslage zwischen Daumen und Mittelfinger ein. Dann stellte ich mein radiästhetisches Sensorium auf das «erste Gitter» ein und tastete mich mit meinem «fühligen Blick» in möglichst unauffälliger Weise einer einige Meter entfernten Teppichkante entlang.

Als ich die entsprechende Reaktionszeit «erschnipft» hatte, versuchte ich, den nächstliegenden Kreuzungspunkt anzupeilen. Unter einem leerstehenden Sessel am Tisch gegenüber war eindeutig der betreffende Punkt zu lokalisieren.

Ich wartete, bis mein Tischnachbar den eben zum Munde geführten Bissen hinuntergeschluckt hatte und deutete «so nebenbei» auf die besagte Kreuzungsstelle.

«Dort drüben ist ein Kreuzungspunkt des Globalnetzgitters . . . », meinte ich ihn belehren zu müssen.

Er ließ die Gabel kurz sinken und blickte für ein paar Augenblicke zum anderen Tisch hinüber.

« . . . ein ausgeprägtes Globalkreuz – rechtsdrehende Polarität . . . », war sein zustimmender und ergänzender Kommentar. Dann war er schon wieder mit seinem Essen beschäftigt.

Es war mir sichtlich nicht gelungen, ihn mit meiner Mutungsmethode zu beeindrucken oder gar aus der Fassung zu bringen. Aber immerhin war meine auf Distanz gemutete Reaktionszone vom «Meister» bestätigt worden.

Nur – ich hatte mich meines unauffälligen «Fingerausschlages» als Anzeigeinstrument bedient, während seine Hände mit Messer und Gabel beschäftigt waren. Wodurch war es ihm also möglich gewesen, diese Kreuzung zu orten?

Ich beschloß, einstweilen das Thema zu wechseln und mich etwas mehr in Bescheidenheit und Zurückhaltung zu üben.

Vielleicht sollte ich diese Erfahrung aber auch als Hinweis auffassen, mich künftig doch mehr um jene flüchtigen Empfindungserlebnisse zu kümmern, die mir hin und wieder bei meinen radiästhetischen Begehungen aufgefallen waren und bei denen ich manchmal dieses dumpfe Gefühl hatte, das zu mutende Objekt unmittelbar gespürt zu haben.

Irland 1979

Lange schon schwelte in mir eine stille Sehnsucht, einmal jenes Land keltischer Tradition zu besuchen, von dem ein wesentlicher Impuls zur Christianisierung Europas ausgegangen war.

Als ich wieder einmal jemanden begeistert von der «grünen Insel» erzählen hörte – von der eigenartigen Landschaft, den geselligen Menschen, den Hochkreuzern und verfallenen Kirchen –, wußte ich, daß mein nächstes Reiseziel Irland sein würde.

Mein besonderes Interesse galt dabei natürlich den prähistorischen und frühen christlichen Kultbauten, für die sich dieses Land als wahre Fundgrube herausstellen sollte. So gestaltete sich diese Reise auch zu einem vorläufigen Höhepunkt meiner radiästhetischen Studien heiliger Stätten. Es ergab sich nämlich die Gelegenheit, an über vierzig Kirchen und Kapellen sowie etwa zehn prähistorischen Steinanlagen meine Rutenbegehungen in aller Ruhe und ohne «Besucherstreß» durchzuführen.

Auf Grund meiner bisherigen Erfahrungen konzentrierte ich mich bei meinen Erhebungen vor allem wieder auf die Strukturelemente des «ersten» und «zweiten» Gitters sowie auf «Wachstumslinien» und «Wasserzonen» rechtsdrehender Polarisation. In einigen Fällen versuchte ich auch die «Medial-» oder «Beredsamkeitslinien» in meine Mutungen einzubeziehen, denen ich bei frühen Begehungen kaum Beachtung geschenkt hatte.

Gerade diese Zonen sollten sich als wesentlicher Bestandteil jener Kreuzungspunkte herausstellen, in deren Bereich die Priester während der Kulthandlung gestanden haben dürften.

Es bot sich auch die Gelegenheit, prähistorische Steinkreise nach verschiedenen Feldmustern zu untersuchen. Dabei stieß ich zum ersten Mal auf Strukturelemente der «blind springs», von deren Existenz ich aus dem Buch von Guy Underwood «The Pattern of the Past» wußte, die mir aber bisher noch nie untergekommen waren. Es handelt sich dabei um ringförmige Reaktionszonen, welche als Uferzonen und Ankündigungsstreifen «blinder Quellen» gedeutet werden und die durch eine bestimmte Art artesischer Wasserführung – also durch eine unter Druck stehende unteriridische «Wassersäule» – entstehen sollen.

Ganz allgemein wäre zu den Untersuchungsergebnissen von Irland zu sagen, daß auch hier alle Kirchen und Kapellen in ihren Achsen ausgeprägte Reaktionsphänomene als Überlagerungen mehrerer positiver gepolter Zonen aufwiesen. In den Altarbereichen traten stets Mehrfach-Kreuzungen und -Überlagerungen von verschiedenen Reizstreifen auf, wobei in allen Fällen mindestens eine, meist aber mehrere «rechtsdrehende» Wasserzonen – vereinzelt auch in Form von «blind springs» – daran beteiligt waren.

Bei größeren Anlagen zeigten sich auch in den Bereichen der Nebenaltäre positive Kreuzungspunkte, die allerdings schwächer ausgeprägt und meist einfacher aufgebaut waren.

Während alle Steinkreise eine klare Beziehung zu «blind springs» aufwiesen – wobei diese mit zum Teil sehr komplizierten Mehrfach-Kreuzungen von zahlreichen Wachstumslinien zusammenfielen –, waren diese Strukturelemente in Kirchen und Kapellen nur sehr selten zu beobachten.

So war ich auf der sagenumwobenen Felsinsel Skellig Michael, die vor der Südwestküste Irlands als steiler dunkler Zacken aus dem Meer ragt, in der kleinen Betkapelle einer verfallenen Klosteranlage aus dem siebten Jahrhundert auf radiästhetische Anzeichen einer «blinden Quelle» gestoßen.

Das Zentrum dieses ringförmig strukturierten Feldmusters lag knapp vor den Resten des Altars und fiel mit einem sehr ausgewogenen Kreuzungspunkt zusammen, der sich aus der Durchdringung und Überlagerung von je zwei positiven Global-, Diagonal- und Wachstumszonen ergab.

Zunächst sträubte ich mich allerdings, dieses Mutungsergebnis zu akzeptieren. Knapp unterhalb des Gipfels eines fast 270 Meter hohen schroffen Felsens mitten im Meer konnte ich mir ein artesisches Wasser einfach nicht vorstellen.

Hatte ich mir in diesem Fall also doch nur ein «gefälliges» Feldmuster zurechtphantasiert?

An einer Steinmauer oberhalb der verfallenen Kapelle lehnte seit geraumer Zeit ein junger Mann, den ich so auf dreißig bis fünfunddreißig Jahre schätzte und der mich bei meiner Arbeit beobachtete. Seine Anwesenheit empfand ich seltsamerweise nicht als unangenehm, so wie ich es von den üblichen Beobachtern her gewöhnt war, die mit neugierigen Blicken jede meiner Bewegungen zu belauern pflegten. Vielmehr hatte ich sogar ein eher beruhigendes Gefühl, in ihm einen stillen Bewacher zu haben, der darauf achtete, daß ich durch keinen Unbefugten bei meinen Untersuchungen gestört würde.

Als ich mit meiner Arbeit fertig war und nachdenklich meine planlichen Eintragungen betrachtete, stand er plötzlich neben mir. Freundlich sprach er mich an: «Ja, es gibt drei heilige Quellen hier heroben, aber nur an zweien steigt das Wasser bis an die Oberfläche!»

Seine Worte hatten sich deutlich aus dem unruhigen Gebrause des rauhen Atlantikwindes abgehoben. Trotzdem glaubte ich, nicht richtig gehört zu haben, und ich dürfte ihn angeblickt haben, als hätte ich eben eine Geisterstimme vernommen.

Lächelnd winkte er mir, mitzukommen.

Nur ein kleines Stück oberhalb der Kapellenruine war tatsächlich eine Stelle, an der Wasser hervorquoll.

«Ist es nicht wie ein Geschenk des Himmels? Beinahe auf dem höchsten Punkt dieses Felsens – heiliges Wasser!»

Ich war sprachlos.

Und dann erzählte er mir in einer eigenartigen Mischung aus Heiterkeit und Ernst über den Umgang mit wundersamen und geheimnisvollen Kräften, der in der Bevölkerung Irlands auch heute noch selbstverständlich sei. Dazu gehöre auch die «witchcraft» (=Hexenkunst) in ihren «weißen» und «schwarzen» Erscheinungsformen, aber auch jener Bereich, mit dem ich mich hier befasse.

Er selbst schien jedenfalls über reichliche Erfahrungen als «Hexenmeister» zu verfügen, sonst wäre es ihm wohl kaum möglich gewesen, meinen Zweifel über jene gemutete «blind spring» zu bemerken, von der er als «normaler» Mensch ja auch gar nicht wissen konnte, daß ich sie gefunden hatte.

Als mir der junge Mann dann empfahl, möglichst behutsam und liebevoll mit den Kräften umzugehen, die ich an heiligen Orten antreffen würde, und meine Fähigkeiten nur zum Wohle meiner Mitmenschen einzusetzen, entschied ich mich, ihn wenigstens als «weißen Hexer» gelten zu lassen.

Die Felseninsel Skellig Michael.

Skellig Michael.
Kleine Betkapelle einer frühen Klosteranlage aus dem siebten Jahrhundert mit einem besonders ausgewogenen Kreuzungspunkt im Altarbereich. Hier durchdringen und überlagern sich im Zentrum einer «blind spring» je zwei positive Global-, Diagonal- und Wachstumslinien.
Skellig Michael ist das westlichste der dem Erzengel Michael geweihten Felsheiligtümer Europas und stellt eines der besterhaltenen Beispiele einer frühchristlichen irischen Mönchssiedlung dar.

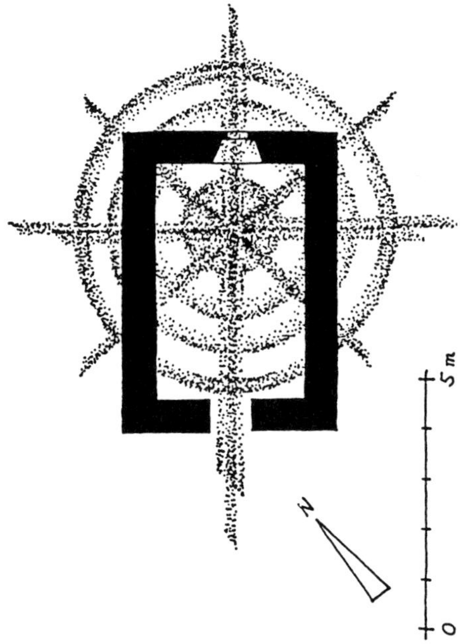

Bei der radiästhetischen Arbeit am «Ort der Kraft» in der Betkapelle von Skellig Michael.

Skellig Michael (Irland). Blick in die Kapelle.

Monasterboice, South Church. Irland. 13. Jh. Im Bereich der Hauptachse dieser Kirchenruine verläuft ein etwa zwei Meter breiter Wasserstreifen mit überlagerten positiven Global- und Wachstumslinien. Vor dem Altar werden diese von einer asymmetrischen Dreifachüberlagerung – bestehend aus Wasser-, Global- und Wachstumslinien – sowie zwei positiven Diagonalzonen gekreuzt.

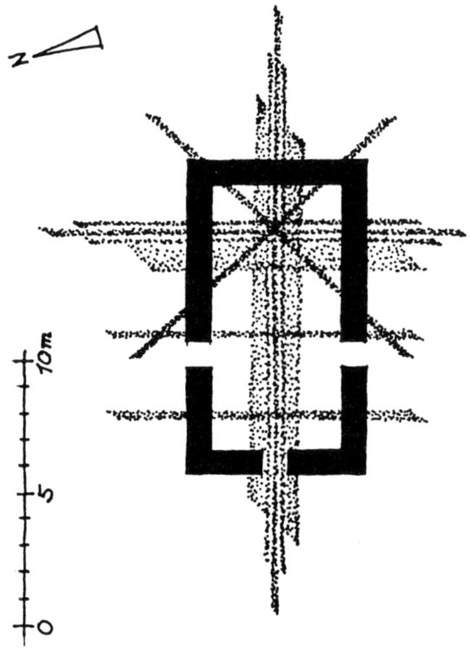

Monasterboice (Irland). Turm und irische Hochkreuze.

Murrisk Abbey, Irland. 1457 für den Augustinerorden gegründet.
In der Längsachse verläuft eine Dreifachüberlagerung von Wasser-, Global- und Wachstumslinien, die sich im Altarbereich mit einer weiteren Dreifachzone und zwei positiven Diagonalstreifen schneidet.
Als Besonderheit fallen an dieser Kirche zwei Steinköpfe mit einem sanft lächelnden Gesichtsausdruck auf, die jeweils an der Süd- und Ostseite außen in die Mauer eingearbeitet sind. Aus radiästhetischer Sicht liegen beide Köpfe in Kreuzungspunkten, die sich aus der Durchdringung von vertikal verlaufenden Wachstums- und Diagonalebenen mit einer horizontal gelagerten Schicht einer Wachstumszone ergeben.

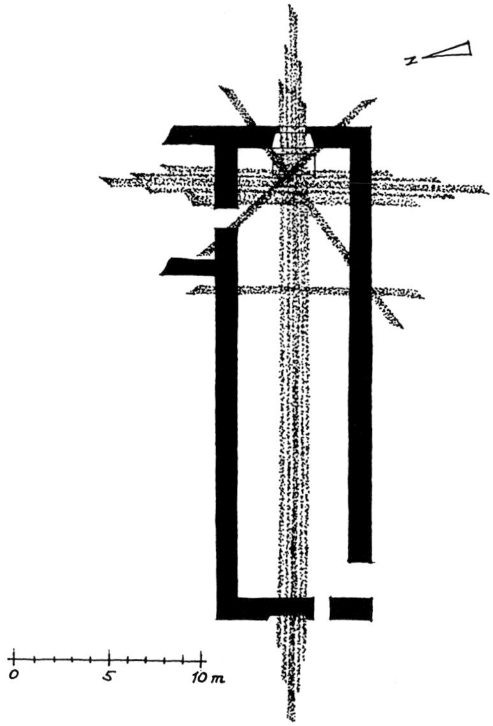

Murrisk Abbey (Irland), West-Ansicht.

Murrisk Abbey (Irland). In die Außenmauer eingearbeiteter Kopf im Kreuzungsbereich positiver Zonen.

Ross Errilly Abbey, Irland. Abteikirche eines um 1351 für den Franziskanerorden gegründeten Klosters.
Hier kommt zum Ausdruck, daß sowohl der Hauptaltar als auch die Nebenaltäre im Kreuzungsfeld verschiedener positiver Reaktionszonen liegen. Vor dem Hauptaltar wird die in der Längsachse verlaufende Dreifachüberlagerung von je einer Wasser-, Global- und Wachstumszone, durch eine weitere Wasserzone und je eine Wachstums- und Globallinie gekreuzt. Die Nebenaltäre befinden sich im Kreuzungsbereich der mehr oder weniger regelmäßigen Dreifachüberlagerungen von Wasser-, Global- und Wachstumslinien.

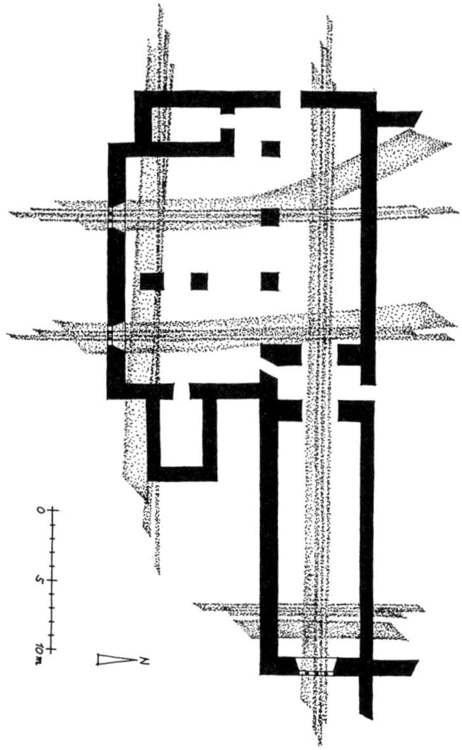

Ross Errilly Abbey (Irland), Südwest-Ansicht.

Ross Errilly Abbey (Irland). Blick vom Turm ins Hauptschiff.

Moyne Abbey, Irland. 1460 errichtete Abteikirche einer Franziskaner Klosteranlage.
In der Achse des nördlich gelegenen Kirchenschiffes zeigt sich eine Doppelzone – bestehend aus einer Global- und einer Wachstumslinie. Zum Hauptaltarbereich hin wird diese in zunehmendem Maße von einer positiven Wasserzone überlagert. Der Hauptaltar liegt im Bereich einer Kreuzung zweier Dreifachzonen. Auch die im Süden befindlichen Nebenaltäre weisen eine Beziehung zu positiven Kreuzungsfeldern auf.

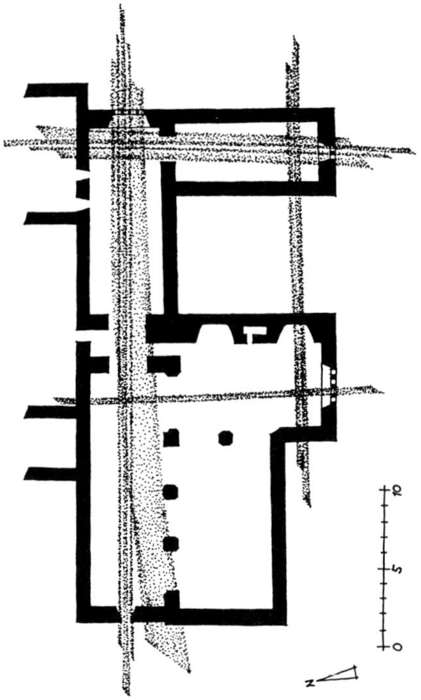

Moyne Abbey (Irland), Südwest-Ansicht.

Moyne Abbey (Irland). Hauptschiff mit Blick zum Westeingang.

Reefert Church, in Glendalough (Irland), dem «Tal der sieben Kirchen». 11. Jh.
Dieses unscheinbare Kirchlein zeichnet sich aus radiästhetischer Sicht durch einen besonders ausgewogenen Kreuzungspunkt im Altarbereich aus, der durch die Strukturelemente zweier Dreifachüberlagerungen – bestehend aus Wasser-, Global- und Wachstumsstreifen – sowie zweier Diagonalzonen gebildet wird. Wenn man dieses Kreuzungsphänomen vom Boden aus nach oben hin radiästhetisch «abtastet», stößt man in einer Höhe von etwas mehr als einem Meter auf eine Durchdringung von waagrecht und windschief verlaufenden Reaktionszonen. Daraus ergibt sich etwa in Brusthöhe einer aufrecht stehenden Person eine

Glendalough (Irland), Reefert Church. Blick in den Altarbereich.

Glendalough (Irland), Reefert Church, Nord-Ansicht.

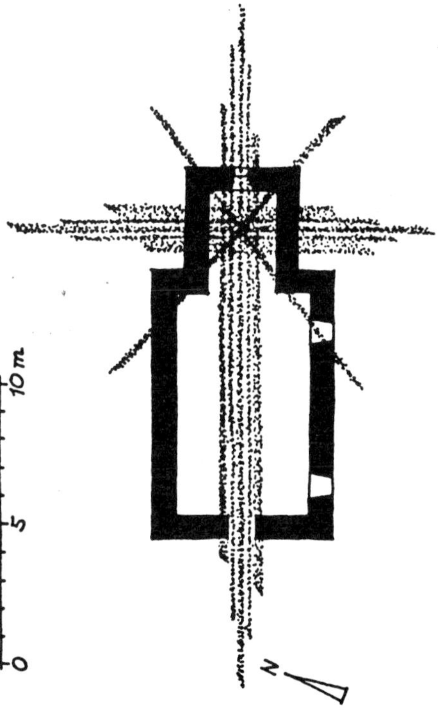

Art freischwebender Energieknoten mit auffallend regelmäßig und harmonisch strukturiertem dreidimensionalem Aufbau.

(Derartige Untersuchungen zur Dreidimensionalität des Verlaufes von Reaktionszonen sowie des Aufbaues von Kreuzungspunkten wurden an den in Irland aufgesuchten heiligen Stätten nur fallweise durchgeführt. Als gemeinsames Wesensmerkmal zeigten sich dabei jeweils auffallende, vom Boden deutlich abgehobene Knotenpunkte, die sich aus der Durchdringung unterschiedlicher senkrecht, waagrecht und windschief verlaufender Strukturelemente ergaben.)

Aghadoe Church, Irland.
Reste einer Kirche aus dem zwölften Jahrhundert, errichtet an einer Stelle, an der bereits im sechsten und siebten Jahrhundert eine Kirche erbaut worden war.
Aus den gemuteten Strukturelementen ist besonders die «blind spring» im Altarbereich hervorzuheben, die einen unterirdischen Abfluß nach Norden aufweist. Das Zentrum dieser «blinden Quelle» befindet sich knapp neben der Kreuzung von je zwei positiven Global-, Wachstums-, und Diagonalzonen.

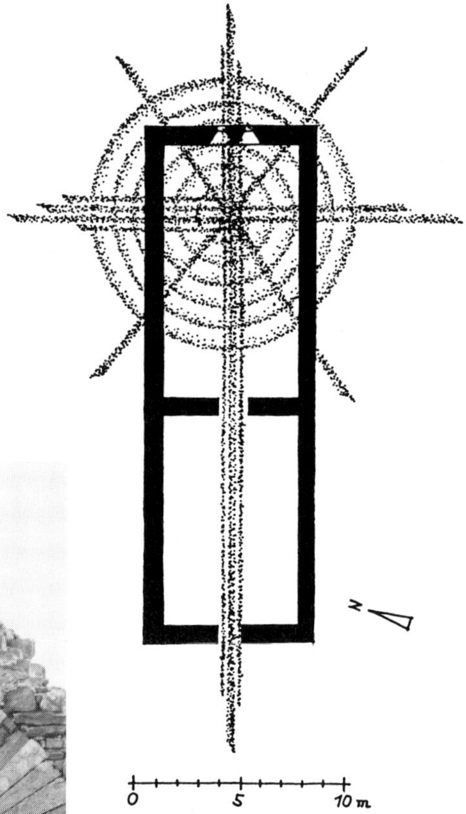

Gallarus Oratory, Irland. 7. Jh.
Diese einfache Kapelle weist in ihrer Längsrichtung eine Dreifachzone auf, die sich als Überlagerung von je einer positiven Global- und einer Wachstumslinie sowie einer leicht außermittig verlaufenden zirka 1,5 Meter breiten Wasserzone ergibt. Die Zonenüberlagerung wird von mehreren positiven Reaktionsstreifen durchkreuzt, wobei vor allem die im Altarbereich befindliche Wasserzone mit angrenzender Globallinie und die etwa in der Mitte des Raumes liegende Kreuzung von zwei Diagonalzonen und einer Wachstumslinie als qualitive Besonderheiten des Standortmilieus hervorzuheben sind.

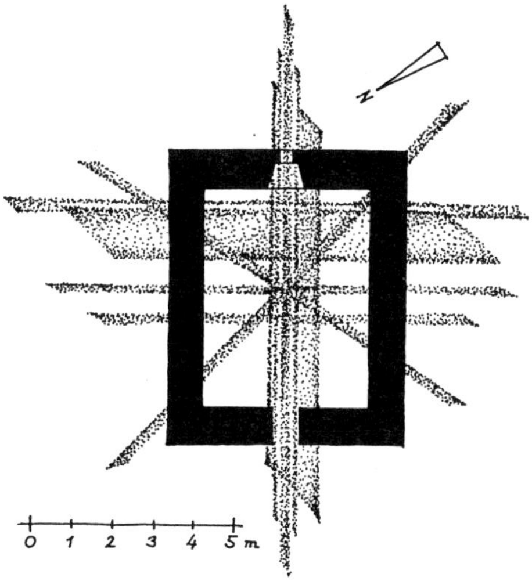

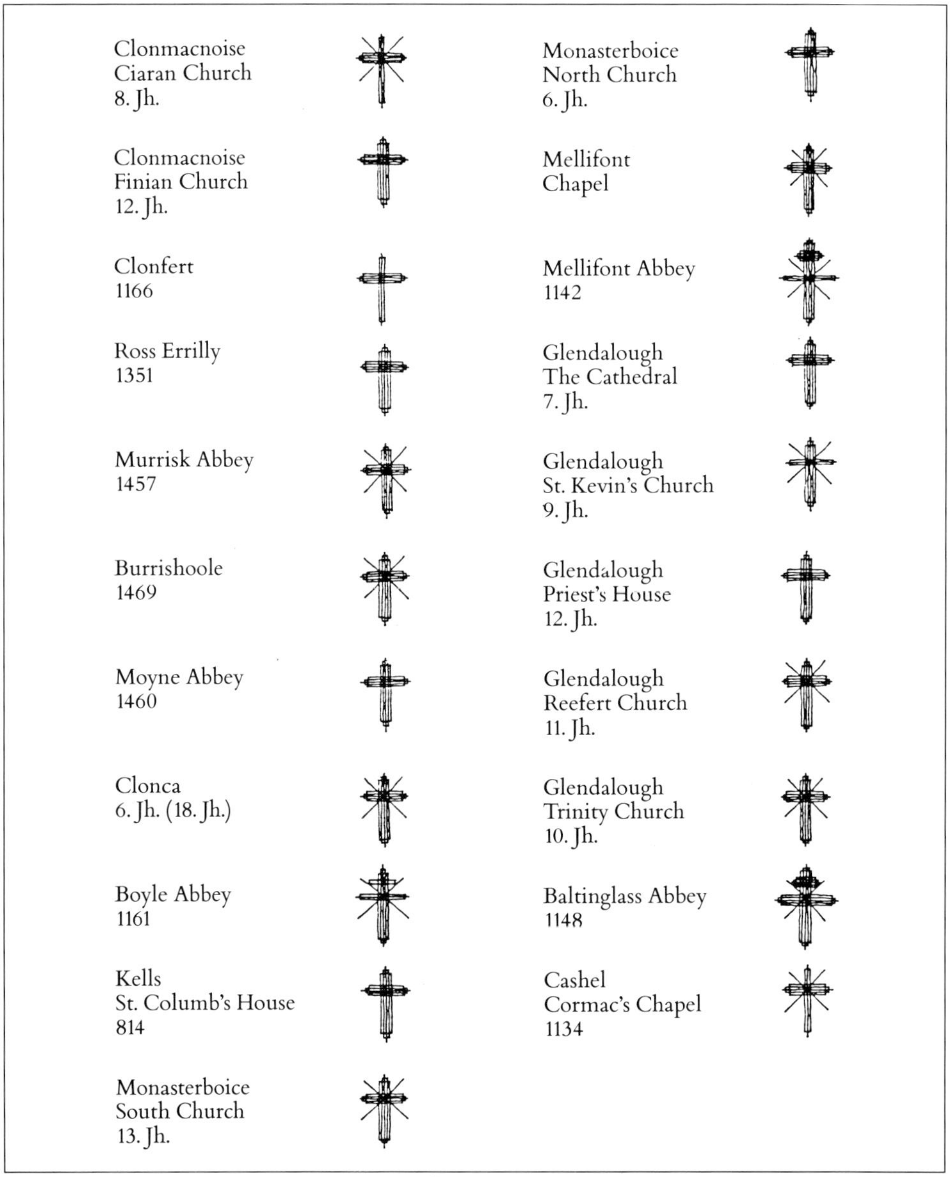

Zusammenstellung von Kreuzungstypen positiver Primärzonen der in Irland untersuchten Kirchen und Kapellen. (Schematische Darstellung)

Aus der Zusammenstellung der verschiedenen Kreuzungen positiver Primärzonen, wie sie im Bereich von Kirchen und Kapellen in Irland festgestellt werden konnten, wird deutlich, daß es trotz durchaus individuellen Ausprägungen gewisse Grundtypen von Zonen-Kreuzungen und Zonen-Überlagerungen gibt. Dabei bietet sich an, je nach Häufigkeit und Intensität der jeweils auftretenden Reaktionsphänomene, Kreuzungspunkte höherer

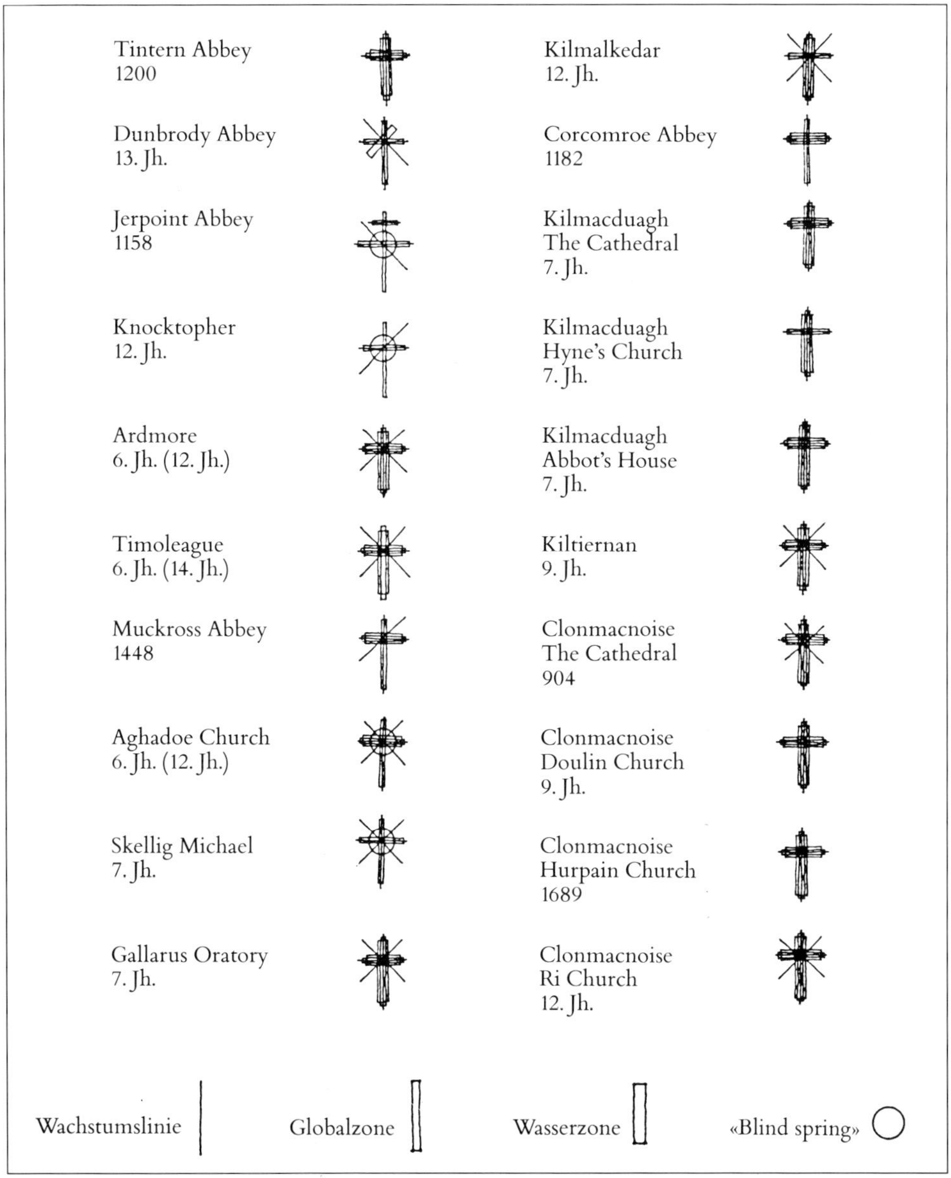

und niederer Ordnung zu unterscheiden. Alle untersuchten Objekte weisen axiale Lagebeziehungen zu Primärlinien des Globalnetzgitters auf, wobei sich häufig Überlagerungen mit Wasser- und Wachstumsstreifen zeigen.
«Blinde Quellen» und ihre typischen Strukturelemente treten in Kirchen und Kapellen selten auf, während positive Wasserlinien und deren Kreuzungen in zum Teil auffallend regelmäßiger Anordnung in allen «heiligen Zentren» beobachtet werden konnten. Als «klassische» Kreuzungssituation im Altarbereich kann die Durchdringung zweier Dreifachüberlagerungen von positiven Wasser-, Global- und Wachstumszonen sowie zweier positiver Diagonallinien angesehen werden. Es treten in diesem Falle also die wesentlichen positiven Zonen je zweimal und in entsprechend regelmäßigem und ausgewogenem Verhältnis auf.

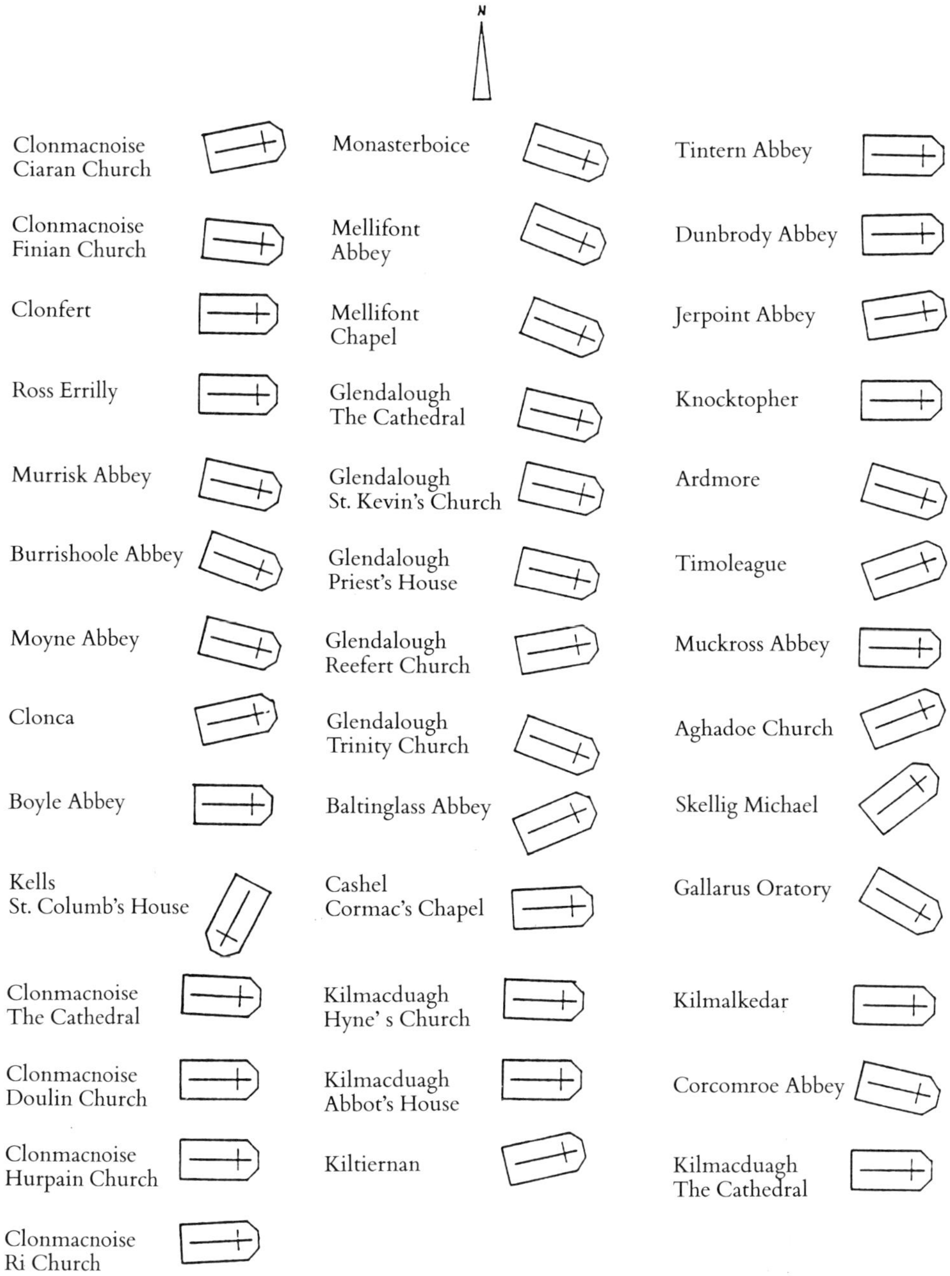

Orientierung der Kirchen und Kapellen in Irland.
Die radiästhetisch untersuchten Kirchen und Kapellen Irlands weisen mit wenigen Ausnahmen eine klare Ausrichtung nach Osten auf, wobei zum Teil sehr exakte Ostungen vorliegen.
In allen Fällen konnten in den Achsen der Bauwerke deutlich ausgeprägte Reaktionszonen festgestellt werden, die im Sinne der Radiästhesie stets «positive Polarität» beziehungsweise «rechtsdrehende Polarisation» aufwiesen.

«Stone Fort», in Glendalough (Irland).
Das Feldmuster dieses aus einem ovalen Steinwall bestehenden Bauwerkes ist durch einen sehr regelmäßigen und ausgewogenen strukturellen Aufbau geprägt. Es sieht so aus, als ob sich die Anlage ganz der Form jener konzentrisch angeordneten Ankündigungszonen anpassen würde, die mit der in der Mitte des Ovals befindlichen «blinden Quelle» zusammenhängen. Diese liegt im Kreuzungspunkt von je zwei Global-, Wachstums- und Diagonalstreifen. Eine aus dem Zentrum hervorgehende Wasserzone überlagert sich mit der von Osten nach Westen verlaufenden Doppelzone, die die Längsachse der ovalen Steinanlage bildet.

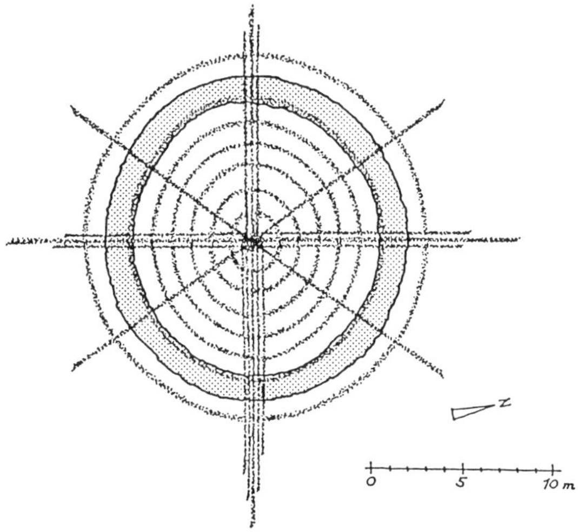

New Grange, Irland.
Eine als Kuppelgrab oder «passage grave» bezeichnete Anlage, obwohl nicht feststeht, ob es sich tatsächlich um ein Grab handelt. Einiges deutet vielmehr darauf hin, daß dieses Bauwerk sonnenkultischen Zwecken diente. So fällt am 21. Dezember – sofern das Wetter mitspielt – um neun Uhr vormittags ein Sonnenstrahl durch eine Öffnung über dem Eingang und dringt bis zu jenem über zwanzig Meter tief im Hügel gelegenen kreuzförmigen Raum, in dem sonst tiefe Dunkelheit herrscht. Für einige Minuten ist dann das heilige Zentrum der Kultstätte in einen wunderbaren Lichtschein gehüllt, der durch das Zusammenspiel des Sonnenstrahls mit dem reflektierenden weißen Gestein des Kragsteingewölbes der «Grabkammer» entsteht. Der aus Bachsteinen angehäufte «Grabhügel» dieses Heiligtums, der von einem aus Quarzsteinen mit Graniteinsprenglingen bestehenden Blendmauerwerk eingefaßt wird, weist bei einem Durchmesser zwischen 79 und 85 Metern eine Höhe von etwa elf Metern auf. Ein weiter Kranz von einzelnen vertikal gesetzten Steinblöcken umgibt den Hügel.
Die Hauptkammer der Anlage liegt im Bereich der Kreuzung zahlreicher Wachstumszonen und zweier positiver Globalzonen. Dieser Kreuzungspunkt fällt mit dem aufsteigenden Wasser einer

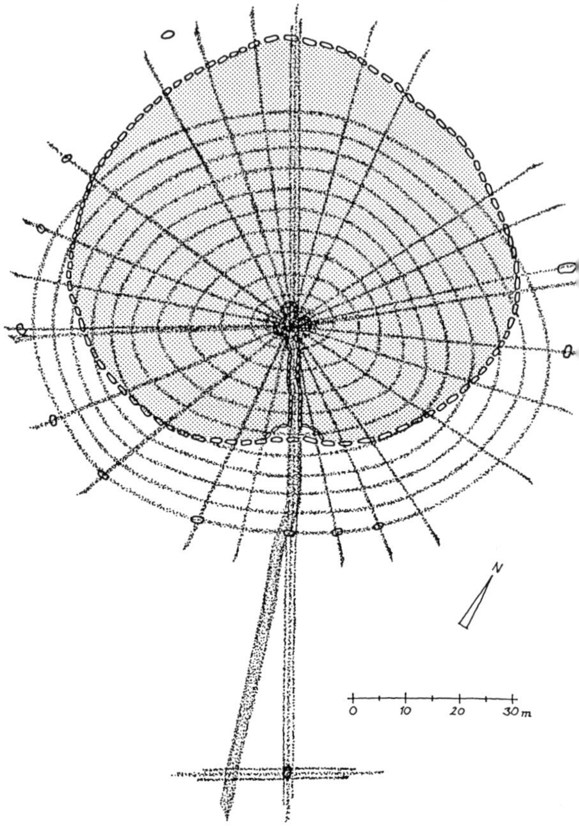

«blind spring» zusammen, das vom Zentrum weg im Bereich des leicht geschlängelten Ganges unterirdisch abfließt. Knapp vor dem äußeren Steinring biegt diese Wasserzone in südlicher Richtung ab.

Vor dem Eingang steht in etwa fünfzig Metern Entfernung ein einzelner aufrechter Stein im Kreuzungsbereich zweier aus Global- und Wachstumslinien gebildeter Doppelzonen.

Bild oben: Der Eingang in den «Grabhügel» mit dem «Sonnenfenster» und einem davor liegenden spiralornamentierten Stein.

Bild links: Blick auf das «Kuppelgrab» vom südöstlich gelegenen aufrechtstehenden Stein aus.

Beltany Ring
Größter prähistorischer Steinkreis Irlands. Durchmesser etwa vierzig Meter.
Die Steinsetzung ist durch die ringförmigen Strukturelemente einer «blind spring» geprägt, in deren Zentrum sich zahlreiche positive Reaktionszonen kreuzen. Durch das komplizierte Kreuzungszentrum führt mit einem leichten Knick eine Dreifachüberlagerung von positiven Wasser-, Global- und Wachstumsstreifen nach Südost zu einem außerhalb des Steinkreises gelegenen einzelnen Stein, der sich knapp neben einem auffallenden Kreuzungspunkt befindet.

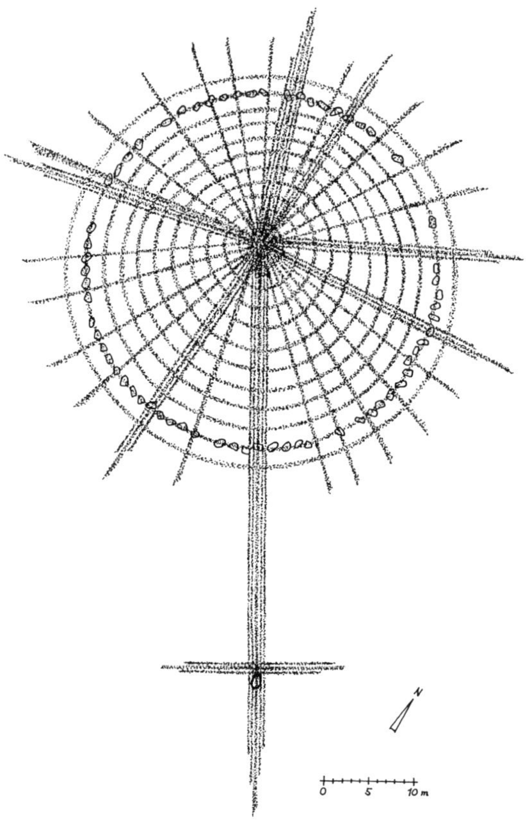

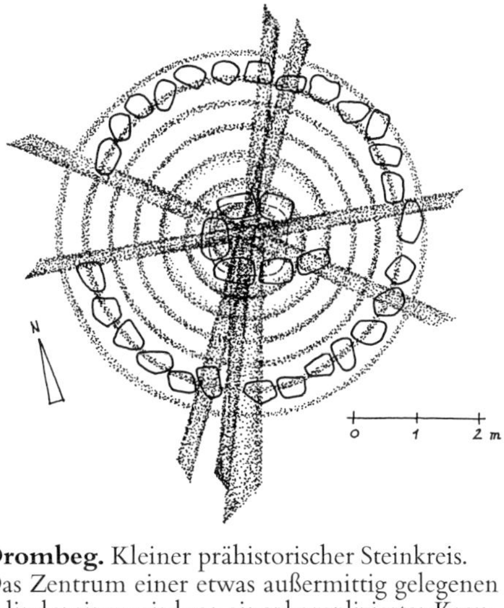

Drombeg. Kleiner prähistorischer Steinkreis. Das Zentrum einer etwas außermittig gelegenen «blind spring» wird von einer komplizierten Kreuzung zahlreicher positiver Reaktionszonen überlagert, die sich aus mehreren Wasserstreifen, Wachstumslinien sowie Strukturelementen des «ersten» und des «zweiten Gitters» zusammensetzt. Die Anordnung der Randsteine fällt mit einer besonders klar ausgeprägten ringförmigen Ankündigungszone der «blinden Quelle» zusammen.

Piper's Stones, Irland.
Ein nur mehr teilweise erhaltener Steinkreis, Durchmesser etwa zwanzig Meter, mit einem außerhalb stehenden einzelnen Stein. Auch das Standortmilieu dieser prähistorischen Anlage ist im wesentlichen gekennzeichnet durch die Strukturelemente einer «blind spring», in der sich zahlreiche Wachstumszonen sowie zwei positive Globalstreifen kreuzen. Der außerhalb des Steinkreises gelegene einzelne Granitblock befindet sich im Kreuzungsbereich zweier Dreifachzonen, an denen jeweils Wachstums-, Global- und Wasserstreifen beteiligt sind. Einer dieser Wasserstreifen hat seinen Ursprung im Zentrum der «blinden Quelle» und führt von dort in einem leichten Bogen zu diesem außerhalb liegenden besonderen Kreuzungspunkt.

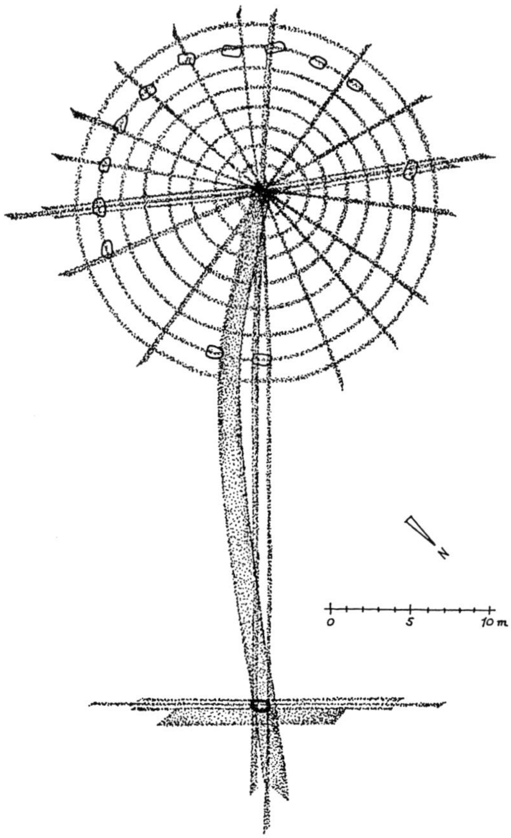

Der feuchte Keller des Filmregisseurs

Im Sommer 1981 war ich zu Besuch beim Buchautor und Filmregisseur Theo Ott. Ich hatte ihn zwei Jahre zuvor kennengelernt, als er mit den Vorbereitungen zum Fernsehfilm «Orte der Kraft – Die Strahlungen der Erde und ihre Wirkungen auf den Menschen» beschäftigt war.

In diesem Film ging es unter anderem auch um den Problemkreis der «Erdstrahlen».

Ich war ihm von Prof. Dr. Dr. Resch, Leiter des Institutes für Grenzgebiete der Wissenschaften in Innsbruck, als fachlich für dieses Gebiet zuständig empfohlen worden, und so ergab sich die Gelegenheit, ihm bei der Verwirklichung seines filmischen Vorhabens als Berater und Akteur behilflich zu sein.

Theo Ott wußte also, daß ich mit dem Themenkreis Radiästhesie näher vertraut war und auch einige Erfolge auf diesem Fachgebiet aufweisen konnte.

Bei meinem Besuch klagte er über die feuchten Kellerwände seines Hauses, die ihm seit einigen Monaten Kopfzerbrechen bereiteten, und darüber, daß bei der Beseitigung der Ursache bisher alle guten Ratschläge der Installationsexperten versagt hatten.

Herr Ott fragte mich, ob ich nicht versuchen könnte, ein eventuelles leckes Rohr, das ja irgendwo sein müßte, mit Hilfe der Rute zu lokalisieren. Es war ihm nämlich aufgefallen, daß die Wasseruhr im Haus auch dann einen Wasserverbrauch anzeigte, wenn alle Hähne geschlossen waren.

Ich hatte eine derartige Untersuchung im Rahmen meiner radiästhetischen Laufbahn noch nie durchgeführt, wollte aber gerne bei der Fehlersuche behilflich sein. Vor allem war ich auch entsprechend neugierig, ob ich bei dieser praktischen Mutungsaufgabe von Nutzen sein könnte.

Herr Ott begleitete mich in das Kellergeschoß, das bereits merklich nach feuchter, modriger Luft roch. Es bot sich ein unerfreulicher Anblick, dem man nur mit einer entsprechenden Dosis an Galgenhumor auch ästhetische Elemente abgewinnen konnte. Wie die Silhouette einer unruhig gezackten Bergkette zeichneten sich in der unteren Hälfte des Mauerwerks die Spuren von aufsteigender Feuchtigkeit ab, unterbrochen von jenen Wandbereichen, die durch Holzvertäfelungen oder Fliesen verkleidet waren. Die Kellerwände waren wirklich in einem kläglichen Zustand, und ich wollte mich sogleich an die Arbeit machen.

Aber schon nach kurzer Zeit bemerkte ich, wie durch die unterschiedlichen Höhen der aufgestiegenen Feuchtigkeit in mir das logische Denken in einer Weise angeregt und beeinflußt wurde, daß es mir nicht möglich war, mich als radiästhetisches Sensorium völlig «neutral» und unvoreingenommen der Mutungsaufgabe zu widmen.

Die auf Grund der optischen Sinneswahrnehmung ausgelösten Schlußfolgerungen, wie zum Beispiel: «. . . hier ist das Wasser höher gestiegen, folglich muß da in der Nähe das lecke Rohr sein . . .» störten mich dabei so sehr, daß ich mir nach kurzer Zeit die Unanwendbarkeit meiner radiästhetischen Verfassung eingestehen mußte. Ich fühlte mich auch außerstande, den «logischen Mann im Ohr» einigermaßen abzuschütteln.

Theo Ott zeigte Verständnis für meine Irritation sowie meine Entscheidung, unter diesen Umständen keine Mutung durchzuführen. Da ihm damit aber wenig geholfen war, überlegte ich mir, in welcher Weise ich ihm sonst noch in dieser Angelegenheit nützlich sein könnte.

Und so kam ich dann auf die verrückte Idee, bei dieser Gelegenheit ein tele-radiästhetisches Experiment zu versuchen.

Ich schlug Herrn Ott also vor, mir einen Installationsplan des Hauses zu verschaffen. Davon wollte ich vier mir bekannten Rutengängern, mit denen ich bei anderen Gelegenheiten schon mehrere erfolgreiche Mutungen durchgeführt hatte, je eine Kopie zur Verfügung stellen, um sie auf Distanz versuchen zu lassen, im Grundrißplan die lecke Rohrleitung radiästhetisch aufzuspüren. In Radiästhesiekreisen wurde nämlich hin und wieder beharrlich behauptet, daß derartiges möglich sein soll.

Natürlich wußte ich, daß eine solche «paranormale» Mutung im Rahmen unseres derzeit etablierten naturwissenschaftlichen Weltanschauungssystems weder funktionieren konnte noch durfte, zumal schon die «Wirkungsmechanismen» des «normalen» Rutenphänomens darin kaum unterzubringen waren. Denn welche Art von «Strahlung» der undichten Stelle will denn ein Rutengänger über dem Plan feststellen? Oder welches unsichtbare «Objekt» in Form eines Loches in der Rohrleitung will man denn auf dem vorliegenden Stück Papier anpeilen? Der «gesunde» Menschenverstand sagte mir also, daß es ganz unmöglich war, auf diese Weise die vermeintliche Leckstelle zu finden. Trotzdem ließ ich mich auf dieses Experiment ein, vielleicht auch, um mir selbst zu beweisen, daß derartige Bemühungen völlig absurd und sinnlos sind.

Herr Ott schien offensichtlich die verrücktesten Dinge in Kauf zu nehmen, um seinen Keller wieder trocken zu bekommen, denn nach einigen Tagen erhielt ich von ihm die angeforderten planlichen Unterlagen zugeschickt. Ich übernahm die Verteilung der Kopien an die einzelnen Radiästheten, die sich bereit erklärt hatten, an diesem Fernmutungsexperiment mitzuwirken.

Es war vorgesehen, daß sich alle völlig unabhängig voneinander mit dieser Aufgabe beschäftigen sollten. Ich spielte dabei die Rolle des Versuchsleiters, der sich an der Mutung selbst nicht beteiligte und die Untersuchungsergebnisse auszuwerten hatte. Den Rutengängern war empfohlen worden, sich für das Experiment eine Zeit auszuwählen, in der sie sich selbst als radiästhetisch besonders «gut in Form» fühlten und wo aus subjektiver Einschätzung heraus eine völlig gelöste und ausgewogene physische, seelische und geistige Atmosphäre gegeben war. In welcher Weise die Mutung durchgeführt würde – mit Hilfe des Pendels oder der Rute –, war freigestellt. Jeder sollte das

Instrument und jene «Programmierung» anwenden, die ihm aus seiner Erfahrung heraus am ehesten geeignet erschien, diese Aufgabe zu lösen.

Im Plan war lediglich die Stelle anzukreuzen, wo sich das vermeintliche lecke Rohr beziehungsweise die Ursache des Wasserverlustes und der aufsteigenden Feuchtigkeit befand.

Nach etwa zwei Wochen waren die vier Plankopien wieder bei mir eingelangt.

Es lagen vier deutlich voneinander abweichende Ergebnisse vor mir. Der eine Rutengänger hatte ein leckes Rohr außerhalb des Hauses gemutet, ein anderer an der gegenüberliegenden Innenseite der Außenmauer. Eine «undichte» Stelle war im Kellerflur angedeutet, während das vierte «fern-fühlige» Urteil auf einen Bereich im Waschraum verwies.

Für mich schien die Welt wieder in Ordnung zu sein, denn ich hatte mir ein derartiges Ergebnis eigentlich erwartet. Auch guten Rutengängern war es sichtlich nicht möglich auf Distanz diese Aufgabe zu lösen. Tele-Radiästhesie war also offenbar eindeutiger Humbug und Aberglaube.

Herrn Ott war damit natürlich wenig gedient.

Nachdenklich betrachtete ich die vier Fernmutungsergebnisse und überlegte, was ich als nächstes tun sollte. Zu gerne hätte ich Herrn Ott bei der Sanierung seiner nassen Kellerwände geholfen.

Auf einmal kam mir der Verdacht, daß ja möglicherweise doch eines der vorliegenden Ergebnisse richtig sein könnte.

Sollte man also einfach an allen vier angegebenen Punkten nachgraben, um herauszufinden, ob dies der Fall war? Vielleicht wäre das immer noch sinnvoller, als alle Rohre freizulegen.

Schließlich entschied ich mich aber für eine andere «unwissenschaftliche» Lösung. Ich wollte mich nämlich als Versuchsleiter selbst an der Fernmutung beteiligen.

Nicht, daß ich etwa annahm, ich wäre womöglich der große Meister auf diesem Gebiet und würde besser abschneiden als meine radiästhetischen Mitstreiter, aber es interessierte mich einfach, ob und in welcher Weise sich mein Mutungsbeitrag auf die «Mini-Statistik» auswirken würde.

Inzwischen hatte ich den detaillierten Verlauf jener Bilder aufsteigender Mauerfeuchtigkeit so weit vergessen, daß ich mich in der Lage fühlte, völlig gelöst und unvoreingenommen die Aufgabe angehen zu können.

Ich breitete also eine Kopie des Grundrißplanes vor mir aus und versuchte, mein radiästhetisches «Gespür» auf die «undichte» Stelle im Installationssystem geistig einzustimmen. Dann probierte ich aus, ob mein in dieser Weise eingestelltes Sensorium auf irgendein «leckendes Objekt» ansprach.

Dies war auch tatsächlich der Fall. Ich spürte ganz deutlich, daß sich der Rutenausschlag über einer bestimmten Stelle des Planes «wie von selbst» auslöste.

In mehreren Durchgängen gelang es mir schließlich, mit Hilfe eines Peilverfahrens eindeutig einen Punkt zu lokalisieren, an dem die vermeintliche undichte Rohrleitung sein mußte, sofern meine «Fernfühligkeits-Programmierung» funktionierte.

Auf Grund meines Mutungsergebnisses war ich somit zum Urteil gekommen, daß im Waschraum zwischen dem Handwaschbecken und der Kloschale die Leckstelle sein dürfte – also genau dort, wo nirgends eine Spur aufsteigender Feuchtigkeit zu sehen war.

Der Vergleich mit den übrigen Ergebnissen zeigte, daß auch ein anderer Rutengänger diesen Raum angekreuzt hatte. Allerdings war nicht zu entnehmen, an welchem Punkt die undichte Stelle genau liegen sollte. Eine gewisse Übereinstimmung schien aber durchaus gegeben zu sein, und so entschied ich, trotz den sonstigen erheblichen Abweichungen der Ergebnisse, Herrn Ott zu empfehlen, an der betreffenden Stelle im Waschraum mit dem Freilegen der Leitung zu beginnen. Daraufhin begab ich mich aus «Sicherheitsgründen» für vier Wochen auf eine Erholungsreise nach Griechenland.

Unter der südlichen Sonne hatte ich die Angelegenheit dann auch ziemlich schnell vergessen. Um so überraschter war ich, als ich nach meiner Rückkehr einen Brief von Herrn Ott vorfand, in dem er mich als «Jungmeister» betitelte und mich zum «Haupttreffer» beglückwünschte. Er hatte tatsächlich riskiert, an der angegebenen Stelle den Boden aufstemmen zu lassen. Nach der Entfernung der ersten Bodenfliese sei bereits der triefende nasse Boden sichtbar gewesen. Unter der zweiten Fliese lag dann das völlig brüchige Rohr, das für den ständigen Wasserverlust und für die feuchten Kellerwände verantwortlich war.

Herr Ott zeigte sich verständlicherweise sehr erleichtert, daß sein Keller seit der Sanierung dieses Rohrstückes wieder auszutrocknen begann. Zwar konnte auch er sich logisch nicht erklären, wie eine derartige Fernmutung funktionieren sollte, aber im übrigen schien es ihn nicht allzusehr zu belasten, daß dieses radiästhetische Ergebnis nicht in das etablierte wissenschaftliche Weltbild paßte. Ich hatte an der Angelegenheit in der Folge allerdings noch einiges zu verdauen, denn die «Sanierung» meines durch verschiedene radiästhetische Erfahrung längst schon «leckgewordenen» Weltanschauungsgebäudes sollte noch einige Zeit in Anspruch nehmen.

Magische Aussichten

Gerade hatte ich mich von den «Verdauungsproblemen» der erfolgreichen Fernmutung erholt, als ich mit einem neuen «unmöglichen» Mutungsergebnis konfrontiert wurde. Ich war nämlich während einer Versuchsreihe über Reizzonen «gestolpert», die von einer anderen Person gewissermaßen «heraufbeschworen» worden waren.

Auf die verrückte Idee, Experimente mit geistig hervorgerufenen, sozusagen in den physischen Raum hineingedachten, «hineingewünschten» Zonen durchzuführen war ich deshalb gekommen, weil mir im Rahmen radiästhetischer Gruppenarbeiten, wie wir sie etwa in jenem Kurs «Einführung in die praktische Geobiologie mit neuzeitlichen Methoden» durchgeführt hatten, einige Merkwürdigkeiten aufgefallen waren. So schienen Reizstreifen, die sich zunächst eher «diffus» und undeutlich anfühlten, nach einiger Zeit – wenn sich mehrere Menschen damit beschäftigt hatten – viel klarer und deutlicher im Raum Gestalt anzunehmen. Zudem war mir der Verdacht gekommen, daß einige der aufgespürten Zonen überhaupt erst im Verlaufe des gruppendynamischen Geschehens der gemeinsamen Mutung in Erscheinung traten, also dadurch sozusagen erst «zum Leben erweckt» wurden.

Diese Verdachtsmomente beschäftigten nicht nur mich, sondern auch einen befreundeten Rutengänger, mit dem ich mich gelegentlich zu gemeinsamen radiästhetischen Übungen traf. Als wir wieder einmal auf die Möglichkeit der geistigen Aktivierung und Beeinflussung von Störzonen zu sprechen kamen, beschlossen wir spontan, uns nicht länger auf Mutmaßungen zu stützen, sondern im Rahmen einer geeigneten Versuchsreihe endlich zu klären, ob wir überhaupt in der Lage waren, auf das durch eine andere Person hervorgerufene Wunschbild einer Störzone radiästhetisch anzusprechen.

In mehreren Durchgängen wurde dann abwechselnd das folgende gemeinsam ausgeklügelte Experiment in Form von Blindversuchen durchgespielt.

Einer von uns sollte in einem Zimmer allein und in aller Ruhe sein «Wunschbild einer negativen Reizzone installieren», es gewissermaßen gedanklich und vorstellungsmäßig im Raum festlegen. Wenn er das Gefühl hatte, daß ihm das gelungen war, sollte er das Zimmer wieder verlassen, worauf der andere versuchen mußte, die «verwunschene» Zone radiästhetisch aufzuspüren.

So recht konnten wir uns natürlich beide nicht vorstellen, daß uns das gelingen würde, aber dann hätten wir eben den negativen Beweis vorliegen und wir müßten uns künftig keine unnötigen Gedanken über die eventuelle Möglichkeit der Existenz «heraufbeschworener» Störzonen machen.

Zu diesem Zeitpunkt ahnten wir noch nicht, auf welches «geistige Gelände» wir uns durch diese Art von Versuchen begeben sollten.

Ein merkwürdiges Unbehagen befiel mich, als ich den Raum das erste Mal betrat, in dem mein radiästhetischer «Spielgefährte» irgendwo seine Störung «hingezaubert» hatte. Und als ich langsam meinen Blick durch das Zimmer lenkte und schon dabei ganz deutlich eine «unangenehme» Zone zu spüren glaubte, kamen mir doch die ersten Zweifel, ob es richtig war, sich auf ein derartiges magisch anmutendes Experiment überhaupt einzulassen.

Ich führte aber dann meine Mutungen wie ausgemacht durch und stellte den für mich eindeutigen Verlauf dieser fast wie anschaubar vor mir liegenden Störzone fest. Dabei fiel mir auf, daß sich das Erscheinungsbild der Zone jeweils in einem gewissen Rahmen änderte, je nachdem, aus welcher geistigen Einstellung und Seelenhaltung heraus ich ihr begegnete.

Es sah so aus, als könnte ich sozusagen mehr oder weniger aus jenem unsichtbaren Gebilde machen, das da als radiästhetisch erspürbares Phänomen vor mir lag. So schien diese Art Feldstörung stärker und konturierter, ja in gewisser Weise mächtiger zu werden, wenn ich sie zu sehr in den geistigen Einflußbereich meiner eigenen Vorstellungen von einer Störzone rückte, und sie wurde deutlich schwächer oder zeigte regelrecht eine Tendenz sich aufzulösen, sobald ich ihr in einer bestimmten Art gelöster und gewissermaßen «liebevoller» Aufmerksamkeit begegnete. Aber ich machte auch die Erfahrung, sie aus einer Art «neutraler» Haltung heraus betrachten zu können, wodurch diese Zone weder stärker noch schwächer wurde. Schon bei früheren radiästhetischen Arbeiten hatte ich ansatzweise derartige Beobachtungen gemacht, aber so deutlich war mir dieses wie lebendig anmutende Geschehen der gegenseitigen Beeinflussung von Rutengänger und Mutungsobjekt noch nie bewußt geworden.

Natürlich war ich fasziniert, als sich die von mir aufgespürte Feldanomalie als dekkungsgleich mit der von meinem Partner «hineingewünschten» Störzone herausstellte, und im Bann meiner wissenschaftlichen Neugierde zögerte ich nicht einen Augenblick, unsere Versuchsreihe fortzusetzen.

Ich bemühte mich also meinerseits, die Vorstellung einer negativen Reizzone zu bilden und diese Art Wunschbild im physischen Raum geistig an einer bestimmten Stelle festzulegen.

Während ich damit beschäftigt war, kam mir dann allmählich doch der Verdacht, mich in sehr handgreiflicher Weise auf ein Versuchsfeld begeben zu haben, das man in vorwissenschaftlichen und «unaufgeklärten» Zeiten wohl als Magie bezeichnet hätte. Und obwohl ich mich sicher glaubte, aus wissenschaftlichen und damit anscheinend «wertfreien» Motiven heraus zu handeln, dämmerte mir, daß ich mich soeben darauf eingelassen hatte, einen experimentellen Beitrag zur Verwirklichung einer Art «Verwünschung» zu leisten.

Staunend und erschüttert zugleich erlebte ich so die Geburt meiner ersten bewußt selbst hervorgebrachten Störzone, und es stieg eine Ahnung in mir hoch, daß ich in meinem Alltagsleben unbewußt schon unzählige derartiger störender geistiger Strukturen ins Leben gerufen hatte.

Ich verspürte ein dumpfes Gefühl von Reue, als mein radiästhetischer «Spielgefährte» dann in aller Heftigkeit auf meine «so gut gelungene verwunschene» Zone ansprach, und ich stellte mir im stillen die Frage, warum wir nicht wenigstens auf die Idee gekommen waren, uns darin zu üben, positive und segensreiche Strukturelemente in unsere Umgebung auszustrahlen und daran unsere wissenschaftliche Neugierde zu befriedigen.

Trotzdem bedurfte es noch einiger Durchgänge, bis in uns die Vernunft siegte und wir das Experimentieren mit dieser Art von Störzonen endlich sein ließen.

Freude über den aus wissenschaftlicher Sicht eindeutigen Erfolg unserer Versuchsreihe wollte nicht so recht aufkommen, denn wir machten beide einen eher angeschlagenen und betroffenen Eindruck. Gemeinsam rätselten wir dann, warum wir uns in geradezu kindlichem Leichtsinn auf derartige Experimente überhaupt einlassen konnten, zumal mein befreundeter Rutengänger schon nach kurzer Zeit durch das Aufflackern alter Herzbeschwerden gewarnt worden war, weiterzumachen.

Auch ich mußte zugeben, daß diese Versuche merklich an meinen Kräften gezehrt hatten und schon bald die ersten Ansätze jener Symptome von Müdigkeit und Erschöpfung aufgetaucht waren, wie ich sie in ausgiebiger und schmerzlicher Weise von früheren Beschäftigungen mit «krankmachenden» Zonen her kannte.

So bedurfte es dann auch nur weniger Worte, um sich darüber einig zu werden, wie fragwürdig es war, unter dem Vorwand wissenschaftlichen Interesses mit den «Flüchen» negativer Zonen zu experimentieren.

Die gemeinsamen Erfahrungen mit unseren «radiästhetischen Spielchen» trugen jedenfalls wesentlich dazu bei, den Trieb unserer wissenschaftlichen Neugierde zu überdenken und uns ernsthaft vorzunehmen, künftig auch darum bemüht zu sein, im Alltag darauf zu achten, welche Art von geistigen «Elementen», von «Feldern» und «Strukturen» wir in unsere Umgebung ausstrahlen und verwirklichen. Ich sollte aber noch zur Genüge die Gelegenheit haben zu erfahren, daß negative Gedanken und Vorstellungen in sehr vielschichtiger Weise zu «verfluchten Gestalten» werden können, über die man nicht nur radiästhetisch «stolpern», sondern an denen man auch zugrunde gehen konnte.

Die ich rief, die Geister

Eines Tages rief mich ein Rutengänger an, von dem ich wußte, daß er sich schon jahrelang mit dem Thema «Erdstrahlung» beschäftigte. Ich hatte ihn bei jenem Einführungskurs kennengelernt, durch den ich auf die «Antennenabstimmungsmethode» nach Schneider aufmerksam wurde. Er war mir von damals als recht routinierter Rutengänger und als eifriger Verfechter verschiedenster «Entstörexperimente» in Erinnerung, der ein sehr fundiertes Wissen über die Thematik Radiästhesie aufzuweisen schien. Jedenfalls hätte ich ihn auf Grund seines Auftretens als mir in jeder Hinsicht radiästhetisch überlegen eingestuft.

Umso mehr wunderte es mich, als er mich eindringlich bat, bei ihm vorbeizuschauen, um ihm zu helfen ein «Erdstrahlungsproblem in den Griff zu kriegen», mit dem er nicht zurecht komme.

Er wußte von meinen radiästhetischen Untersuchungen an Kirchen und Kultstätten und auch davon, daß ich mich unter anderem um die Unterscheidung «positiver» und «negativer», «harmonischer» und «disharmonischer» Qualitäten im Standortmilieu bemühte.

Da ich den Eindruck hatte, es würde sich um ein wirklich dringendes Anliegen handeln, suchte ich diesen Rutengänger schon wenige Tage später auf.

Als ich bei ihm läutete, war ich zunächst verwundert, daß mir nicht geöffnet wurde, obwohl er durch ein kurz vorher geführtes Telefongespräch wußte, daß ich kommen würde.

Ich betätigte erneut die Klingel. Doch es dauerte noch eine ganze Weile, bis ich hinter der Tür schleppende Schritte näherkommen hörte. Endlich machte sich jemand am Türschloß zu schaffen. Zaghaft öffnete mir ein tief gebeugter alter Mann, mühsam auf Krücken gestützt.

Ich wollte mich schon vielmals entschuldigen, daß ich mich in der Tür geirrt hatte, als ich hinter dem eingefallenen Gesicht doch jenen Rutengänger zu erkennen glaubte, der mir damals bei dem radiästhetischen Einführungskurs begegnet war.

Betroffen, ihn nach knapp zwei Jahren in dieser jämmerlichen Verfassung wiederzusehen, stand ich vor ihm.

Müde winkte er mir, ihm zu folgen. Er schleppte sich den Flur entlang in die Küche, wo er sich mit einem Stoßseufzer an einem Tisch niederließ und mir andeutete, Platz zu nehmen.

Eine Weile saßen wir uns schweigend gegenüber.

Mit einem vielsagenden Nicken begann er schließlich: «Ja, Herr Purner, weit hab' ich's gebracht mit der Rutengeherei . . .»

Es folgte eine lange Pause.

Ich bereitete mich seelisch darauf vor, daß er mir seine Krankengeschichte erzählen würde, die offenbar mit seiner radiästhetischen Tätigkeit in irgend einem Zusammenhang stehen mußte.

So, als hätte er meine Gedanken erraten, kündigte er an, mir davon erst später berichten zu wollen. Vorerst wäre es ihm ein großes Anliegen, wenn ich ihm sein Schlafzimmer ausmuten würde, um aus meiner Sicht zu beurteilen, welche Stelle als Schlafplatz zu empfehlen wäre.

Er dürfte meinen erstaunten Blick sofort bemerkt haben. Ja, er könne sich sehr gut vorstellen, daß ich an seinem Verstand zweifle, wo er doch über zehn Jahre lang fast täglich in der eigenen Wohnung Rutenbegehungen durchgeführt habe und folglich über die Standortqualität jedes Fleckchens Bescheid wissen müßte. Aber das Fatale sei eben, daß er sich durch dieses ständige ängstliche Belauern irgenwelcher negativer Einflüsse überhaupt nicht mehr auskenne. Ja, er wüßte vor lauter Störzonen und Störzönchen beim besten Willen nicht mehr, wo er sich «ungestört» aufhalten könne.

Da er von meiner Unterscheidungsfähigkeit «guter» und «schlechter» Plätze wisse, würde er mich bitten, ihm bei der Lösung seiner völligen Verwirrung zu helfen.

Der Rutengänger überreichte mir daraufhin einen Grundrißplan des auszumutenden Raumes, in den ich mein radiästhetisches Urteil eintragen sollte.

Nach meiner Beurteilung der Situation wollte er mir dann seine eigenen Untersuchungsergebnisse vorlegen.

Da ich keinen Grund sah, ihm seine Bitte abzuschlagen – zumal ich ja auch selbst so meine Erfahrungen mit dem Verwirrspiel «echter» und «unechter» Störzonen aufzuweisen hatte –, ging ich also in das besagte Zimmer und versuchte, es nach «neutralen» und «harmonischen» Bereichen auszumuten.

Ich bediente mich dabei einer Art Peilverfahren, durch das ich zunächst von zwei verschiedenen Standpunkten aus ganz grob die Lage der betreffenden Standortqualitäten im Raum ermittelte, um dann «an Ort und Stelle» die Ausmaße und Umrisse der ortsgebundenen Phänomene genauer zu bestimmen. Diese Methode hatte den Vorteil, daß man in verhältnismäßig kurzer Zeit mit wenigen Arbeitsschritten und ohne sich in Details zu verlieren die gewünschten Bereiche aufspüren konnte.

In dem betreffenden Raum waren größere «harmonische» Zonen, wie sie für eine besonders günstige und gewissermaßen «heilsame» Schlafstelle notwendig gewesen wären, nicht zu finden. Aber es zeichnete sich doch eine ausreichend dimensionierte «neutrale» Stelle ab, die sich aus meiner Sicht für einen Bettplatz anbot. Mit dem planlich festgehaltenen als «empfehlenswert» beurteilten Bereich kehrte ich in die Küche zurück, wo der Rutengänger gedankenverloren vor sich hinstarrend am Tische kauerte. Mühsam beugte er sich über das Ergebnis meiner Mutung und schien doch sichtlich erleichtert zu sein, daß ich «fündig» geworden war.

Mit einem resignierenden Achselzucken gestand er dann, selbst unfähig zu sein, eine so einfach anmutende radiästhetische Aufgabe zu lösen. Bisher wäre es ihm jedenfalls nicht vergönnt gewesen, «neutrale» oder gar «harmonische» Plätze aufzuspüren, weil er offenbar geistig «blockiert» sei, sich auf diese Qualitäten entsprechend einzustellen.

Bei ihm laufe praktisch ununterbrochen und «wie automatisch» eine «Programmierung» auf verschiedenste «störende» Zonen, die er gar nicht mehr abstellen könne.

Ja, er sei diesem durch viele Jahre hindurch antrainierten Vorstellungsschema einer bedrohlichen und krankmachenden vielschichtig strukturierten unsichtbaren Umwelt regelrecht verfallen und völlig ausgeliefert.

Zwar wisse er sehr wohl, daß diese von ihm gemuteten irritierenden Strukturelemente in der äußeren Wirklichkeit möglicherweise gar nicht existierten und lediglich Projektionen seiner «kranken» geistigen Einstellung darstellten – also durch ihn selbst heraufbeschworen waren. Aber dies würde an der katastrophalen Wirkung dieser ihn gewissermaßen ständig verfolgenden krankmachenden Feldstrukturen, die er geistig sozusagen mit sich herumträgt, nichts ändern.

«Die ich rief, die Geister, werd' ich nun nicht los . . .», hörte ich den Rutengänger mit bitterem Unterton zitieren.

Daraufhin holte er einen ganzen Stapel von Plänen aus der Schublade hervor und begann, einen nach dem anderen vor mir auszubreiten.

Schon bei flüchtigem Hinsehen erkannte ich jeweils ein Gewirr von verschiedenfarbigen Linien und Netzsystemen.

«Alles Störzonen . . .», murmelte der Bedauernswerte vor sich hin. Erst jetzt begriff ich, daß alle diese Pläne sein Schlafzimmer darstellten, das er immer wieder radiästhetisch untersucht hatte. Er schien sich tatsächlich alle paar Tage aufs Neue bestätigt zu haben, welcher Vielfalt von Störeinflüssen er ausgesetzt war. Und nach jedem radiästhetischen Fortbildungskurs, in dem er von weiteren Zonen und möglichen unsichtbaren Gefahren hörte, fand er prompt neue und immer komplizierter werdende Feldmuster, die er gewissenhaft registrierte und planlich festhielt.

Kein Wunder, daß die Pläne immer dichter mit allen möglichen Reizstreifen durchzogen waren und schließlich ein lückenloses Netzwerk von Störzonen aufwiesen, in dem er sich hoffnungslos gefangen sah. Erneut wurden mir die Gefahren der Radiästhesie bewußt, die ich ansatzweise bereits am eigenen Leib verspürt hatte. Vor allem erinnerte ich mich an jenen ernüchternden Kreislaufkollaps im Zusammenhang mit meiner einstigen radiästhetischen Dauerbeschäftigung mit «störenden» und «krankmachenden» Zonen und besann mich meiner Erlebnisse im Zuge unserer so leichtfertig begonnenen Experimente mit den «heraufbeschworenen» Feldstrukturen. Möglicherweise war mir gerade durch diese Erfahrungen ein ähnliches Rutengängerschicksal erspart geblieben.

Ja, ich konnte wirklich gut nachempfinden, wie dem gebrochenen Mann zumute sein mußte. Aber wie sollte ich ihm helfen, sich aus dieser fatalen Lage zu befreien, in die er sich über Jahre hinweg in systematischer Weise selbst gebracht hatte?

Fluch der bösen Tat

Ich war also gerade dabei, mir zwischen dem unglücklich programmierten radiästhetischen Gespür des Rutengängers und seinem elenden Gesundheitszustand einen plausiblen Wirkungszusammenhang vorzustellen und nach einer Lösung des Problems zu suchen, als er mich in meinen Gedanken mit einem eigenartig traurigen Lächeln unterbrach.

«Nein, Herr Purner, das ist nur einer der Gründe meiner mysteriösen Krankheit . . .»

Und so eröffnete er mir, daß er noch einen anderen schwerwiegenden Fehler begangen hätte, in dem er das eigentlich auslösende Moment für seine schmerzliche Lage sah.

In diesem Zusammenhang erzählte er mir unter anderem von jenem verhängnisvollen Abend, an dem er sich zu vorgerückter Stunde in einem kleinen Kreis von Rutengängern dazu hinreißen ließ, zunächst «nur so zum Spaß» ein schwarzmagisches Experiment zu versuchen. Unter allgemeinem Gelächter waren sich alle Beteiligten klar gewesen, daß es ja doch nicht funktionieren würde. Deshalb habe auch er nichts dabei gefunden, als man eine Stoffpuppe zur Hand nahm, durch die man sich mit einer ganz bestimmten Person geistig in Verbindung setzen wollte und die man schließlich in einer makabren Zeremonie mit zahlreichen Nadeln durchbohrte.

Er beteuerte, sich zu diesem Zeitpunkt wirklich keinerlei Gedanken darüber gemacht zu haben, ob eine derartige magische Handlung nicht vielleicht doch funktionieren könnte. Um so erschütterter sei er gewesen, als er später erfahren mußte, daß sich jener nichtsahnende Mensch, den dieser Zauber treffen sollte, tatsächlich in derselben Nacht von unerklärlichen Schmerzen gepeinigt im Bett wälzte.

Ich wollte nicht unhöflich sein und beschloß, seine «Enthüllungen» vorerst in aller Stille als Scherz aufzufassen, zumal es so aussah, als ob der kranke Mann seine Geschichte durchaus ernst nahm.

In der Folge gestand mir der Rutengänger, schon immer einen heimlichen Drang zur schwarzen Magie gehabt zu haben. So habe es ihm früher regelrecht Spaß gemacht, durch gewisse telekinetische Fähigkeiten, die er schon vor Jahren an sich entdeckt hatte, technische Geräte, die in irgendeiner Weise mit Elektrizität in Verbindung standen und von denen er sich belästigt fühlte, auf Distanz außer Betrieb zu setzen, und zwar so, daß sie auch nicht mehr so ohne weiteres wieder in Gang zu bringen waren.

Die Märchenstunde des Hexenmeisters schien offenbar noch nicht zu Ende zu sein.

Ja, er habe also eigentlich wissen müssen, daß seine außergewöhnlichen Fähigkeiten im Rahmen dieses schwarzmagischen Rituals mit der genadelten Puppe möglicherweise zur Wirkung kommen könnten. Sich selbst anklagend, versicherte der

Rutengänger dann, wie sehr er sich inzwischen klargeworden sei, welche große Schuld er durch diese Handlung auf sich geladen habe.

«Recht geschieht mir . . .», beteuerte er und verlieh seinem Urteil durch erhobenen Zeigefinger entsprechenden Nachdruck.

Daraufhin kam er auf jene unerklärliche qualvolle Krankheit zu sprechen, die wie ein «Fluch der bösen Tat» auf ihm laste. Seit vielen Monaten würde er von ihr schon gepeinigt und weder Schulmedizin noch Heilpraktiker und Wunderheiler vermochten sie zu lindern. Ja, es sei nur zusehends schlimmer geworden, und er könne sich kaum mehr bewegen.

Geduldig hörte ich mir die ganze Leidensgeschichte an, die von mir schon längst als phantasievolles Produkt eines durch Schmerzen gepeinigten Kranken eingestuft wurde. Wohl konnte ich mir vorstellen, daß sich aus seinem schlechten Gewissen heraus allmählich ein Wunsch nach Selbstbestrafung entwickelte, der vielleicht tatsächlich Wesentliches zur Entstehung seiner geheimnisvollen Krankheit beigetragen hatte. Aber warum als Begründung seiner bedauerlichen Lage gleich ein Schauermärchen mit Zauberei und paranormalen Fähigkeiten dieses Kalibers herhalten mußte, vermochte ich nicht so recht einzusehen.

Trotzdem versuchte ich, mir nicht anmerken zu lassen, was ich von der geschilderten Angelegenheit hielt, denn ich hatte den Eindruck, als sei es für den kranken Mann eine große Erleichterung gewesen, diese unglaubliche Geschichte loszuwerden, an die er offenbar selbst glaubte.

Ich erinnere mich in diesem Zusammenhang auch noch recht gut daran, wie es mich ganz eigenartig berührte, als er mir in aller Eindringlichkeit nahelegte, aus seinen Fehlern zu lernen. Und als er mich bat, einfach an ihn zu denken, wenn einmal die Versuchung an mich herantreten sollte, bei einer schwarzmagischen Kulthandlung mitzutun, hatte ich doch das dumpfe Gefühl, es wäre mir damit ein guter Rat mit auf den Weg gegeben worden.

Damals wußte ich noch nicht, wie sehr manche Menschen zu dieser Art magischer Praktiken neigen und daß vor allem auch Anhänger der radiästhetischen Szene gerne der Versuchung erliegen, «die Geister anzurufen», die sie dann nicht mehr loswerden.

Einige Monate nach meinem Besuch ist der bedauernswerte Rutengänger von seiner qualvollen Krankheit für immer erlöst worden. Heute würde ich mit der Beurteilung seiner Krankengeschichte sicher etwas zurückhaltender sein. Denn inzwischen habe ich herausgefunden, daß dieses schwarzmagische Experiment, von dem er mir schuldbewußt berichtete, nicht nur wirklich stattgefunden hat, sondern daß jene Person, der dieses makabre Ritual galt, tatsächlich in jener Nacht von unerklärlichen, bohrenden Schmerzen im ganzen Körper gepeinigt wurde. Und als ich später davon erfuhr, dem Rutengänger sei einmal nahegelegt worden, seine Arbeitsstätte zu wechseln, weil sich der Verdacht erhärtete, die unerklärlichen Ausfallserscheinungen verschiedener Geräte könnten mit seiner Person in Zusammenhang stehen, ertappte ich mich selbst dabei, daß ich an seine Gruselgeschichte doch ein wenig zu glauben begann.

Warum stehen Kirchen und Kultstätten dort, wo sie stehen?

Ich hatte mir angewöhnt, über die Ergebnisse meiner radiästhetischen Untersuchungen regelmäßig Buch zu führen und nach jeder Studienreise eine Art Lagebericht über meine Erhebungen und Erfahrungen zu verfassen. Auf diese Weise entstand im Laufe der Jahre eine umfangreiche Sammlung schriftlicher und planlicher Aufzeichnungen, in denen Einzelberichte von über hundert Kirchen und Kapellen sowie etwa dreißig prähistorischen Kultstätten enthalten waren.

Aus diesen Unterlagen schien eindeutig hervorzugehen, daß bei Standortwahl, Orientierung und Gestaltung der Kultbauten spezifische energetische Feldstrukturen berücksichtigt worden waren.

Wenn die Eignung eines Ortes als «heilige Stätte» aber wirklich von bestimmten, sinnlich nicht wahrnehmbaren Qualitätsmerkmalen abhängen sollte, für die Menschen früherer Zeiten offenbar ein Gespür hatten, müßte es doch irgendwelche schriftliche Aufzeichnungen darüber geben.

So begab ich mich also auf die Suche nach Literaturhinweisen, in denen ortsgebundene Besonderheiten beschrieben wurden, die mit der Gründung von Kirchen und Kapellen in Zusammenhang zu stehen schienen.

Auf diese Weise gewann ich zunächst einen Einblick in verschiedene Theorien, durch die versucht wird, die Wahl bestimmter Standorte für Kultplätze und Kirchen zu erklären sowie deren Orientierung zu begründen. Demnach soll vor allem die Plazierung und Ausrichtung von Kultbauten nach astronomischen Gesichtspunkten erfolgt sein.

So wird unter anderem eine Orientierung nach jahreszeitlich bedingten Sonnenaufgangspunkten in Erwägung gezogen – wie zum Beispiel zu Frühlingsanfang, an besonderen Festtagen oder am Tag des Heiligen, dem eine Kirche geweiht wurde –, aber auch Mond und Sterne werden mit Standortwahl, Ausrichtung und Gestaltung von Kultstätten in Zusammenhang gebracht.

Unter diesen Gesichtspunkten läßt sich natürlich eine ganze Menge berechnen und mathematisch «absichern». Es ist dadurch möglich, verschiedenste Kultbauten – von prähistorischen Steinanlagen über Pyramiden bis zu Kirchen und Kapellen – als «Kalender-Bauten», «Stern-» und «Sonnenwarten» zu «beweisen».

Ich versuchte aber auch, schriftliche Quellen ausfindig zu machen, in denen von besonderen Vorkommnissen und Erscheinungen sowie von geheimnisvollen Kräften und Wesenheiten berichtet wurde, die im Bereich von Kultplätzen aufgetreten sein sollen und die zur Wahl eines bestimmten Standortes als «heiligen Ort» geführt haben.

So stöberte ich eine Zeitlang in historischer und kulturhistorischer Literatur, in Legenden und Sagen über Kirchen- und Kultstättengründungen und sammmelte schriftliche Hinweise, die sich unter den verschiedensten Gesichtspunkten auf standortgebundene Besonderheiten bezogen.

Ich ahnte zu diesem Zeitpunkt noch nicht, daß ich mich damit auf eine äußerst spannende Entdeckungsreise begeben hatte.

Historische und kulturhistorische Hinweise

Auf meiner literarischen Studienreise begab ich mich zunächst auf biblische Pfade und stieß dabei im Alten Testament auf die ersten wesentlichen Hinweise, warum für Altäre und Kultbauten bestimmte Standorte gewählt worden waren.

Der Anlaß zur Errichtung einer Opferstätte – also eines Altars – an einem als «heilig» empfundenen Ort ist demnach vor allem in verschiedenen göttlichen Zeichen und Offenbarungen zu suchen, die den Menschen an solchen Orten zuteil wurden oder sie zu solchen Orten geführt haben.

So hat Abraham bei Sichem an der «Eiche des Orakelspenders» eine erste Gotteserscheinung und beantwortet diese mit der Errichtung eines Altars, also einer Kultstätte (Mos. 1/12/7).

Oder Isaak empfängt in der Nacht bei Beer-Seba eine göttliche Offenbarung und erbaut zu ihrem Gedächtnis eine Opferstätte, an der er den Gottesnamen feierlich ausruft (Mos. 1/26/25).

Besonders ausführlich wird Jakobs Schauung der «Himmelsleiter» geschildert, welche ebenfalls eine Kultstättenerrichtung zur Folge hat (Mos. 1/28/11-22 und 1/35/7).

«... Da nun Jakob von seinem Schlaf erwachte, sprach er: Gewißlich ist der Herr an diesem Ort, und ich wußte es nicht, und fürchtete sich, und sprach: Wie heilig ist diese Stätte! Hier ist nichts anderes denn Gottes Haus, und hier ist die Pforte des Himmels» (Mos. 1/28/16–17).

Jakobs Worten ist also zu entnehmen, daß er selbst seine übersinnliche Schau vom Wechselspiel der Himmelskräfte auf das besondere Fluidum jenes Ortes zurückführte, an dem er sich zur Ruhe begeben hatte.

In der Genesis wird insgesamt die Erbauung von sieben Altären erwähnt. Dabei spielen als äußere Zeichen der Verehrung Bäume, Brunnen und Steine eine wesentliche Rolle, wie wir sie auch später im Baum-, Quell- und Steinkult christlicher Wallfahrten wiederfinden und die jeweils mit besonderen Orten in Zusammenhang stehen, welche auf Grund numinoser Ereignisse wie etwa Wunder und Erscheinungen ausgewählt wurden.

« ... Der Wallfahrt liegt die Voraussetzung zugrunde, daß an einem bestimmten Ort Gott mit seinen Licht- und Gnadenkräften den hilfsbedürftigen Menschen besonders nahesteht ...», heißt es dazu im «Lexikon für Theologie und Kirche», und im «Wörterbuch der Religionen» wird ausgeführt: « ... Wallfahrt als rituelle Ortsveränderung und als Form religiöser Bewegung setzt voraus, daß gewisse Orte als Sammelpunkte übernatürlicher Kräfte gelten, wo göttliche Hilfe sicherer zu erlangen ist als anderswo ...»

Aber auch in anderen «seriösen» Werken fand ich immer wieder Hinweise, durch die die Besonderheit des Standortes von Kultplätzen hervorgehoben wurde.

Da wird zum Beispiel in einer umfangreichen Publikation über Ursprünge, Formen und Gesetze des Kultes der heiligen Orte als «Laboratorium universaler Energien» bezeichnet und festgestellt, daß jeder geweihte Raum einen «Zugangsspalt» zu den in der Erde wohnenden und wirkenden Göttern besitze. Die Wallfahrt bezeuge, daß das Heilige nicht überall in gleichem Maße vorhanden sei und daß man nach Zeichen der Auserwählung forsche. Die Errichtung einer Kultstätte konstituiere also nicht die Heiligkeit, sondern setze sie voraus. Das von der Gottheit einmal Erwählte bleibe heilig und müsse heilig gehalten werden. Der sakrale Ort sei Abbild und Vergegenwärtigung des Himmels.

An anderer Stelle wird ausgeführt, daß die Gottheit die Macht habe, in den natürlichen Ablauf des menschlichen Lebens heilend oder strafend einzugreifen, und daß sie diese Macht auch an bestimmten Orten besonders mitzuteilen geneigt sei.

Oder es wird von Orakelträumen berichtet, die im Bereich sardischer Kultstätten auftreten sollen, vom «Kultschlaf», der bis ins zweite nachchristliche Jahrhundert in griechischen Tempeln geübt wurde, und vom Schlaf an heiligen Gräbern in christlichen Kirchen, von dem man bis in unsere Epoche visionäre Träume erwartete.

Im Zusammenhang mit Quellkult und Quellheiligtümern wird auf die magischen Heilkräfte dieser Orte verwiesen und auf die hellseherischen prophetischen Gaben, die mit heiligen Quellen in Verbindung stehen würden.

In einem weiteren Werk liest man, daß ein Menhir auf einen Ort von geistiger Bedeutung hinweise. Wo sich ein solcher erhebe, sei ein irdisches Zentrum bezeichnet, wo das «Unten» – Erde und Mensch – sich in besonderem Maße verbinden könne mit dem «Oben» – dem Kosmos, den Göttern. Der Menhir bezeichne die Örtlichkeit, wo der Priester oder die Priesterin sich mit der Kultgemeinschaft den Göttern verband.

Schon im Alten Testament sei der Menhir als Zeichen von Gottes Gegenwart oder als Denkmal besonderer Ereignisse, als «Zeugnisstein» gedeutet worden, und die im Volksglauben bewahrte Vorstellung von den Menhiren als «redenden Steinen» würde auf eine dunkle Ahnung einstiger Orakelfunktion verweisen.

An anderer Stelle wird geschildert, daß die urzeitlichen Kulturen bis ins Keltentum aus der mythischen Bewußtseinslage Wege zu beschreiten vermochten, die über Trance, Vision und Ekstase zu Fähigkeiten geistigen Schauens und Erlebens führten. Das «heilige Zentrum», bei dem die Verbindung zum «Oben» zelebriert wurde, sei der geweihte Ort, wo man Gebete und Opfer zu den Himmelsgöttern sandte. An dieser Stelle suchte man Kommunikation und Durchbruch in die göttliche Welt, und hier hatten die Priester ihren «Aufsteigeort» in die übersinnliche Welt.

In diesem Zusammenhang wird auch jener besondere Ort erwähnt, den die Pythia von Delphi aufsuchte, um über einer Erdspalte durch «Erddämpfe» in jenen Zustand versetzt zu werden, der ihr Bewußtsein mit jenen Dimensionen und Erlebnisebenen in Verbindung brachte, in denen ihr Zukunft und Vergangenheit enthüllt und anschaubar wurden.

Schon in sehr frühen Zeiten sei bekannt gewesen, daß es «nach oben und nach unten wirkende Geister» gäbe, die auf den Menschen einen Einfluß ausüben und die vor allem an ganz bestimmten Plätzen besonders wirksam werden könnten. So sei unter dem chinesischen Kaiser Kuang-Jü (etwa 2300 v. Chr.) für jeden Hausbau vorgeschrieben gewesen, den Boden vor Beginn des Bauens von einem Priester prüfen zu lassen, ob nicht «böse Erdgeister» den Ort bewohnten.

Wenn man sich in die entsprechende Literatur vertieft, wird deutlich, daß neben den Gründungen von Kultplätzen auf Grund ortsgebundener numinoser Ereignisse, Visionen und Gotteserscheinungen die Übernahme eines alten heiligen Ortes durch nachfolgende Religionen einen weiteren wesentlichen Anlaß für die Wahl eines bestimmten Standortes als Opferstätte darstellt.

So wird zum Beispiel die Ansicht vertreten, die in der Genesis erwähnten Kultstättenerrichtungen stünden zum Teil mit prähistorischen heiligen Orten in Zusammenhang. Solche Plätze würden vielfach den Wechsel der Religionen deshalb überdauern, weil es eben manche Orte «in sich haben».

Demnach wären die heiligen Stätten der Israeliten in Palästina zum Teil vorher Kultstätten der Kanaaniter gewesen und wurden mit völliger Unbefangenheit von der neuen Religion übernommen.

Auch an anderer Stelle wird erwähnt, daß es sehr alte heilige Steinkreise und Steinsetzungen gäbe, die aus vorchristlichen Zeiten stammten und später als heilige Orte übernommen oder wieder entdeckt wurden.

Verhältnismäßig häufig findet man Hinweise, daß Kirchen oft dort errichtet seien, wo früher ein heidnischer Tempel gestanden hat. Dabei soll es manchmal sogar vorgekommen sein, daß der alte Opferstein im neuen Bauwerk wieder als Altar verwendet wurde, wie es etwa in der Stabkirche von Borgund (Norwegen) der Fall ist. Wesentlich scheint jedenfalls in allen Fällen der Überbauung eines alten Kultplatzes die Übernahme des ursprünglichen heiligen Zentrums zu sein. So sei zum Beispiel die Kathedrale von Chartres über einer Stätte erbaut worden, an der sich der geweihte Stein des Carnuten (= Hüter des Steines) befand, jener Stelle also, wo in prähistorischer Zeit die Einweihung der Druiden erfolgte.

Es gibt aber noch zahlreiche weitere Zeugnisse, nach denen berühmte christliche Wallfahrtsorte schon in vorchristlicher Zeit Kultstätten waren und die heidnischen Kulte um heilige Steine, Wasser, Bäume und Tiere, Feuer, Sonne und Fruchtbarkeit vielfach in der christlichen Überlieferung weiterleben.

Daneben findet man auch Hinweise, denen zufolge nicht nur der eigentliche Kultplatz als heiliger Ort aufgefaßt wird, sondern das ganze Bauwerk, welches mit dem besonderen Ort zu einer harmonischen Einheit verschmelzen müsse, um die heilige Atmosphäre des Ortes zu bewahren und zu verstärken. So wird der Altar zum Beispiel als «Keimzelle» des heiligen Gebäudes und als seine «wahre Mitte» bezeichnet. Aber auch der den Altar schützende Tempel wäre als «sakrales Zentrum» anzusehen und sei wesentlich für das Funktionieren der «Verbindungslinien» zwischen Himmel und Erde.

In diesem Zusammenhang wird etwa ausgeführt, daß die Konstruktion und Gestaltung jedes «Omphalos» (= Nabel) – des heiligen Zentrums – bestimmte Wesenszüge aufweist, in denen sich die besonderen ortsspezifischen Kräfte widerspiegeln, welche vom Omphalos selbst wiederum beeinflußt werden.

Unter einen ähnlichen Gesichtspunkt fällt auch der allgemeine Hinweis, daß die Wirkung gewisser ortsgebundener Kräfte durch das Bauwerk selbst verstärkt und verändert werden könne. Folglich wäre eine entsprechende «Abstimmung» von heiligem Zentrum und baulicher Anlage eine wesentliche Voraussetzung, um die volle Entfaltung jener geheimnisvollen Energien zu ermöglichen, die dem «Ort der Kraft» innewohnten.

War ein Kultbau also wie eine Art «Musikinstrument» zu werten, dem man bei ortsgemäßer Anordnung und baulicher Gestaltung besonders «reine göttliche Klänge» entlocken konnte?

Von diesem Gesichtspunkt aus würden Form, Maß, Proportion und Material von Kultbauten natürlich in einem völlig neuen Licht erscheinen.

Legenden und Sagen

Die Welt der Legenden und Sagen, die um gewisse heilige Orte entstanden ist, stellt eine wahre Fundgrube für Hinweise dar, die zur Wahl bestimmter Standorte für Kirchen und Kultplätze geführt haben.

Da wird von wundersamen Dingen und seltsamen Begebenheiten berichtet, die sich an solchen Stätten zugetragen haben sollen, von heiligen Quellen, von Spuren und Zeichen höherer Kräfte und Wesenheiten, von göttlichen Fingerzeigen, die für die Wahl des Ortes ausschlaggebend waren.

Im Rahmen jener Legenden, die in besonderem Maße die Bindung der göttlichen Offenbarung, des Wunders, der Heiligkeit und der Heilskraft an einem bestimmten Ort hervorheben, sind es einige Grundmotive, die immer wieder in abgewandelter Form auftreten.

Da ist etwa von «weisenden» Tieren die Rede, derer sich die göttliche Macht bediene, um damit den gewünschten Ort für eine besondere Verehrung zu markieren.

So sind es weiße Tauben, die den an einer «falschen» Stelle begonnenen Bau des Klosters verhindern und jenen Ort bestimmen, an dem St. Georgenberg (Nordtirol) entstehen soll. Oder sie weisen den rechten Platz, an dem die stattliche Wallfahrtskirche «Unsere Liebe Frau» in Schnals (Südtirol) errichtet wird.

Vögel zeigen an, wo die Albeinser Pfarrkirche (Südtirol), die Kirche von Riffian (Nordtirol) und Dimbach (Oberösterreich) erbaut werden sollen.

Ochsen und Stiere bezeichnen jene Stelle, wo Reliquien aufzubewahren sind, und weisen den Ort, an dem in der Folge die Kirche Ohlsdorf (Oberösterreich) entsteht.

Das in den Gründungslegenden häufig auftretende «Rückkehrmotiv» zeigt an, daß das göttliche Gnadenbild nicht vom heiligen Ort entfernt werden kann und darf und sich nur an der von den höheren Mächten angewiesenen Stelle – am Ort der ursprünglichen Auffindung – «zu Hause» fühlt und Wunder wirken kann.

So kehrt das gefundene und mehrmals fortgetragene Marienbild immer wieder zur Fundstelle zurück, bis hier eine Kapelle errichtet wird (Marien-Wallfahrtskapelle von Trens, Südtirol, und «Unsere Liebe Frau» in Schnals, Südtirol). Die Oswaldstatue «reitet» wiederholt lichtstrahlend an ihren alten ursprünglichen Fundort zurück (Ifinger Oswaldkapelle).

Dieses «Rückkehrmotiv» ist weit verbreitet und taucht in zahlreichen Gründungslegenden auf. Zum Beispiel in Brettfall, Maria Stein (Nordtirol), Anleiten, Schöndorf, Kaltenberg, Maria Ach, Maria im Schatten, Maria Laab (alle Oberösterreich) und Maria Pfarr (Salzburg).

Ein weiteres Legendenmotiv stellt die «Traumweisung» dar, wo eine göttliche Stimme den rechten Ort verkündet oder in visionären Erscheinungen der auserwählte Standort für das Gnadenbild offenbar wird.

Da vernimmt zum Beispiel ein einfacher Holzknecht wiederholt eine Stimme, die ihn anweist, dort eine Kirche zu bauen, wo man das Marienbild gefunden hatte. Später erscheint ihm nach silberhellem Glockenschlag die wunderschöne Frau mit einem Kindlein auf dem Arm und zeigt ihm den Platz, wo das Gotteshaus erstehen soll (Maria Waldrast, Nordtirol).

Oder ein Schmied träumt wiederholt, er solle ein Marienbild im nahen Wald an einer Buche anbringen (Mariahilfberg bei Gutenstein).

Himmlische Stimmen und Erscheinungen, Wunder, Begegnungen mit Heiligen, der Muttergottes oder einem Engelwesen sowie Quellwunder und ortsgebundene Lichterscheinungen sind häufig weitere göttliche Zeichen der Eignung einer Stelle für Verehrung, Heilung und Zwiesprache mit Gott.

Unglücksfälle geschehen, wenn der Fingerzeig Gottes nicht beachtet wird (Albeins, Südtirol), kein Segen ist dabei, wenn es nicht der rechte Ort ist, an dem man mit dem Bau begonnen hat (Albeins, St. Magdalena in Villnöß und Schnals, alle Südtirol).

Eine göttliche Stimme ruft: «Na, da nöt!», wenn ein Kreuz an der unrechten Stelle aufgestellt zu werden droht (Latzfonser Kreuz, Südtirol).

Ein Einsiedler, der in einer hohlen Eiche öfters himmlische Erscheinungen hatte, sieht auf dem Felsen des späteren Klosters Valduna (Vorarlberg) einen Engel sitzen und dem Platz mehrere Klosterfrauen «entsteigen», von himmlischen Genien umschwebt.

Andächtige Leute sehen des öfteren die Gottesmutter im himmlischen Kleid auf dem Rinderbühl. Man nimmt es als Zeichen, daß hier zu ihren Ehren eine Kirche erbaut werden sollte (Saalem bei Bruneck, Südtirol).

Ein wundertätiges Gnadenbild wird aufgefunden, und an dieser Stelle entsteht die vielbesuchte Wallfahrtskirche Maria Lavant bei Lienz (Osttirol).

Nach langer Unschlüssigkeit über den Bauplatz zeigen sich Lichterscheinungen über dem Ort, wo die Kirche erstehen soll (Maria Scharten und Weißenstein).

Ein Marienbild senkt sich im Strahlenglanz vom Himmel und bezeichnet den Ort, wo die Wallfahrtskirche Maria Seesal bei Ybbitz erbaut wird.

Vom blauen Lichtschimmer umgeben schwebt das Bildnis des heiligen Martin hinüber zur Felsenhöhle und läßt sich an jener Stelle nieder, wo das Kirchlein entstehen soll (St. Martin am Kofel, Südtirol).

Ein übernatürlicher Schein, der immer wieder zum Ort zurückkehrt, führt zur Errichtung der Schnalser Wallfahrtskirche (Südtirol).

So kommt in zahlreichen Legenden zum Ausdruck – wenn auch oft in sehr geheimnisvoller «Verpackung» –, daß sich der rechte Ort durch Gottes Gnaden anzuzeigen pflegt und als heilige Stätte bewahrt und gewürdigt werden müsse.

Der rechte Ort – die rechte Zeit

In vielen der bisher angeführten Hinweise über Besonderheiten heiliger Orte kommt also zum Ausdruck, daß höhere geistige Wesenheiten nicht allerorts zu Offenbarungen geneigt sind und die Möglichkeit, mit Gottheiten und höheren Bewußtseinsebenen in Verbindung zu treten, nicht an jedem Ort in gleichem Maße besteht.

Wir hätten den Raum somit diesbezüglich nicht als homogenes Nebeneinander gleichwertiger Raum-Qualitäten aufzufassen, sondern als differenzierte, sinnlich nicht wahrnehmbare qualitative «Inhomogenitäten», die für solche «höheren» Wahrnehmungen mehr oder weniger geeignet sind.

Aus verschiedenen Literaturstellen geht aber zudem hervor, daß die Gottheiten nicht nur gewisse Orte bevorzugen, sondern zum Teil auch nur zu bestimmten Zeiten zu Offenbarungen neigen.

Das Phänomen «Zeit», innerhalb dessen sich räumliche Erscheinungen manifestieren, stelle also ebenfalls kein homogenes «Gebilde» dar, sondern sei differenziert und gewissermaßen durch unterschiedliche Qualitäten «strukturiert».

Wesentlich sei in diesem Zusammenhang die Unterscheidung zwischen «starken» und «schwachen», «günstigen» und «ungünstigen» Zeiten. Alle wichtigen Handlungen sollten mit der Qualität der Zeit korrespondieren und «zeitgerecht» sein. Der rechte Augenblick – «kairos» (= Chance) – müsse gefunden und wahrgenommen werden.

So sind schriftlichen Hinweisen zufolge etwa dem Wasserkult nur ganz bestimmte Zeitperioden geweiht gewesen, und man wisse von den besonderen Kräften, die sich nur in der Nacht des Johannistages offenbaren würden.

Oder zur Kathedrale von Chartres wird ausgeführt, daß die Wahl von Ort und Zeit der Wallfahrt an diese frühe Kultstätte kein Zufall sei. So wird eine Art «Pulsschlag» erwähnt, der durch jene ortsgebundenen Kräfte gehen soll, die das geistige Fluidum dieses Ortes prägen. Dieser Rhythmus habe dereinst den Zeitpunkt der Wallfahrt bestimmt, an dem die Einweihung empfangen werden konnte, durch die man zum Rang eines Druiden aufstieg.

Zahlreich sind auch in unseren Breiten die Hinweise auf gewisse Zeiten, in denen die Wallfahrt zu bestimmten heiligen Orten durchzuführen ist. Dadurch seien die Bedingungen für einen Gnadenerweis der an dem Ort verehrten Wesenheit besonders günstig, und man könne am ehesten eine göttliche Offenbarung erwarten.

So weisen einige Gnadenstätten nur einen einzigen Wallfahrtstermin auf, während andere mehrere haben. Diese bevorzugten Wallfahrtstage hängen zum Teil mit jenen Tagen zusammen, an denen nach der Legende die Erscheinung, das Wunder, die göttliche Offenbarung stattfand, oder mit dem Rhythmus des «heiligen Jahres», den Festtagen der Heiligen, denen der Wallfahrtsort geweiht ist und die für gewisse Wunder «zuständig» sind.

Die himmlischen Kräfte strömen im Jahreslauf also nicht gleichförmig durch diese Orte, und nicht nur der heilige Ort muß ausgesucht, sondern auch die rechte Zeit abgewartet werden.

So sind in vielen Überlieferungen – durch Legenden, Sagen und Volksbrauchtum bewahrt – der rechte Ort, die rechte Zeit wohl ausgewählt und vorbestimmt, wo in besonderm Maße das Göttliche die Opfergaben anzunehmen und himmlische Kräfte zu geben bereit ist.

Das vergessene Wissen der «Geomantie»

Neben Literaturhinweisen, in denen zum Ausdruck kommt, daß die Errichtung von heiligen Stätten auf Grund ortsgebundener numinoser Ereignisse erfolgt seien, stieß ich auf zahlreiche schriftliche Aufzeichnungen, in denen ausdrücklich von «geomantischen» Überlegungen die Rede war, die mit der Standortwahl und Gestaltung von Kultbauten in Zusammenhang stehen sollen.

Unter «Geomantie» oder «Geomantik» (= «Weissagung aus der Erde» oder «Erd-Wahrsagung») versteht man die alte Kunst und Wissenschaft, natürliche «Energieströme» und «Energiezentren» auf der Erdoberfläche auszumachen und in landschaftsverändernde und landschaftsgestalterische Maßnahmen einzubeziehen, um positive, harmonisierende Kräfte und Energiefelder zu verstärken und negative abzuschwächen. So sei Geomantie zum Beispiel verwendet worden, um die günstige Lage für Tempel und Kirchen, Steinkreise, Begräbnisstätten, Steinmonumente, Labyrinthe und astronomische Observatorien herauszufinden.

Am bekanntesten ist die Geomantie des alten China, obwohl sich auch andere Kulturkreise – etwa in Ägypten, Griechenland, Indien, Mittel- und Südamerika – ihrer Methoden und Regeln bedient haben. Die chinesische Geomantie «Feng-Schui» (= Wind-Wasser) wird definiert als die « ... Kunst des Anpassens der Sitze der Lebenden und der Toten, um mit den örtlichen Strömungen des kosmischen Atems zusammenzuarbeiten und zu harmonisieren ... ».

Als «kosmischer Atem» wird der «belebte Geist der Erde» verstanden, der in altertümlichen Wissenschaften offenbar eine Selbstverständlichkeit darstellte. Nach dieser Anschauung gibt es ein unsichtbares «Feld des Geistes», das die physische Erscheinung der Landschaft als lebendiges Kräfteprinzip durchdringt.

Geomantie ist also jene Wissenschaft, die den Kontakt zu diesem Geist und seinen Wegen aufrecht zu erhalten versucht, um zu verhindern, daß man Verstöße gegen die beseelten Prinzipien der Natur begeht, die als Quelle des Lebens angesehen werden.

Damit sollen unter anderem auch jene unsichtbaren Phänomene in Zusammenhang stehen, die unter den Beziehungen «tellurische Kräfte», «Erdströme», «Schlangenenergien» oder «Wouivre» bekannt sind und deren elementares Zusammenwirken durch technische Neuerungen wie Eisenbahnen, Telegrafen- und Hochspannungsleitungen empfindlich gestört oder völlig unterbunden werden kann.

In der chinesischen Geomantie wird die Landschaft als energetisches Feld betrachtet, in welchem «positive» Yang-Kräfte und «negative» Yin-Kräfte in differenzierter Weise in Raum und Zeit ineinanderfließen und wirken. Zur Eignung eines Ortes für geomantische Zwecke sind dabei gewisse Verhältnisse von Yin- und Yang-Kräften wesentlich.

Für Kultstätten wären jene Plätze zu bevorzugen, wo die beiden Energiepotentiale eine bestimmte Art von Ausgewogenheit aufweisen und sozusagen in «klassischen» Verhältnissen auftreten.

So befänden sich alle griechischen Tempel an einzigartigen Orten, wo sich die Züge der Landschaft mit den tellurischen Strömungen zu einem natürlichen Sitz des Geistes verbinden.

Es gäbe Stätten, «an denen der Geist weht», wo ein besonderes geistiges Fluidum den Menschen durchdringe und wo sich ihm «Organe für das Göttliche» zu öffnen vermögen. So sei jener Hügel, auf dem die Kathedrale von Chartres steht, ein Ort, an dem ein «Erd-» oder «Vitalstrom» besonderer Art ausmünde, der nach Nord-Osten verlaufe und die Ausrichtung der Kathedrale bestimmt habe.

Aus der Sicht der Geomantie werden die Natur und die Intensität des «Geistes der Erde» vorrangig durch die Formen der Landschaft und die geologischen Verhältnisse bestimmt, aber sie sind ebenso abhängig von den Stellungen der Himmelskörper und damit von den Rhythmen der Zeit.

So ist man sich im Rahmen geomantischer Bemühungen durchaus bewußt, daß zum Beispiel spezifische Konstellationen des Mondes und der Planeten auf die qualitativen Eigenheiten sich kreuzender Strömungslinien, wie sie etwa an heiligen Stätten auftreten, einen Einfluß haben.

In der geomantischen Praxis stellt das Aufspüren und Unterscheiden besonderer Zonen und Punkte aber lediglich einen Teilaspekt dar. Das eigentliche Ziel der Geomantie besteht darin, auf die lokalisierten Kräfte und Kräftekonstellationen durch bauliche Maßnahmen in einer Weise zu reagieren, daß die ortsspezifischen Energiepotentiale und ihre Strukturen gewissermaßen festgehalten, verstärkt und gegebenenfalls harmonisiert werden.

So wird zum Beispiel darauf verwiesen, daß der erste Akt beim Bau eines Tempels die Errichtung des «Gnomon» – des «aufrechten Zeichens» – war, das im «Omphalos» (= Nabel), dem Zentrum des heiligen Bezirkes, gesetzt wurde. Damit war jene Grundsäule geschaffen, die das «Bindeglied zwischen Erde und kreisendem Himmelsgewölbe» manifestierte und in der die einzigartigen Bedingungen und Kräfte des auserwählten Ortes zum Ausdruck kamen und dadurch «festgehalten» wurden.

Die Säule entfernte man später wieder, wenn für das zu errichtende Bauwerk jene Form, Proportion und Dimensionierung gefunden waren, die den Wesenszügen und «Gesetzen» des Ortes entsprachen und die geeignet schienen, die Kräfte aufzurufen und zu aktivieren, die dem Gebiete innewohnten.

Abhängig von der Funktion des geomantischen Ortes hatten alle weiteren baugestalterischen Maßnahmen so zu erfolgen, daß dadurch die «Gunst des Ortes» verbessert wurden, indem man die positiven Einflüsse zu erhöhen und die negativen zu mildern versuchte.

Geomantisch richtig situierte und gestaltete Kirchen und Kultstätten sind somit gewissermaßen als «Instrumente aus Stein» anzusehen, die auf die lokalen Energieverhältnisse abgestimmt sind und stabilisierend, verstärkend und harmonisierend auf das ortsgebundene Energiemilieu wirken. Durch sie wurde aber auch das gesamte energetische Geschehen der Landschaft beeinflußt und reguliert.

Richtig angelegte Kultbauten sind somit als «therapeutische Maßnahmen» im Rahmen einer Art «Erdakupunktur» zu werten, durch die die Steuerung des Energieflusses der «Schlangenlinien» erfolgen sollte.

Zur Kunst des «Erdakupunkteurs» gehörte es auch, mit Hilfe gezielten Setzens von Steinen, Türmen, Säulen und Bäumen anregend oder dämpfend in die Erdenergiebahnen einzugreifen, um damit zur Harmonisierung und «Gesunderhaltung» der landschaftsgebundenen Lebenskräfte beizutragen.

Die energetischen Verbindungslinien zwischen heiligen Zentren historischer und prähistorischer Kultbauten wurden in diesem Jahrhundert vor allem in England wiederentdeckt, wo sie als spezielle Erscheinungsform von «Leys» oder «Ley-lines» gewertet werden. Die Engländer scheinen schon immer ein besonderes Feingefühl für die Berücksichtigung derartiger Phänomene besessen zu haben, und so sind sie auch heute führend in der Erforschung und Wiederentdeckung dieser «Ley-line-Systeme» sowie der Geomantie überhaupt.

Dort, wo die Geomantie noch lebt

Aus den Aufzeichnungen über die alte Kunst und Wissenschaft der Geomantie, die ich im Laufe der Jahre zusammengetragen hatte, schien also eindeutig hervorzugehen, daß es den Menschen früherer Kulturen ein ernsthaftes Anliegen war, die Anordnung und Gestaltung ihrer Bauwerke auf die elementaren Kräfte und Energiestrukturen der Landschaft abzustimmen.

In den sogenannten zivilisierten Ländern der Gegenwart wird das Baugeschehen aber offensichtlich von ganz anderen «Spielregeln» und Kräften beherrscht. Dabei bleiben nicht nur geomantische Gesichtspunkte unberücksichtigt, sondern es besteht im allgemeinen auch überhaupt kein Bewußtsein mehr für die Existenz derartiger unsichtbarer Feldstrukturen und die Möglichkeit ihrer Berücksichtigung im baulichen Zusammenhang.

War das Wissen um diese sinnlich nicht wahrnehmbaren Dimensionen unseres Lebensraumes also lediglich ein verstaubtes Relikt längst vergangener Zeit oder gab es auch heute noch auf unserer Erde Kulturkreise, wo man sich darum bemühte, mit den «Geistern der Landschaft» und ihren Kräften im Einklang zu leben?

Bei meinen Studien stieß ich zwar hin und wieder auf flüchtige Andeutungen, wonach etwa in China sowie in verschiedenen Regionen Nordamerikas, Südamerikas und Afrikas bis in die Gegenwart geomantische Praktiken angewandt würden, aber inwieweit diese Angaben wirklich auf Tatsachen beruhten oder lediglich Spekulationen waren, vermochte ich nicht zu beurteilen. Erst im Verlaufe einer Forschungsreise durch Madagaskar, dem Eldorado für Heilpflanzensucher und Ethnomediziner, ergab sich die Gelegenheit, zumindest einen dieser Hinweise auch selbst zu überprüfen.

Madagaskar wird von Historikern und Geologen als Teil des alten Gondwana-Landes angesehen, jenem prähistorischen Großkontinent, der sich einst von Südamerika über Afrika, Indien und Australien bis zur Antarktis hin erstreckte. Erst vor 70 Millionen Jahren soll sich die «rote Insel» – so wurde Madagaskar von den europäischen Entdeckern genannt – endgültig vom afrikanischen Kontinent getrennt haben.

Aus botanischer Sicht stellt Madagaskar wohl eines der originellsten Gebiete der Erde dar. So kommen nach einer Arbeit des französischen Forschers H. Perrier de la Bathie von den 7370 Pflanzenarten der Insel 5820 nirgends sonstwo auf der Erde vor.

Auch die Tierwelt Madagaskars hat einige Raritäten aufzuweisen, die man in der übrigen Welt kaum ober überhaupt nicht mehr zu sehen bekommt. So zum Beispiel die Lemuren – Halbaffen, von denen es noch über dreißig Arten auf der «roten Insel» gibt – oder die «fliegenden Füchse» – eine überdimensionale Fledermausart mit etwa einem Meter Flügelspannweite.

Natürlich sind auch hier die Folgen der fragwürdigen kulturellen Einflüsse unserer heutigen Zivilisation nicht zu übersehen, aber in vielen Bereichen ist auf Madagaskar eine geradezu paradiesische Unberührtheit erhalten geblieben. Neben den exotischen Perspektiven der Tier- und Pflanzenwelt, durch die man sich manchmal eher wie auf einen anderen Planeten oder in längst vergangene Epochen der Erdgeschichte versetzt fühlt, sind es dabei vor allem die Inselbewohner selbst und ihre Lebensweise, die eine eigenartige Faszination ausstrahlen.

So stellten ihre seltsamen kultischen Gepflogenheiten, die noch ganz aus magischen Bewußtseinszuständen zu stammen scheinen, einen der Hauptgründe dar, warum diese Studienreise überhaupt zustande kam. Theo Ott hatte mir nämlich einmal von den merkwürdigen Ritualen erzählt, die die Eingeborenen zu bestimmten Anlässen an auserwählten Plätzen abzuhalten pflegten und denen er bei einer seiner früheren Reisen nach Madagaskar wiederholt beiwohnen konnte. So war er im Süden der Insel, im sogenannten «Dornenland», madegassischen Schamanen begegnet, die an dafür altbewährten Orten ihre Heilzeremonien abhielten.

Als mir Ott fasziniert von seinen Erlebnissen berichtete und mir durch einen Film diese ekstatischen Rituale auch anschaulich vor Augen führte, hatte ich den Eindruck, als ob sich hier in urtümlicher Weise eine Kulthandlung abspielte, durch die jene «Geister» und ihre heilenden Kräfte erweckt werden sollten, die an diesem Ort «zu Hause» waren. Dabei kam mir allmählich der Verdacht, daß vielleicht auch diese Kultplätze nach ähnlichen Kriterien auserwählt sein könnten, wie die Heilsorte unserer Breiten, obwohl sie sich rein äusserlich wesentlich davon unterscheiden. Hier waren nämlich keinerlei aufwendig in Steinmauern gefaßte Bauwerke zu sehen. Lediglich ein wie ein Vogelhäuschen anmutender hölzerner Fetisch-Schrein, ein altarähnliches Gestell aus grob behauenen Rundlingen und drei aus dem Boden ragende Holzpfähle standen da unter freiem Himmel als äußere Zeichen, daß dieser Platz kultischen Zwecken diente.

Wußten diese Eingeborenen etwa noch, wie man mit den «Erdgeistern» in Verbindung treten und sich ihre Kräfte dienstbar machen konnte?

Natürlich wäre Theo Ott, der all die Jahre meine Forschungen zum Thema «Orte der Kraft» aufmerksam verfolgt hatte, selbst brennend daran interessiert gewesen, ob ich auch an einer solchen Kultstätte radiästhetisch etwas Außergewöhnliches aufzuspüren vermochte. Zu diesem Zeitpunkt ahnte keiner von uns beiden, daß wir schon wenige Monate später gemeinsam im Flugzeug nach Madagaskar sitzen würden, um die Frage an Ort und Stelle zu klären.

Etwa zwanzig Kilometer südlich von Antananarivo – der im zentralen Hochland gelegenen Hauptstadt Madagaskars – saßen wir das erste Mal einem Sikidy-Mann gegenüber.

«Sikidy» bedeutet soviel wie «Zauber», «Beschwörung», «Weissagung». Es handelt sich dabei um eine Orakeltechnik, mit deren Hilfe es hierzulande üblich ist, vor wichtigen Entscheidungen den Stand des «Vintana» – des Schicksals, der Vorsehung – zu bestimmen.

Durch Ekkehart Olszowsky, dem aus Heidelberg stammenden Leiter des «Cercle Germano-Malagasy» – einem deutschen Kultur- und Sprachzentrum –, hatten wir von diesem Sikidy-Mann und seinen Fähigkeiten erfahren. Seine Schwiegermutter, eine Madegassin, besuchte den Orakelleger nämlich schon seit vielen Jahren, um sich Rat und Hilfe zu holen, und sie schien sehr gute Erfahrungen mit ihm gemacht zu haben. Jedenfalls betonte sie, daß bisher alle seine Vorhersagen stets eingetroffen seien.

Diese Frau hatte uns gemeinsam mit ihrem Schwiegersohn hierher begleitet, um uns bei der Verständigung behilflich zu sein.

Olszowsky, der vor Jahren aus religionswissenschaftlichen Interessen nach Madagaskar gekommen war, erwies sich als ausgezeichneter Kenner der magischen Gebräuche des Landes. Durch ihn erfuhren wir auch von dem hierzulande noch üblichen Brauch, vor dem Bau eines Hauses einen Orakelleger zu befragen und sich nach seinen geomantischen Empfehlungen zu richten.

Das Wort «Geomantie» war in diesem Zusammenhang so selbstverständlich gefallen, als würde überhaupt kein Zweifel bestehen, daß diese alte Kunst und Wissenschaft auf Madagaskar tatsächlich noch lebt. Dementsprechend aufmerksam beobachtete ich dann auch die Tätigkeit des Sikidy-Mannes, der sich schon eine ganze Weile damit beschäftigte, für einen von uns sein Orakel auszulegen.

Er bediente sich dabei eines Häufchens getrockneter Bohnenkerne, aus dem er im Rahmen einer für mich nicht entschlüsselbaren Vorgangsweise allmählich kleinere Gruppen ausgesondert hatte, die schließlich als mehr oder weniger regelmäßig angeordnete Linienmuster vor ihm ausgebreitet lagen.

Still saß der Mann vor dem Ergebnis seiner seltsamen Tätigkeit. Dabei hatte ich den Eindruck, daß seine Aufmerksamkeit gar nicht auf die Äußerlichkeit der vor ihm liegenden dunkelbraunen Bohnenkerne gerichtet war. Vielmehr schien es mir, als ruhe sein Blick in weiter Ferne, in einer «anderen Wirklichkeit».

Allmählich kehrte er aber dann mit seinem Bewußtsein sichtlich in die physische Erscheinungswelt zurück. Als er wieder ganz «da war», blickte er uns mit seinen dunklen Augen freundlich an und ließ uns wissen, daß sich die fragliche Angelegenheit zugunsten des Beteiligten entwickeln werde, obwohl da einige Kräfte wirksam wären, die dies zu verhindern suchten.

Zu diesem Zeitpunkt konnten wir natürlich nicht ahnen, daß seine Voraussage schon sechs Wochen später im 12 000 Kilometer entfernten Europa tatsächlich genauso eintreten würde, sonst wäre ich dem Orakelleger und seinen prophetischen Fähigkeiten vielleicht doch mit etwas mehr Respekt begegnet.

So aber nahm ich das Orakel lediglich als geheimnisvoll anmutendes Ritual eines fremden Kulturkreises zur Kenntnis.

Im Verlauf des Sikidy waren mir allerdings einige Phänomene aufgefallen, die mir als willkommener Anknüpfungskpunkt erschienen, um den Sikidy-Mann auf sein geomantisches Wissen anzusprechen.

Ich war nämlich schon eine ganze Weile damit beschäftigt gewesen, den spärlich beleuchteten Raum, in dem wir uns befanden, in möglichst unauffälliger Weise nach radiästhetischen Besonderheiten auszuloten. Dabei konnte ich feststellen, daß dieser unscheinbar wirkende Mann, der da in stoischer Gelassenheit seine Bohnenkerne sortierte, auf einem aus radiästhetischer Sicht äußerst «sonnigen» Platz saß.

Insgesamt vermochte ich acht positive Zonen zu unterscheiden, die sich in einer Art Strahlenbündel kreuzten. Ein klar ausgeprägter Kreuzungspunkt zweier Medialzonen hob sich deutlich als tragendes Strukturelement aus diesem strahlenförmigen Gebilde ab. In seinem Zentrum stand jener dreibeinige Holzschemmel, auf dem der Wahrsager seine Eingebungen empfangen hatte.

Als ich versuchte, diesen besonderen Punkt auch in seiner höhenmäßigen Lage zu bestimmen, spürte ich ganz deutlich, daß sich der Brennpunkt dieses Kreuzungsphänomens etwa in Höhe der Tischkante befand. Er schien sozusagen als «Strahlenbündel» im Bauchbereich des Sikidy-Mannes zu schweben. Dies berührte mich deshalb sehr eigenartig, weil ich schon zuvor, während des Orakels, das merkwürdige Gefühl hatte, als würde der alte Mann die wenigen Worte, die er von sich gab, gar nicht verstandesmäßig vom Kopf aus formulieren. Vielmehr klang es so, als gestalte sich alles, was er sagte, aus der Tiefe seines Unterbauches heraus.

Aber wer sprach da? War es überhaupt der einfache Bauer, der in seinem abgetragenen braunen Mantel vor uns saß, oder sollten sich etwa wirklich die Geister dieses Ortes seiner Stimme bedienen?

Da ich die Tragfähigkeit meines Verstandesbewußtseins durch derartige Gedankengänge nicht unnötig überfordern wollte, versuchte ich, mich wieder in die Rolle des nüchternen Beobachters zu versetzen und überlegte, wie ich endlich das geomantische Gespräch mit dem Sikidy-Mann in Gang bringen konnte. So bat ich unser Übersetzerteam, ihn darauf aufmerksam zu machen, daß er aus meiner Sicht auf einem ausgesprochen guten Platz, auf einem «Ort der Kraft», saß.

Mehr als zu einem flüchtigen Lächeln konnte ich ihn dadurch allerdings nicht bewegen. Meine radiästhetische Enthüllung schien ihn also sichtlich wenig zu beeindrucken. Oder sollte dieses kurz aufflackernde Lächeln eine Art Hinweis sein, daß er von der besonderen Standortqualität seiner Orakelstätte wußte?

Vielleicht war es aber auch lediglich als Zeichen von Mitleid zu werden, weil ich am Gesamtphänomen des magischen Geschehens seiner seherischen Tätigkeit die Äusserlichkeit der lokalen Feldverhältnisse für so wichtig nahm.

Ein sonderlich glücklicher Einstieg in unser geomantisches Gespräch schien mir jedenfalls nicht gelungen zu sein.

In dieser Situation wurde mir plötzlich bewußt, wie beschränkt der Blickwinkel meiner radiästhetischen Betrachtungsweise letztlich war, und es kamen mir die ersten Zweifel, ob ich mich damit nicht auf eine Methode eingelassen hatte, die mich in gewisser Weise sogar daran hinderte, das eigentlich Wesentliche eines «Ortes der Kraft» zu finden.

Die bedächtigen Worte des Sikidy-Mannes erlösten mich aus meiner Nachdenklichkeit. Natürlich konnte ich zunächst nichts von dem verstehen, was er sagte, denn die Abwicklung der Übersetzung sollte erst allmählich in Gang kommen. Trotzdem berührten mich seine Worte in eigenartiger Weise, und ich spürte deutlich, daß mir durch sie eine ganz besondere Art von Herzlichkeit entgegenströmte.

Auf diese Weise entwickelte sich dann ein für mich äußerst lehrreiches Gespräch, in dessen Verlauf mir der Orakelleger einiges von seinem geomantischen Wissen näherzubringen versuchte, während ich in erster Linie als aufmerksamer Zuhörer in Erscheinung trat. So bemühte er sich, mir klarzumachen, daß er während des Sikidy mit den Geistern seiner Ahnen sozusagen in direkter Verbindung stehe. Ja, sie handelten und sprachen in gewissem Sinne durch ihn. Diesen Kontakt könne er zwar jederzeit und an jedem Ort herstellen, aber bestimmte Orte und Zeiten würden sich eher dafür eignen. Jener Platz, auf dem er sich befinde, habe sich jedenfalls seit vielen Jahren bestens dafür bewährt.

Er rufe also im Rahmen des Sikidy die Geister des «Zwischenreiches» – in das die Verstorbenen nach ihrem leiblichen Tode eintreten – an und überlasse sich ganz deren weisheitsvoller Führung. Damit schaffe er die Voraussetzung, daß diese sich sozusagen seiner bedienen und durch ihn sichtbare Zeichen setzen können, welche er, wiederum mit geistiger Hilfe der Ahnen, zu «lesen» imstande sei. So sei für ihn als «Seher» aus den sich abzeichnenden Linienmustern ersichtlich, wie es um den Stand der Schicksalsverwobenheiten jenes Menschen steht, für den das Orakel befragt wurde.

Zu einer geomantischen Beratung, zu der er sich in besonderem Maße berufen fühle, benötige er zunächst das Geburtsdatum der Person, für die das Haus gebaut werden soll. Damit liege ihm eine Art Schlüssel vor, mit dem er sich unter Anwendung des Sikidy einen geistigen Zugang zum Schicksalsgefüge des Ratsuchenden verschaffen könne. Dies sei wiederum deshalb wesentlich und wichtig, weil jeder Mensch auf Grund der durch die Geburtsstunde bedingten kosmischen Prägungen ganz bestimmte elementare Kräfte benötigen würde, um sich seinen veranlagten Wesensmerkmalen gemäß zu entwickeln.

Was im Geburtshoroskop gewissermaßen als individuelles Schicksalspotential «angestimmt» wird, klinge durch das ganze Leben fort und trage damit zu jener charakteristischen Grundschwingung bei, die ausschlaggebend dafür sei, ob jemand auf diese oder jene elementaren Einflüsse im Sinne von Harmonie oder Disharmonie, von Gesundheit oder Krankheit besonders ansprechbar ist.

Es wäre also wenig sinnvoll, einen Bauplatz geomantisch beurteilen zu wollen, ohne zu wissen für wen, für welche Art von Schicksalsstruktur die dem Orte innewohnenden Kräfte geeignet sein sollen. In erster Linie bestünde seine geomantische Aufgabe somit darin, zu klären, wie es um die dem Menschen «anhaftenden Geister» stehe, und herauszufinden, ob diese mit den «Ortsgeistern» des in Frage kommenden Bauplatzes in Einklang zu bringen waren. Dabei müsse er den betreffenden Ort nur dann auch persönlich aufsuchen, wenn es sich um völlig unbebautes Land handle. Sofern in der näheren Umgebung bereits Häuser stehen, die nach geomantischen

Regeln errichtet wurden, sei dies nicht nötig, und er könne gewissermaßen von seinem Orakelplatz aus mit Hilfe des Sikidy «sehen», inwieweit sich die dem Körper des Bauherrn innewohnenden Wesensstrukturen mit jenen des Baugebietes vertragen.

Inzwischen war mir aufgefallen, in welch eindringlicher Weise der Sikidy-Mann das ganzheitliche Prinzip zu beschreiben versuchte, das seiner geomantischen Beratung zu Grunde lag. So sprach er nicht nur von einzelnen Kräften und ihren Wirksamkeiten, von Teilelementen, die das Schicksalsgefüge prägen, sondern er hob ihr Zusammenspiel hervor, das Verwobensein des Menschen im Schicksalsstrome, der sich wiederum aus dem Wirkungszusammenhang der Geister von Himmel und Erde, von Diesseits und Jenseits ergäbe.

Wollte er mich damit vielleicht auf gewisse «Schwachstellen» der westlichen Weltanschauungsweise aufmerksam machen, die uns die Welt lediglich als eine Summe wesenloser Teile erscheinen lässt? Oder war für ihn als «Seher» auch «sichtbar», daß da jemand vor ihm saß, der den Phänomenbereich der unsichtbaren Umwelt bisher doch eher etwas einseitig behandelt hatte, indem er «Störzonen» als Bestandteile eines vom Menschen unabhängigen Feldes aufzuspüren und zu «beweisen» versuchte?

Erneut erhob er seine Stimme und sprach vom Zusammenspiel der positiven und der negativen Kräfte, aus dem sich jene charakteristischen Wesenszüge ergeben, die den Geistern eines Ortes eigen waren. Dabei würden die «Gesichtszüge» der «Ortsgeister» nicht nur an verschiedenen Plätzen anders «aussehen». Auch im Laufe der Zeit könne sich Wesentliches daran ändern. Das Spiel der Kräfte offenbare sich also als orts- und zeitabhängiges Phänomen, und je nachdem, welche Kräfteprinzipien im Menschen gerade die Oberhand haben, würde er selbst auch in unterschiedlichster Weise darauf ansprechen.

Auf die Frage, ob er Plätze, an denen «ungünstige Verhältnisse» herrschen, sozusagen von den «störenden Elementen» befreien könne, ließ er mich wissen, daß er vor allem durch Mischungen aus getrockneten Pflanzen, die er in die Fundamente des Hauses eingraben läßt, eine Art «Entstörung», einen Ausgleich der Kräfte, herbeizuführen in der Lage sei. Er wäre also in einem gewissen Rahmen imstande, durch die den Pflanzen innewohnenden Geister Veränderungen im Sinne einer Harmonisierung durchzuführen. Bei derartigen Ausgleichsbemühungen verwende er fast ausschließlich pflanzliche Rezepturen. Nur in manchen Fällen sei es notwendig, dabei auch ein Mineral, das er «Stein des Lebens» oder «Lebenskräftestein» nennt, einzubeziehen.

Derartige «Entstörmaßnahmen» seien aber nicht das erste, was er anstellen würde, wenn sich ein Bauplatz als nicht sehr günstig für den Bauherrn herausstellen sollte. Es könne nämlich sein, daß das Problem nicht nur am unrechten Ort liegt, sondern an der «falschen» Zeit. Der Zeitpunkt für einen Hausbau spiele im Rahmen der Schicksalsverwobenheiten genauso eine Rolle wie der Ort, an dem das Haus errichtet werden soll. Wenn sich der Bauplatz als nicht optimal herausstellt, versuche er also zunächst mit Hilfe des Sikidy, jenen Zeitpunkt herauszufinden, zu dem die Ortsgeister dem Bauherrn besser gesinnt und ihn in Wohlwollen aufzunehmen bereit sind.

Allerdings gäbe es durchaus Situationen, wo im Zusammenhang von Raum und Zeit für den Bauherrn kein günstiger «Einstiegspunkt» gefunden werden kann. Dann sei er auf seine mineralisch-pflanzlichen «Entstörrezepturen» angewiesen.

Aber auch da können Gegebenheiten vorliegen, wo es wenig Sinn hat, derartige Maßnahmen zu versuchen, weil trotz allem zwischen Mensch, Standort und Zeitpunkt kein rechter Einklang zu erzielen ist. In so einem Fall bliebe nichts anderes übrig, als für den Betroffenen einen anderen Platz zu suchen.

Bewundernd nahm ich zur Kenntnis, mit wieviel Aufwand man sich hierzulande darum bemühte, bei einer geomantischen Beratung auf die individuell veranlagten Wesensstrukturen einzugehen. Ich hatte den Eindruck, daß der Mensch hier wirklich noch als Mittelpunkt seiner Welt, in die er schicksalhaft einverwoben war, erkannt und ernstgenommen wurde. Dabei schien man Bauherrn und Bauplatz regelrecht als Art «Lebensgefährten» anzusehen, die sich verstehen und miteinander auskommen mußten, damit sich die auferlegten Erdenaufgaben auch schicksalsgemäß verwirklichen konnten. Aber welche weiteren geomantischen Schritte würden dann folgen, wenn sich Mensch und der Standort nun endlich «gefunden» hatten und vorauszusehen war, daß sie sich «gut vertragen» werden?

Lächelnd nahm der Sikidy-Mann meinen Ansatz von Ungeduld zur Kenntnis und ließ mich wissen, daß damit das Wesentliche seiner Arbeit eigentlich abgeschlossen sei. Alles, was nun folgen würde, wäre genau geregelt, und normalerweise werde der Orakelleger nicht mehr weiter benötigt. Denn wenn durch ihn zwischen Bauherrn und Bauplatz der Einklang hergestellt war, brauchte nur mit den in der näheren Umgebung des Grundstückes verfügbaren Materialien nach den seit alters her bewährten geomantischen Regeln der für die Gegend «zuständige» Haustyp errichtet zu werden.

Neben seinem sozusagen «lebendigen» geomantischen Wissen und seiner Fähigkeit, verschiedene Qualitäten von Raum und Zeit zu unterscheiden und in die Lebenszusammenhänge einzubeziehen, bestehe somit auch eine gewissermaßen «fertige», rezeptartig geregelte, dogmatisierte Vollzugsebene der Geomantie.

Wenn durch das magische Ritual des Sikidy der rechte Ort und die rechte Zeit für den Hausbau «gesehen» worden war, hatte man also lediglich den durch Jahrhunderte geomantisch bewährten «Standard-Grundriß» in der rechten Weise in die Landschaft einzufügen. Dieser weist die Form eines Rechteckes bestimmter Proportion und Größe auf und wird stets über die Längsseite erschlossen.

Die Anordnung des Gebäudes in der Landschaft und seine Ausrichtung nach den Himmelsrichtungen ist auf dieser rezepthaften Ebene genauso in Regeln festgehalten, wie die Aufteilung des Innenraumes. So sei etwa auch festgelegt, wo wer und was seinen Platz hat – wie zum Beispiel der Feuerplatz, als wesentlicher «Lebensmittelpunkt» des häuslichen Geschehens, die Ahnenecke und der Schlafplatz für den Hausherrn.

Eigentlich müsse man den aus dem alten Wissen der Geomantie erwachsenen Haustypus wie ein sehr genau abgestimmtes «Instrument» verstehen, in dem auch geistige Kräfte der Vergangenheit als «Weisheit der Väter» miteingebaut sind. Dadurch sei gesichert, daß die Bewohner sowohl in der Gegenwart als auch in der Zukunft ihre individuelle «Lebensmelodie» im Einklang mit dem geomantischen Erbe der Vorfahren spielen können.

Allerdings wäre es trotz diesem altbewährten Haustypus für jeden, der sich eine Behausung verschaffen will, unbedingt notwendig, sein eigenes Haus auf einem ihm angemessenen Platz zu errichten. Er sollte also nicht etwa ein leerstehendes Gebäude einfach übernehmen und sich dadurch in unnötiger Weise «Ortsgeistern» aussetzen, die ihm nicht gemäß sind. Zudem bestehe die Gefahr, daß er dabei «störende» geistige Elemente antrifft, die der Vorgänger als «unerlöste Gedanken» zurückgelassen hat. Ja, es könne so manches Unliebsame in dem Gemäuer eines alten Hauses «herumgeistern», obwohl im Rahmen des madegassischen Totenkultes einige geomantisch wirksame «vorbeugende Maßnahmen» enthalten seien, um ein «Geistern» der Verstorbenen weitgehendst zu verhindern.

Näheres ließ der Sikidy-Mann über dieses Teilgebiet der Geomantie allerdings nicht verlauten. Vielmehr deutete er an, daß damit das Wesentlichste zu unserem Gesprächsthema gesagt sei.

Mit einem bedächtigen Kopfnicken lauschte er noch der Übersetzung seiner Ausführung, und nachdem auch die letzten Worte davon verklungen waren, sah es für einige Augenblicke regelrecht so aus, als würde er selbst in seinem eigenen Schweigen versinken.

Eine ganze Weile saß er völlig regungslos da. Nur sein Blick, der auf mir ruhte, verriet eine gewisse Art reger Wachsamkeit.

Plötzlich spürte ich ganz deutlich, wie mich allmählich ein eigenartig wohliges Gefühl umfing, so, als hätte mich eben ein Sonnenstrahl berührt und mit seiner lichtvollen Wärme eingehüllt.

War das lediglich auf das wohlwollende Lächeln zurückzuführen, das mir der Orakelleger schenkte, oder hatte dieser angenehme Schauer auch etwas mit jenem sonnenhaften Gebilde zu tun, das innerhalb des Sikidy-Mannes zu schweben schien und seit einigen Augenblicken merklich eine Art «innerer Regung» zeigte?

Natürlich versuchte sich mein Verstand gegen derartige Vorstellungen zu wehren. Aber irgend etwas in mir ermahnte mich, die besondere Stimmung, die auf einmal im ganzen Raum herrschte, nicht durch meine skeptischen Gedanken unnötig zu stören.

So kam es, daß ich noch eine ganze Weile dieses wohltuende Gefühl des Geborgenseins in einem unsichtbaren Kraftfeld verspürte.

Dieses eigenartige Erlebnis trug sicher wesentlich dazu bei, daß ich es dann gar nicht mehr so absonderlich fand, als ich nicht nur dem Orakelleger für das Gespräch dankte, sondern mich innerlich auch vor jenen weisheitsvollen Geistern verneigte, mit denen er offenbar tatsächlich in recht guter Verbindung stand.

Auf unserer Studienreise durch Madagaskar sollte dies nicht die einzige Begegnung mit einem «Eingeweihten der Geomantie» sein. So konnten wir uns auch in anderen Landesteilen davon überzeugen, daß hier noch Menschen lebten, denen anscheinend ein Wissen zur Verfügung stand, das sie befähigte, sich gewissermaßen mit den «Geistern der Erde» zu verständigen und sich mit ihnen ins Einvernehmen zu setzen.

Dabei ging es sichtlich nicht nur um das Auffinden eines günstigen Bauplatzes und um die rechte Anordnung und Gestaltung von Bauwerken, sondern ganz allgemein darum, seine gesamte Lebensweise auf die elementaren Kräfteprinzipien der Landschaft abzustimmen.

In diesem Zusammenhang schien es auch völlig wesensverschiedene geomantische Verhaltensweisen zu geben.

So versuchte die seßhafte Bevölkerung vor allem ungünstige «Ortsgeister» zu meiden oder zu besänftigen, um sich sozusagen eine «sichere Insel» im Strome des zeitlichen Geschehens zu schaffen, während sich die Nomaden völlig dem Willen der «Zeitgeister» unterordneten und sich vom elementaren Kräftespiel des Jahreslaufes an den jeweils lebensnotwendigen Standort führen ließen.

Das Sikidy galt in beiden Fällen als unerläßliches Instrument, um sich einen Einblick in den Stand des Schicksalsgeschehens zu verschaffen und die entsprechenden Hinweise «höherer Mächte» zu erhalten. Allerdings schienen es nicht immer nur «gute Geister» zu sein, die die Orakelleger anriefen, denn so manch düstere und eher schwarzmagisch anmutende Atmosphäre verriet, daß mitunter auch sehr «niedere geistige Kräfte» im Spiel waren.

Neben den Begegnungen mit Praktikern der Geomantie, durch die ich mich in vielfältiger Weise von der «Lebendigkeit» dieses Wissens überzeugen konnte, sollte ich auf unserer Reise auch die Gelegenheit erhalten, Gebäude und Kultplätze radiästhetisch zu untersuchen. Die dabei festgestellten Reaktionszonen wiesen in allen Fällen eindeutige Beziehungen zu den jeweiligen Bauwerken auf, wobei Richtplätze, Grabstätten, Opferaltäre, Fetisch-Schreine und anderes mehr ihre ganz typischen Strukturbilder ergaben. Überraschenderweise zeigten auch einfachste Wohngebäude eine klare Zuordnung zu bestimmten Feldanomalien, wobei im wesentlichen die Mauern im Bereich negativer Zonen lagen, während durch den Eingang stets eine ausgeprägte Überlegung positiver Zonen verlief.

Aus der Sicht meiner radiästhetischen Betrachtungsweise zeichneten sich die Untersuchungsobjekte also jeweils durch charakteristische Feldmuster aus.

Was mich in diesem Zusammenhang allerdings etwas nachdenklich stimmte, war, daß keiner der «Eingeweihten der Geomantie», denen ich begegnete, die von mir festgestellten Strukturelemente auch nur erwähnt hatte. Sollten diese Perspektiven der lokalen Feldverhältnisse für sie nicht «sichtbar» sein, oder richteten sie sich im Rahmen ihrer geomantischen Praxis mehr unbewußt danach? Vielleicht wurde diese Erscheinungsebene der lokalen Feldmuster von ihnen aber auch nicht für so wichtig genommen, weil sie einen «direkten Blick» dafür hatten, wie es um jene Geister stand, die an einem Ort herrschten, und was baulich zu tun war, um ihre «Gesichtszüge» freundlich zu stimmen?

So brachten Theo Ott und ich neben einer Fülle unvergeßlicher Erlebnisse und der Erfolgsmeldung, daß auf Madagaskar die alte Kunst und Wissenschaft der Geomantie tatsächlich noch lebte, auch zahlreiche offene Fragen mit nach Hause, die uns noch lange beschäftigen sollten.

Kultstättenperspektiven in der radiästhetischen Literatur

Im Zuge der Aufarbeitung der vielen offenen Fragen, die durch meine Erlebnisse in Madagaskar entstanden waren, kehrte ich wieder zurück zu meinen Literaturstudien über ortsgebundene Besonderheiten, die mit der Errichtung von Kultbauten in Zusammenhang stehen sollen. Dabei begann ich auch radiästhetische Schriften systematisch nach entsprechenden Hinweisen zu durchforsten.

Vor allem interessierte mich dabei, ob auch andere Rutengänger auf ähnliche Strukturelemente gestoßen waren wie ich.

Auf diese Weise wurde ich auf eine ganze Reihe von Aussagen verschiedener Personen aufmerksam, die, unabhängig voneinander, mit unterschiedlichsten, meist nicht näher angegebenen Methoden im Bereich von Kirchen und Kultplätzen radiästhetische Reaktionsphänomene festgestellt hatten.

Die älteste Theorie, wonach religiöse Monumente von «Wasserzonen» bestimmt sein könnten, stammt demnach wahrscheinlich von den beiden französischen Archäologen L. Merle und Ch. Diot, die 1933 und 1935 darüber berichteten. Sie behaupten, alle prähistorischen Begräbnisstätten und einfachen Steinbauten in Frankreich lägen im Bereich unterirdischer Strömungen, und die Steinalleen in Carnac seien nach parallel zueinander verlaufenden Untergrundströmen ausgerichtet. 1935 berichtet der Engländer R. Boothby, alle Steingräber und anderen prähistorischen Anlagen würden von terrestrischen Strömungen gekreuzt, und jedes Langgrab weise eine in der vollen Längsrichtung verlaufende Reaktionszone auf.

R.A. Smith, Keeper of the British and Roman Antiquities Department of the British Museum, stellte 1939 fest, daß im Zentrum jeder prähistorischen Kultstätte ein Punkt existieren würde, von dem aus eine Anzahl von Reizstreifen eine ausstrahlende Form ergeben. Er nannte diese Punkte «blind springs». Bei Menhiren und Grabhügeln sollen sich mindestens zwei unterirdische Wasserläufe zeigen, und bei einer Reihe von Untersuchungen englischer Kultstätten konnte Smith einige Fuß vor dem Altarstein eine «verborgene Quelle» lokalisieren, von der aus drei Strömungslinien ausgingen. Auf Grund seiner radiästhetischen Begehungen schließt er, daß die Wahl der Standorte dieser Kultplätze nicht willkürlich, sondern aus geologischen Gründen erfolgte. Offenbar deutet Smith alle radiästhetisch ermittelten Reaktionszonen als «Wasser», da er außer «blind springs» und unterirdischen Wasserstreifen keine speziellen Zonen erwähnt.

Guy Underwood – der Autor des Buches «The Pattern of the Past» – unterscheidet hingegen im wesentlichen drei primäre «geodetic lines» (geodätische Linien), die seiner Ansicht nach in früheren Zeiten zur Markierung und Vermessung der Erdoberfläche verwendet wurden. So erwähnt er «water lines» (Wasserlinien); «aquastats» (Linien, die Wasserlinien ähneln, aber keine sind), «track lines» («Fährtenlinien», die von Menschen und Tieren begangen werden), sowie «blind springs». Nach Underwood rufen diese Primärphänomene außerdem sekundäre Effekte hervor, welche die bauliche Gestaltung von Kultanlagen mitzubestimmen scheinen.

Er ist der Ansicht, das Gemeinsame aller von ihm lokalisierbaren Phänomene liege darin, daß sie von der Erde hervorgerufen werden und Wellencharakter haben. Außerdem würden sie Materie durchdringende Energien darstellen und an der Erdoberfläche differenzierte Muster und Netzsysteme bilden, welche viele religiöse und profane Bauwerke in auffälliger Weise durchziehen oder umgeben. So stellte Underwood fest, daß eine «Wasserlinie» oder ein «Aquastat» oft nahezu gerade durch das Hauptschiff einer Kirche verlaufen und zu einer «blinden Quelle» unter dem Altar führen. Weiter würden gewisse Zonen eine Beziehung zu den Portalen und Fenstern aufweisen. Seiner Auffassung nach wäre es möglich, teilweise zerstörte Bauwerke zu restaurieren oder die ursprüngliche Form und Größe wieder herzustellen, wenn man diese Linien und Liniensysteme und ihre Prinzipien in der rechten Weise zu deuten in der Lage sei. Underwood unterscheidet «positive» und «negative» Linien im Sinne der östlichen Vorstellung des Kräfteprinzips von Yang und Yin. Dabei bezeichnet er «Wasserlinien» als negative, «aquastats» und «track lines» als positive Zonen.

Nach Underwoods Beobachtungen wechseln die Formen einiger Linien im Laufe des Tages, während andere wieder ihre Lage und Gestalt gemäß den Mondphasen verändern. Angeblich konnte er keine Lageveränderungen feststellen, die nicht mit astronomischen Konstellationen zusammenhingen.

In seiner «geodätischen Hypothese» vertritt er die Ansicht, daß die einstigen Architekten vom Vorhandensein dieser Muster im Energiefeld der Erde gewußt hatten, daß sie diese im Rahmen der religiösen Architektur und dem damit verbundenen Symbolismus für sehr bedeutsam hielten und sie deshalb ganz bewußt benutzten. Die Beziehung zu diesen Linienmustern sei von der Jungsteinzeit bis in die Renaissance beobachtbar.

In den «blind springs» sieht Underwood die esoterischen Zentren der alten Religionen und den eigentlichen Mittelpunkt der Kultstätten. Er weist darauf hin, daß in frühen biblischen Tagen so ein Platz verehrt wurde als ein Ort, «wo sich Gott aufhält».

An anderer Stelle wird berichtet, sämtliche Steinwälle radiästhetisch untersuchter Keltenschanzen würden über «Reizstreifen» liegen, und innerhalb der Erdwälle sollen zahlreiche Kreuzungspunkte solcher Zonen aufgetreten sein.

Verschiedentlich wird in der radiästhetischen Literatur auch ganz allgemein auf «Reiz-» oder «Störzonen» im Bereich von Kirchen, Kapellen und Tempelanlagen verwiesen. Im Zusammenhang mit solchen Zonen sollen auch Störungen in der Akustik in Kirchenräumen auftreten, die durch das fachgerechte Spannen von Drähten zu beheben seien.

Werner Christian Simonis schreibt in seinem Buch «Erde, Mensch und Krankheit», daß im Bereich von Kultstätten älteren Datums immer dort, wo die Kulthandlung vollzogen wurde, eine exakte Kreuzung von «Reizstreifen» auftritt. Es werden auch einige Kirchen namentlich angeführt, die derartige nicht näher erläuterte radiästhetische Besonderheiten aufweisen sollen.

Bei den Externsteinen, jener urtümlichen heiligen Stätte im Teutoburgerwald, befinden sich nach Simonis Kreuzungspunkte von Reaktionszonen insbesondere dort, wo der Neophyt – der neu in die Ordensgemeinschaft Aufgenommene – eingeweiht wurde.

Nach Aufzeichnungen des österrreichischen Oberst Carl Beichl – er wurde im ersten Weltkrieg auf Grund seiner außergewöhnlichen radiästhetischen Fähigkeiten von Kaiser Franz Josef dadurch ausgezeichnet, daß er eine goldene Wünschelrute am Kragenspiegel seiner Uniform tragen durfte – verlaufen alte Wege und Straßen teilweise entlang unterirdischer Wasserzonen. Er berichtete, bei der Begehung solcher Pfade habe er die Empfindung, als würde von diesen Zonen eine «unsichtbare Wand» aufragen, an die er sich bei seiner Begehungstechnik gewissermaßen «anlehne», um dem Verlauf der dazugehörigen Wasserlinien «nachzuspüren».

An anderer Stelle wird von einem Rutengänger über radiästhetische Untersuchungen im Bereich der römischen Militärlager Vindobona und Carnuntum berichtet, wonach verblüffende Beziehungen der Straßenzüge und Häuser zu bestimmten Reaktionsstreifen und Netzsystemen festgestellt werden konnten. Auch sollen Mutungen an einigen Kirchen Oberösterreichs klare Beziehungen der Bauwerke zu radiästhetisch hervorragenden Stellen in Form von Kreuzungen positiver Reizzonen ergeben haben.

Der Engländer Tom Graves, der seit Jahrzehnten berufsmäßig radiästhetisch arbeitet und durch sein Buch «Radiästhesie – Pendel und Wünschelrute – Theorie und praktische Anwendung» auch im deutschsprachigen Raum bekannt wurde, konnte im Rahmen seiner Mutungen Stellen ermitteln, die «ortseigentümliche Aufladungen» zeigten. Diese Aufladungen hätten die Tendenz, von Zeit zu Zeit ihre Polarität zu wechseln. Christliche Altäre bleiben nach den Erfahrungen Graves jedoch meist unverändert positiv.

Er deutet an, daß es sich im Falle der Altäre um Reaktionen im Sinne des Yin- und Yang-Prinzips zu handeln scheint.

An anderen Plätzen findet er die Bezeichnungen «aktiv» und «rezeptiv» oder «sendend» und «empfangend» angebrachter, wobei er auch eine «Persönlichkeitsbezogenheit» dieser Orte im konstruktiven und destruktiven Sinne unterscheidet.

Laut Graves können sogar ganze Gebiete solche Auf- oder Abladungen aufweisen. Er verwendet in diesem Zusammenhang auch den Ausdruck «Gelände-Akupunktur».

Einige der von ihm beobachteten Energie-Pulsationen scheinen mit astronomischen Gegebenheiten gekoppelt zu sein – zum Beispiel Planeten-, Mond- und Sonnenkonstellationen –, andere wiederum nicht. Außerdem sei es möglich, diese «Energieströme» und «Pulsationen» als Radiästhet zu aktivieren und zu beeinflussen.

Als «Knoten» bezeichnet Graves jene Punkte, wo sich mindestens zwei «Energielinien» schneiden oder kreuzen.

Die bekannte Wallfahrtskapelle in Altötting wird 877 erstmalig urkundlich erwähnt und stellt damit eine der ältesten Kirchen Deutschlands dar. Sie soll an einem Ort errichtet sein, der schon in vorchristlicher Zeit von kultischer Bedeutung war.
Das Bauwerk ist aus radiästhetischer Sicht durch ringförmige Strukturelemente geprägt, die auf ein als «blinde Quelle» bezeichnetes Phänomen zurückgeführt werden und die vielfach auch das «immaterielle Grundgerüst» prähistorischer Kultplätze darstellen. Im Zentrum dieses «Quellpunktes» kreuzen sich zahlreiche positive Reaktionszonen, wobei eine «primäre Globallinie» durch die Achse des gegen Ende des 15. Jahrhunderts an die ursprüngliche Rundkirche angebauten Langhauses verläuft.

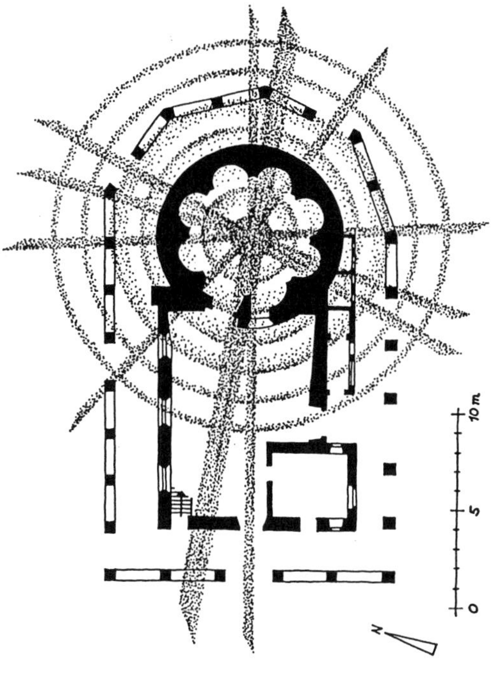

Das Wallfahrtskirchlein St. Magdalena im Gschnitztal (Nordtirol) wird 1307 das erste Mal urkundlich erwähnt, weist aber vorromanische Bauteile auf, die über einer vorchristlichen Kultstätte errichtet sein sollen. Am heutigen Bau lassen sich klar zwei Baustufen unterscheiden. So stammt der westliche Teil des Kirchenraumes aus vorromanischer Zeit und wurde erst Anfang des 15. Jahrhunderts durch den dreiseitig abgeschlossenen Chorraum ergänzt. Aus radiästhetischer Sicht ergibt sich im Bereich der Längsachse des Kirchleins eine sich gegen Westen hin leicht verbreiternde «Wasserzone» mit überlagerter «Globallinie». Vor dem bestehenden Altar werden diese axial verlaufenden Zonen von einer «Linie der Beredsamkeit» gekreuzt. Auch der ältere Teil des Kirchleins weist einen interessanten Kreuzungspunkt auf, an dem diese Strukturelemente ebenfalls beteiligt sind, allerdings in einer regelmäßigeren Anordnung und ergänzt durch eine «Wachstumslinie».

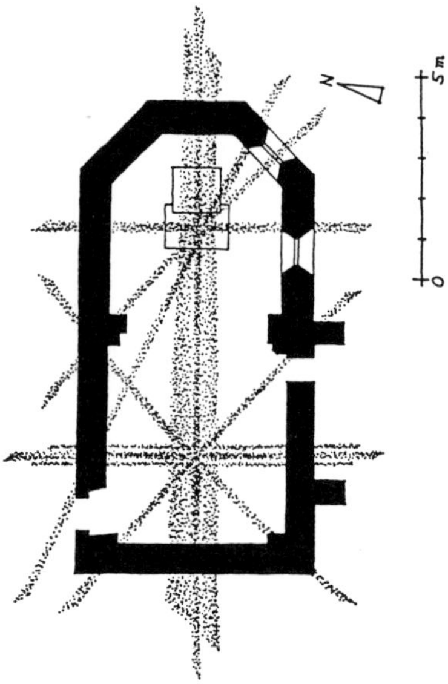

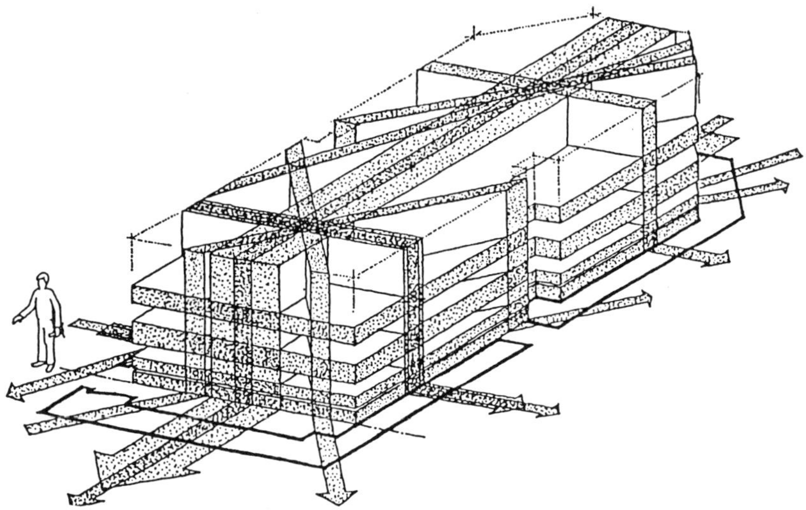

St. Magdalena im Gschnitztal (Nordtirol).
Schematische Darstellung des dreidimensionalen Zusammenhangs der wesentlichen positiven Reaktionszonen.
Neben den im Grundriß dargestellten Zonen, die als senkrechte, scheibenartige Strukturelemente im Raum verlaufen, zeichnen sich parallel zum Fußboden in sehr dichter Weise auch schichtenartige Reaktionsebenen in verschiedener Höhe ab. Unmittelbar über dem Boden wird das lokale Feldgeschehen durch einen Grundpegel einer positiven «Wasserresonanz» beherrscht. Darüber ruht eine Schicht, die sich als Durchdringung einer horizontalen Global- und einer Wachstumszone ergibt. In Brusthöhe breitet sich im Raum eine klar ausgeprägte Ebene einer «Medialzone» aus, und etwa in Kopfhöhe folgt eine weitere horizontale Wachstumszone.
Aus radiästhetischer Sicht stellt sich das Standortmilieu des Kirchleins somit als dreidimensionales Gebilde dar, das sich im wesentlichen aus der Durchdringung und Verschränkung vertikaler und horizontaler Feldstrukturen ergibt, die aus verschiedenen Raumesrichtungen ineinandergreifen.

Er weist ausdrücklich darauf hin, daß zur Gesamterscheinung des Energieknotens auch die bauliche Anlage zählt und sich Linienmuster und Bauwerk gegenseitig zu beeinflussen scheinen.

Graves spricht auch von Knoten in verschiedenen Höhen, wie sie sich etwa an Stützpfeilern alter Kirchen feststellen lassen.

Ferner erwähnt er, daß gewisse Plätze «Richtungsstrahlen» aufweisen, die mit irgendwelchen anderen Punkten in Beziehung stehen. Es gebe auch Fälle, wo von einem einzigen Punkt aus vierzig oder fünfzig verschiedene Richtungsangaben gemacht werden können, die dann entsprechend schwierig auseinanderzuhalten seien.

Graves berichtet weiter über gewisse «Fließverbindungen» und «Fließfaktoren», die zwischen zwei Punkten aufzutreten scheinen und eine Art Übertragung der «Ladung» von einem Punkt zum anderen bewirken. Derartige Strömungen verlaufen seiner Ansicht nach gewöhnlich in geraden Linien oberhalb des Erdbodens.

Graves weist in diesem Zusammenhang auf «Ladungsfließlinien» hin, die sich meilenweit zwischen zwei in Verbindung stehenden Punkten erstrecken können, und zwar in Form einer absolut geraden Linie von nur wenigen Zentimetern Breite.

Besondere Orte und Bauwerke wie Kirchen, alte Grabhügel, aufrechte Steine und Steinsäulen würden in zahlreichen Fällen auf diese Weise energetisch miteinander verbunden sein.

Rober Endrös schreibt in seinem Buch «Die Strahlung der Erde und ihre Wirkung», daß er an verschiedenen Bauten von der Antike bis in die Barockzeit Beziehungen zu unterirdischen Wasserläufen feststellen konnte, deren Einfluß auf das lokale Strahlungsmilieu heute in gewissem Rahmen auch technischen Meßfühlern zugänglich sei. Vor allem keltische Kultstätten würden nach seinen Untersuchungen einen Bezug zu gewissen Bodenausstrahlungen aufweisen, wobei die lokalen Feldverhältnisse zum Teil durch elektromagnetisch wirkende Einbauten in einer charakteristischen Weise geprägt seien. Endrös erwähnt auch eine Reihe von Kirchen, die über keltischen Kultanlagen errichtet sind – zum Beispiel San Vitale in Ravenna, die Kathedrale von Chartres und die Stiftskirche von St. Gallen –, und betont, daß durch das Standortmilieu an derartigen Plätzen eine Art euphorische Gefühlslage angeregt werde, die offensichtlich durch die gezielte Wahl solcher Plätze für Kultstätten von den keltischen Priestern angestrebt worden war.

Je nach der persönlichen Orientierung in seelischer Hinsicht können, laut Endrös, über spezifischen Strukturen in der Bodenausstrahlung Erscheinungen auftreten, die dann von gläubigen Menschen vielfach als Wunder angesehen werden.

Weiter weist er darauf hin, daß gerade Volkssagen über Visionen und Erscheinungen im Zusammenhang mit der Standortwahl von Kultbauten eine unerschöpfliche Fundgrube von Orten mit außergewöhnlichen geophysikalischen Strahlungsverhältnissen darstellen.

In seinem Buch erwähnt Endrös auch eine in Heroldsbach aufgetretene Marienerscheinung, wo sich das Gelände geophysikalisch durch einen sich teilenden Grundwasserlauf in geringer Tiefe auszeichnet. Es sollen hier mehrfach außergewöhnliche Erscheinungen über dem Gelände gesehen worden sein.

Auch das Globalnetzgitter könne mit Erscheinungen in Zusammenhang stehen, die als Wunder im religiösen Sinne an verschiedenen Orten gedeutet werden.

Endrös schreibt, er habe einige Punkte, an denen derartige Ereignisse aufgetreten sind, geophysikalisch untersucht und sei jeweils auf entsprechende lokale Strahlungsanomalien gestoßen.

Er schließt daraus, daß die Empfindung des Strahlungsmilieus für den Menschen der Vorzeit und früher christlicher Kulturen ein Gegenstand bewußten Erlebens war.

Auch Reinhard Schneider – der Erfinder der «Lecher-Rute» – äußert die Ansicht, die Kelten sowie andere alte Kulturkreise hätten ein Wissen um die verschiedenen Standortqualitäten gehabt und ihre Kultstätten ganz gezielt im Bereich radiästhetisch signifikanter Zonen errichtet. Verschiedene Netzsysteme sowie Wasserzonen seien dabei wesentlich gewesen.

So berichtet Schneider unter anderem über Beziehungen von Achteck-Kirchen und frühromanischen Domen zu einer Reihe von Reaktionsstreifen.

Auf Grund seiner radiästhetischen Untersuchungen scheinen gewisse Liniensysteme auch in Zusammenhang mit alten Grenzsteinsetzungen berücksichtigt worden zu sein.

In den letzten Jahren sind in der Literaturszene der Rutengänger und Pendler noch eine ganze Reihe weiterer Untersuchungsergebnisse über radiästhetische Besonderheiten im Bereich von Kirchen und Kultstätten aufgetaucht, die alle zu bestätigen scheinen, daß heilige Orte ein außergewöhnliches energetisches Fluidum aufweisen. Trotz verschiedenartigsten radiästhetischen Anschauungsweisen und Mutungsmethoden ergibt sich dabei übereinstimmend, daß vor allem im Zentrum der Kultbauten signifikante Überlagerungen und Kreuzungen mehrerer Reaktionszonen gefunden werden, so, als ob sich aus den Strukturen der lokalen Feldverhältnisse deutlich ein «Ort der Kraft» als besondere Standortqualität abheben würde.

Weitere Hinweise über «Orte der Kraft»

Neben den bisher erwähnten Hinweisen, denen zufolge heilige Stätten mit ortsgebundenen Besonderheiten in Zusammenhang stehen sollen, stieß ich bei meinen Literaturstudien noch auf eine Reihe weiterer Andeutungen, aus denen hervorging, daß es Zonen und Punkte in Raum und Zeit geben soll, welche für übersinnliche Wirklichkeiten und Erscheinungen von besonderer Bedeutung seien.

So weist Rudolf Steiner – der Begründer der Anthroposophie – darauf hin, daß die Erde keineswegs ein Wesen ist, das überall das Gleiche auf seine Bewohner hinaufstrahlt. Neben den aus der Erde heraufkommenden elektrischen und magnetischen Kräften gäbe es auch solche, die vielmehr in das Gebiet des Lebendigen hineinreichen – also nicht physikalischer Natur sind – und die den Menschen an verschiedenen Punkten der Erde in mannigfaltiger Weise beeinflussen können.

Aus der geisteswissenschaftlichen Sicht der Anthroposophie stellen radiästhetische Reaktionszonen und Reizstreifen Bereiche dar, in denen sich «übersinnliche», ätherische Kräfte des «Klang-» oder «chemischen Äthers» im Rahmen «untersinnlicher» physikalischer Phänomene und Erscheinungsformen offenbaren.

Nach Steiner wirken sich diese Zonen lebensfördernd aus, wenn die Kräfte des Ätherischen vorherrschen. Sie führen seiner Ansicht nach aber zur Verminderung der Lebenskräfte der mit diesen Bereichen konfrontierten Lebewesen, wenn Elektrizität, Magnetismus und atomare Kräfte dominieren.

An anderer Stelle wird darauf hingewiesen, daß es an Orten, die in dieser Hinsicht besonders günstige Bedingungen aufweisen, für den Menschen bevorzugt möglich sei, höhere geistige Wirklichkeiten zu kontraktieren. In der «Geist-Atmosphäre» solcher Plätze sei es «geistigen Wesenheiten» auch eher möglich, in für den Menschen wahrnehmbarer Form «Gestalt» anzunehmen.

So stelle die «Pforte des Himmels», die Jakob am heiligen Ort seiner Schauung der «Himmelsleiter» erkennt, keine Türe von einem Raum in den anderen dar, sondern einen Übergang vom Raum zum «Über-Raum», eine Umschaltstelle des Bewußtseins.

Diese «Eingänge», diese «Pforten» in ein anderes Bewußtsein sollen an gewissen Orten leichter zustande kommen, und sie können in die «Überwelt», aber auch in die «Unterwelt» führen.

Im Buch «Gespräche mit Seth» wird von J. Roberts ausgeführt: « . . . daß gewiße Punkte auf der Erde existieren, die ein ‹großes Energiepotential› enthalten und an denen andere Bewußtseinsformen innerhalb der physischen Welt koexistieren . . . ».

Diese Punkte werden als «Koordinationspunkte» bezeichnet, an denen mehrere Realitäten miteinander verschmelzen können.

Es gäbe Hauptkoordinaten, die mathematisch rein und Quellen phantastischer Energien seien, sowie untergeordnete Koordinationspunkte in gewaltigen Mengen.

Es wird auch darauf hingewiesen, daß in der Nachbarschaft all dieser Punkte eine ganz minimale Veränderung der Schwerkraft auftritt und all die sogenannten physikalischen Gesetze hier mehr oder weniger starken Schwankungen unterworfen sind.

Die untergeordneten Punkte würden als «Stützen» innerhalb der unsichtbaren Energiestrukturen dienen. Die Energiemenge, die in den untergeordneten Punkten gespeichert ist, unterscheide sich beträchtlich von der in den Hauptpunkten vorhandenen.

Es heißt weiter, daß sich die untergeordneten Punkte sehr konkret auf das praktische Leben auswirken sollen. Es gäbe Orte, die besser geeignet seien als andere, um Häuser darauf zu errichten, Orte, an denen Gesundheit und Vitalität gestärkt würden.

Diese Punkte seine zwar unsichtbar, aber als «intensivierte Energie» durchaus spürbar.

Der gesamte Weltraum sei mit solchen Koordinationspunkten durchsetzt, und manche Leute hätten ein intensives Gespür dafür. Auch würden die Koordinationspunkte zu bestimmten Zeiten stärker empfunden als zu anderen, wobei diese Schwankungen mit dem Wesen der Zeit zu tun hätten. Zudem könnten andere Faktoren auf diese besonderen Punkte einwirken. So sei es etwa möglich, durch Gefühle und Empfindungen die Energieknoten zu aktivieren.

Man könne diese Punkte auch als «unsichtbare Kraftwerke» bezeichnen, die – sobald ein Gedanke oder Gefühl von hinreichender Intensität sie berühre – zu arbeiten beginnen.

Die Koordinationspunkte selbst würden das, was sie aktiviert, auf völlig neutrale Weise intensivieren.

Carlos Castaneda schildert in seinen Büchern «Reise nach Ixtlan – Die Lehre des Don Juan» und «Die Lehren des Don Juan – Ein Yaqui – Weg des Wissens» immer wieder, wie er durch seinen Lehrer Don Juan angeleitet und angewiesen wurde, für seine bewußtseinserweiternden Übungen und Meditationen bestimmte Punkte aufzusuchen oder sich an gewissen Orten aufhalten, um sich energetisch aufzuladen.

Zum Teil wird dabei betont, daß er auf solchen Punkten seinen Blick nach Osten richten solle.

Es werden «wohltätige» Punkte und deren Gegenstücke –«feindliche», negative Stellen – erwähnt, und Don Juan beschreibt auch eine Technik, mit der man solche Punkte «empfindend» und «mit den Augen fühlend» wahrnehmen könne.

Er spricht von «Orten der Kraft» und erläutert, wie man lernt, sich diese Kraft zugänglich zu machen, und daß einen Tiere – zum Beispiel Vögel – zu solchen Orten führen können.

Diese Punkte werden von Don Juan auch als «Orte der Erleuchtung» bezeichnet, wo man Lehren erhalten und Lösungen für Probleme finden könne. Er weist darauf hin, daß gewisse Manifestationen der Kraft solcher Orte ihre Auswirkungen in den Träumen zeigen und empfiehlt auch, an solchen Stellen zu übernachten, um seine Gefühle und Gedanken zu ordnen und um den Geistern den Zugang zum menschlichen Bewußtsein zu erleichtern.

Der Mensch im Wirkungsfeld lokaler Strahlungsphänomene

Obwohl mir im Rahmen meiner radiästhetischen Erfahrungen bewußt geworden war, daß die Rutenreaktionen nicht notwendigerweise mit Strahlungen im physikalischen Sinne im Zusammenhang stehen mußten, begann ich mich bei meinen weiteren Erhebungen zum Thema «Orte der Kraft» doch intensiver mit dem vielschichtigen Spektrum physikalisch erfaßbarer und erklärbarer Umweltfaktoren zu beschäftigen. Auf diese Weise nahm für mich nicht nur das physikalische Vorstellungsbild einer vom Menschen unabhängigen «objektiven» unsichtbaren Umwelt in Form elektromagnetischer Schwingungsphänomene konkretere Gestalt an, sondern ich wurde auch mit den Möglichkeiten und Grenzen der naturwissenschaftlichen Erforschbarkeit des Erfahrungsfeldes Radiästhesie vertrauter.

(In seinem Beitrag «Radiästhesie – Erfahrungsfeld zwischen Glauben und Erkennen» – im Buch «Mensch, Wünschelrute, Krankheit», erschienen im M&T Verlag–geht der Autor näher auf diese Thematik ein.) Dabei kam mir die Beschränktheit und Relativität der derzeit etablierten Weltanschauungsweise der Naturwissenschaften erst so richtig zum Bewußtsein.

Durch die theoretische und praktische Auseinandersetzung mit den physikalischen Dimensionen unserer Umwelt wuchs also meine kritische Einstellung gegenüber den wissenschaftlichen Methoden und den durch sie erzielten Erkenntnissen. Zugleich wurde mir die Philosophie verständlicher, die der naturwissenschaftlichen Geisteshaltung zugrunde liegt, und ich begann zu begreifen, daß man mit Hilfe dieser Weltanschauungsweise nur einen ganz bestimmten Teil der Wirklichkeit zu realisieren vermag. Allmählich lernte ich in diesem Zusammenhang, den «objektiven» Meßergebnissen – also jenen Perspektiven der physischen Erscheinungswelt, die durch die Anwendung «verlängerter Sinne» in Form von Meßgeräten entstehen – im Rahmen meiner Erfahrungen einen angemessenen Stellenwert zuzuordnen.

Und im Laufe der Zeit fand ich mich auch mit jener Art von Strahlungsphänomenen immer besser zurecht, die sich durch die physikalische Betrachtung der Welt ergeben.

Demnach sind alle Körper unseres physischen Universums mit Temperaturen über dem absoluten Nullpunkt von minus 273,16 Grad Celsius durch eine elektromagnetische Strahlung charakterisiert, die ein breites Frequenzspektrum umfaßt. Es existiert somit in unserer physischen Umwelt nichts, was nicht strahlt, weil diese Temperatur des absoluten Nullpunktes praktisch nie erreicht wird.

Da der Mensch selbst aus physischer Materie aufgebaut ist, strahlt auch er elektromagnetische Energien ab, die aber wiederum von seiner Umgebungsstrahlung abhängig sind.

Der Mensch ist also auch physikalisch gesehen eingebunden in die Realität eines differenzierten Strahlungsmilieus, und die verschiedenen Erscheinungsformen von Strahlungsenergien gehören neben dem Festen, Flüssigen und Gasförmigen zur allgemeinen Lebensphäre – man könnte auch sagen zur «Lebensmittelsphäre» des Menschen.

Nun wird es wohl nur für die wenigsten selbstverständlich sein, daß Energie in Form von Strahlung überhaupt ein «Lebensmittel» darstellt, weil uns mit dem Phänomen Strahlung ein Element der physischen Erscheinungswelt vorliegt, das nur in einem sehr geringen Maße der sinnlichen Erfahrung zugänglich ist.

So sind wir uns etwa durchaus im klaren, ohne feste Nahrung innerhalb weniger Wochen, ohne Flüssigkeit in wenigen Tagen und ohne Luft in wenigen Minuten sterben zu müssen, aber wir machen uns kaum eine Vorstellung davon, daß wir praktisch augenblicklich aus unserem physischen Dasein gerissen würden, wäre unsere Verbindung zum «Lebensmittel» Strahlung in Form von Wärme auch nur für kurze Zeit völlig unterbrochen – etwa bei einem «Kälteschock» durch eine Raumtemperatur nahe dem absoluten Nullpunkt.

Wir können also gewöhnlich außer den Frequenzbereichen, die uns als Wärmestrahlung und sichtbares Licht erscheinen, Strahlung beziehungsweise elektromagnetische Energien und Felder sinnlich nicht direkt wahrnehmen. Damit gelangen normalerweise aber auch die entsprechenden «stoffwechselhaften» energetischen Zusammenhänge und «Wirkungsmechanismen» unseres Organismus nicht in unser Bewußtsein.

Das dürfte mit ein Grund sein, warum die elektromagnetischen Feldverhältnisse unseres Lebensraumes nur selten in den Blickpunkt unserer Aufmerksamkeit rücken.

So neigen wir dazu, das gestörte Verhältnis des Menschen zu seiner Umwelt vor allem an der Verschmutzung von Erde, Wasser und Luft zu messen und das sinnlich nicht wahrnehmbare Lebenselement Strahlung nur so weit in unser Umweltbewußtsein einzubeziehen, als wir eine unnötige Erhöhung der natürlichen radioaktiven Strahlungswerte zu vermeiden trachten.

Wenn wir uns nicht gerade von unvorhergesehenen «strahlenden Ausdünstungen» eines Kernkraftwerkes bedroht fühlen, wird in uns somit kaum ein Bewußtsein entstehen, daß auch unser Strahlungsmilieu – das allerdings weit mehr umfaßt als nur Radioaktivität in Form von Alpha-, Beta- und Gammastrahlung – zur unmittelbaren Lebenssphäre des Menschen gehört.

Normalweise entgehen uns also die physikalisch beweisbaren natürlichen Strahlungsphänomene in ihrer Vielschichtigkeit und ihren räumlichen und zeitlichen Variationen ebenso, wie ihre vielfältigen auf technisch zivilisatorische Maßnahmen zurückzuführenden Veränderungen. Ich meine damit etwa die unnatürlichen Feldsituationen, die in jedem normalen Haushalt schon auf Grund der feldverändernden Wirkungen moderner Bauweisen sowie durch die vorhandenen elektrischen Installationen und Haushaltsgeräte entstehen, oder die künstlichen elektromagnetischen

Strahlungsverhältnisse, die durch Radio- und Fernsehsender, Radaranlagen und Hochspannungsleitungen verursacht werden.

Bei unserer offensichtlichen «Blindheit» für die elektromagnetischen Dimensionen unserer Umwelt ist es natürlich naheliegend, daß wir die Möglichkeit einer biologischen Rückwirkung dieser unsichtbaren Umweltveränderungen überhaupt nur in den seltensten Fällen in Erwägung ziehen. So leben wir eingebettet in ein «Meer von Energie» und «verschlafen» gewöhnlich nicht nur die unendliche Vielfalt von Erscheinungsformen elektromagnetischer Schwingungsphänomene, die uns als strahlende Umwelt umgibt und durchdringt, sondern auch die Chance, an der harmonischen Gestaltung unserer energetischen Lebenssphäre bewußt mitzuwirken.

Das «ferromagnetische Netz»

Im Zuge meiner näheren Beschäftigung mit physikalisch erfaßbaren und erklärbaren Umweltfaktoren nahmen meine Vorstellungen einer unsichtbar strahlenden physischen Wirklichkeit, in die wir untrennbar einverwoben sind, also allmählich klarere und umfassendere Formen an.

Die ersten «Bausteine» zu diesem «Weltbild elektromagnetischer Schwingungsphänomene» entstanden in mir allerdings schon einige Jahre früher. So hatte ich bereits während meines radiästhetischen «Aufbautrainings» damit begonnen, mich für physikalische Perspektiven und Nachweismöglichkeiten verschiedener Mutungsobjekte zu interessieren.

Ich führte in diesem Zusammenhang auch selbst eine Reihe von Messungen durch, die mich in sehr handgreiflicher Weise mit der Schwierigkeit vertraut machten, rutentechnisch ermittelte Standortanomalien mit meßtechnischen Mitteln «abzusichern».

Trotzdem konnte ich im Rahmen meiner eher bescheidenen Meßmöglichkeiten gewisse Erfolge aufweisen, die mir bescheinigten, daß sich an bestimmten «Reizzonen» auch physikalisch «etwas rührte».

So war es mir – wie schon früher kurz erwähnt – mit Hilfe eines hochsensiblen Metallsuchgerätes gelungen, die Existenz einer gitternetzförmigen Feldanomalie objektiv nachzuweisen.

Auf Strukturelemente dieses Netzes wurde ich während eines radiästhetischen Experimentes aufmerksam, das ich gemeinsam mit drei befreundeten Rutengängern durchführte. Dabei ging es darum, unter Anwendung der «Grifflängentechnik» nach Reinhard Schneider den Verlauf eines alten Wasserrohres aufzuspüren.

Mit der bei dieser Technik üblichen «als Antenne abgestimmten» Rute im Anschlag und geistig «geöffnet für die Wellenlänge von Eisen» hatten wir eine Wiese abzusuchen begonnen, in der die alte Rohrleitung irgendwo verlaufen mußte. Dabei stellten sich in bestimmten Abständen immer wieder Rutenausschläge ein, die aber so auffallend schwach ausfielen, daß ich eher das Gefühl hatte, es würde sich lediglich um «diffuse» Andeutungen von «Eisenzonen» handeln und nicht um jene Feldanomalien, die sich unmittelbar auf den Verlauf des konkreten Eisenrohres bezogen.

Von dieser Art von Rutenreaktion hob sich deutlich jene «Reizzone» ab, bei der sich alle Beteiligten einig waren, es müsse sich um eine «echte Eisenzone» – also um das alte Wasserrohr – handeln. In diesem Fall fielen die Rutenausschläge so eindeutig aus, daß auch sogleich der handgreifliche Beweis für die Existenz des Reaktionszonen verursachenden Objektes angetreten werden sollte.

Man begann zu graben und stieß zur Freude aller Anwesenden mit überraschender Zielsicherheit tatsächlich auf die alte verrostete Rohrleitung.

Wir hatten also offenbar richtig auf jenes «Feld» oder jene «Feldanomalie» angesprochen, die irgendwie mit diesem Rohr in Zusammenhang stehen mußte.

Die im Verlaufe dieses Experimentes zusätzlich gemuteten «Eisenzonen», die auch weitab vom «bewiesenen» Eisenrohr lokalisiert werden konnten, sollten uns aber noch eine Weile beschäftigen.

Bei weiteren Begehungen kristallisierte sich dann heraus, daß diese undeutlichen Zonen offenbar in Form eines sehr regelmäßigen, netzartigen Gefüges angeordnet waren, mit einer Maschenweite von etwa sechs mal sechs Metern.

Es sah aber so aus, als ob sich die einzelnen Zonen dieses «ferromagnetischen Netzes»*, wie wir es später nannten, aus mehr oder weniger deutlich ausgeprägten Abschnitten zusammensetzten. So traten neben den schon erwähnten Bereichen hin und wieder auch solche auf, die sich schon sehr verdächtig nach «echten Eisenzonen» anfühlten. Natürlich sträubten wir uns dagegen, als Ursache dieser Reaktionszonen irgendwelche regelmäßig angeordnete Leitungen unterschiedlicher Stärke anzunehmen, und so waren wir nahe daran, an einer solchen «eisenverdächtigen» Stelle ebenfalls nachzugraben.

Inzwischen war in der Gruppe aber der berechtigte Verdacht aufgekommen, wir hätten uns durch die schon länger andauernde gemeinsame Diskussion über die merkwürdigen Phänomene möglicherweise in eine Art «Vorstellungswirbel» hineinmanövriert, sodaß wir unter Umständen schon längst den Phantom-Bildern unserer eigenen Vorstellungen derartiger Feldstrukturen nachspürten.

Von früheren Gemeinschaftsexperimenten wußten wir nämlich aus eigener Erfahrung, wie leicht man in diesem Zusammenhang in einen gruppendynamischen Sog geraten konnte und im Laufe der Zeit nur mehr auf selbst sozusagen geistig «hinprojizierte» Reaktionszonen ansprach, die mit den im physischen Raum tatsächlich gegebenen Feldanomalien nichts mehr zu tun hatten.

Deshalb entschlossen wir uns, die Ausgrabung vorerst zu vertagen, um uns körperlich, seelisch und geistig ausgeruht ein anderes Mal näher mit der Sache zu befassen. Außerdem wollten wir vor einer eventuellen weiteren Grabung überprüfen, ob nicht eine der «wie echt» anmutenden «Eisenzonen» auch mit Hilfe eines empfindlichen Metallsuchgerätes nachweisbar war.

Einige Wochen später fand ich mich mit einem derartigen Gerät ein, um jene Wiese nach «eisenverdächtigen» Zonen abzusuchen. Zunächst war ich mit einigen meßtechnischen Eichungsversuchen auf sichtbare Metallgegenstände beschäftigt, die durchaus eine gewisse Ähnlichkeit mit meinen dereinstigen radiästhetischen Einstimmübungen auf konkrete Mutungsobjekte aufwiesen.

Nachdem ich mich mit der Handhabung der Meßsonde einigermaßen zurechtgefunden hatte, begann ich, das Gelände damit in systematischer Weise abzuschreiten. Das mit einer Einrichtung zur Unterscheidung eisenhaltiger und nichteisenhaltiger

* «Ferromagnetische» Stoffe, wie Eisen, Kobalt und Nickel, beeinflussen ein Magnetfeld – zum Beispiel das Erdmagnetfeld – in der Weise, daß sie eine Verdichtung der Feldlinien bewirken.

Metalle ausgestattete Gerät sprach dabei immer wieder auf irgendwelche «ferromagnetische» Anomalien an, die sich in gewissen Abständen wiederholten.

Zu meinem großen Erstaunen kristallisierte sich dann im Laufe der Begehung allmählich ein netzförmiges System von Feldanomalien heraus, das sich offenbar mit unserem radiästhetisch ermittelten regelmäßigen Muster von etwa sechs mal sechs Metern deckte. Eine besonders klar ausgeprägte Zone, die den Verlauf der uns bereits bekannten Rohrleitung anzeigte, hob sich deutlich aus dem Gefüge der Netzstruktur ab. Aber auch die seinerzeit aufgespürten stärkeren und schwächeren Bereiche waren mit der Sonde exakt zu lokalisieren. Die Meßeinrichtung zur Unterscheidung der Metalle sprach dabei eindeutig in Richtung «eisenhaltig» an, und es schien somit kein Zweifel zu bestehen, daß diese Zonen mit im Untergrund verlegten eisenhaltigen Leitungen in Zusammenhang stehen mußten. An einer besonders deutlich ausgeprägten Stelle, an der die Meßsonde ähnlich stark ansprach, wie auf das «echte Rohr», entschlossen wir uns endlich zu einer weiteren Grabung. Natürlich waren wir alle gespannt, was sich da nun wirklich im Untergrund befand.

Die Arbeit gestaltete sich diesmal um einiges beschwerlicher, denn obwohl wir die Tiefe der ersten Ausschachtung längst erreicht hatten, waren wir weder auf ein Rohr noch einen anderen metallenen Gegenstand gestoßen.

Die kurze Verschnaufpause des schon bis über die Hüfte in der Erde stehenden Mitarbeiters wollte ich benützen, um mit dem Metallsuchgerät in der Tiefe das vermeintliche eisenhaltige Objekt genauer zu lokalisieren, denn je näher ich dem Metallgegenstand kam, desto klarer mußte ja die Anzeige erfolgen.

Die Verwirrung war dann auch dementsprechend groß, als die Meßsonde beim Eintauchen in das ausgeschachtete Loch verstummte und der Zeiger der Meßskala auf Null zurückging.

Zuerst glaubte ich, das Gerät hätte seinen «Geist» aufgegeben, aber kaum befand ich mich mit dem tellerförmigen Detektor wieder oberhalb des Niveaus der Erdoberfläche, so registrierte das Gerät erneut eindeutig ein «eisenverdächtiges Feld», das ich bis etwa fünfundzwanzig Zentimeter über das Erdbodenniveau verfolgen konnte.

Ich wiederholte den ganzen Vorgang noch einige Male, um ganz sicher zu gehen, daß alles mit «rechten Dingen» zuging.

Allmählich entstand in mir dann eine konkretere Vorstellung, wie dieses energetische Gebilde «aussah», das ich hier meßtechnisch «im Griff» hatte. Ein gitternetzförmiges System «stehender Wellen» unterschiedlicher Dichte schien sich knapp über dem Erdboden entlang zu schmiegen. Die einzelnen Zonen wirkten dabei regelrecht wie über die Erdoberfläche gespannt, denn kaum tauchte man mit der Sonde unter das Niveau der Grasnarbe, entschwand das Inhomogenitätsphänomen aus dem «Empfindungshorizont» des Meßgerätes.

Aus radiästhetischer Sicht entpuppte sich dieses meßtechnisch erfaßbare Netz aber dann als Teilperspektive eines weitaus differenzierteren energetischen Feldgeschehens.

Die gemutete und gemessene regelmäßige Gitterstruktur an der Erdoberfläche war demnach lediglich die am deutlichsten ausgeprägte und sozusagen «erdgebundene» Ebene eines kubisch wabenförmigen Feldmusters, das sich sowohl oberhalb als auch unterhalb der Erdoberfläche fortsetzte. (Die Höhenstaffelung der einzelnen «Schichten» dieses Feldgefüges lag ungefähr bei achtzig Zentimetern, wobei die entsprechenden Mutungen allerdings lediglich bis zu einer Höhe von etwa drei Metern durchgeführt wurden. Unterhalb der Grasnarbe konnte auf Grund der begrenzten Ausmaße des ausgeschachteten Loches nur die nächstliegende Schicht in einer Tiefe von ebenfalls zirka achtzig Zentimetern lokalisiert werden.)

Das dreidimensionale Ordnungsgefüge wies eindeutig Lagestabilität auf. Dabei hatte es den Anschein, als würden sich – sozusagen «eingefangen» in diesen räumlichen Raster – gewisse dynamische Phasen abspielen. So fiel mir eine Art sanfter «innerer Unruhe» auf, die wie ein leichtes An- und Abschwellen die stehenden Wellen durchwogte.

Derartige lagestabile Strukturen mit sehr ähnlichem Aufbau und dynamischem Verhalten hatte ich schon früher beim Studium der Ausbreitungscharakteristik zivilisatorischer Sender im freien Gelände beobachtet.

Unser gemeinsam auf radiästhetische Weise entdecktes Gitternetz sollte sich später als ortsgebundenes Feldmuster herausstellen, das zu einem wesentlichen Teil auf die «sendenden» Eigenschaften des alten Wasserrohres zurückzuführen war. Trotzdem hatten wir uns durch dessen meßtechnischen Nachweis davon überzeugen können, daß derartig regelmäßige Strukturierungen im Strahlungsfeld der Erdoberfläche auch tatsächlich existierten und nicht nur Wunschvorstellungen entsprachen. Konnten sich aber ähnliche Feldverhältnisse nicht auch auf Grund «sendender» Elemente und «strahlender» Systeme ergeben, die der Erde und dem Kosmos auf natürliche Weise «innewohnten»?

Jedenfalls erschien es mir seit dieser Erfahrung keineswegs mehr so abwegig, wenn ich in meinem radiästhetischen Alltag völlig regelmäßig anmutenden Netzsystemen begegnete, und ich gedachte, auch die Einsicht mit auf meinen weiteren Weg zu nehmen, daß sich radiästhetische Mutung und physikalische Messung unter Umständen durchaus die Hände reichen und sich gegenseitig ergänzen und befruchten konnten. Wobei ich respektvoll in Erinnerung bewahren wollte, daß zuerst gemutet und dann gemessen worden war.

Schritte in die Öffentlichkeit

Meine Sammlung schriftlicher Hinweise über ortsabhängige Besonderheiten im Bereich von Kultbauten hatte im Laufe der Zeit einen recht stattlichen Umfang angenommen.

So reifte in mir allmählich der Entschluß, eine Arbeit zu schreiben, in der ich vor dem Hintergrund dieser Dokumentation meine eigenen radiästhetischen Untersuchungsergebnisse veröffentlichen wollte.

Im Zuge der Vorbereitungen des inhaltlichen Aufbaus dieses Werkes begann ich mir klar zu werden, daß dieses Thema möglicherweise auch für eine Dissertation über Standort- und Orientierungsfragen von Kultbauten von Interesse sein könnte.

So kam dann schließlich jene Arbeit zustande, die unter dem Titel «Radiästhetische Untersuchungen an Kirchen und Kultstätten» im Juli 1982 an der Universität Innsbruck im Rahmen der Studienrichtung Architektur zum akademischen Grad «Doktor der technischen Wissenschaften» führte.

Das rege Interesse an meiner Doktorarbeit, das sich in der Folge abzeichnete, bescheinigte mir, daß ich mit diesem Thema nicht nur wissenschaftliches Neuland betreten hatte, sondern – sowohl in Akademikerkreisen als auch unter der «normalen» Bevölkerung – ein echter Bedarf bestand, darüber mehr zu erfahren. Da diesem heiklen Gebiet offensichtlich bisher auf universitärer Ebene keine Beachtung geschenkt worden war, schien ich mich durch meine Dissertation auch unverhofft zu einer Art Fachmann profiliert zu haben, denn plötzlich war ich als «Experte» in Sachen Radiästhesie ziemlich gefragt.

Mir selbst war zwar gar nicht so recht nach «Experte» zumute, mußte ich in der radiästhetischen Praxis doch immer wieder erkennen, wie wenig ich über dieses Erfahrungsfeld wirklich wußte und daß es auf diesem Gebiet ständig Neues zu entdecken, zu beachten und zu lernen gab. Aus dem Wissen um die Beschränktheit und Relativität der eigenen Einsichten und Erfahrungen heraus, versuchte ich in der Folge aber doch, auf die vielfältigen Fragen einzugehen, die mir Interessenten und Ratsuchende von leichtgläubigen Anhängern bis zu fanatischen Gegnern der Radiästhesie nunmehr in zunehmendem Maße stellten.

In diesem Zusammenhang wurde ich auch immer häufiger um Vorträge gebeten, mußte in- und ausländischen Zeitungs- und Rundfunkreportern Rede und Antwort stehen oder gar als «Fernsehstar» in einer Diskussionsrunde zum Thema «Wünschelrute, Erdstrahlen, Radiästhesie» Stellung beziehen.

Im Zuge des wachsenden öffentlichen Interesses am Problemkreis Radiästhesie wurde ich dann im Herbst 1984 von Frau Doktor Paola Giovetti, Journalistin in Modena, eingeladen, an einer Fernsehsendereihe zum Thema «Grenzgebiete der Wissenschaften» des italienischen Rundfunks mitzuwirken.

Ich hatte Frau Giovetti schon früher kennengelernt, als sie über dieses Gebiet in der Zeitschrift «La Domenica del Corriere» eine Serie schrieb, in der sie unter anderem auch ausführlich über meine Forschungen berichtete.

Diesmal war vorgesehen, für das erste italienische Fernsehen eine zwölfteilige Sendereihe zu gestalten, die in der Zeit von Ende Mai bis Mitte Juli 1985 ausgestrahlt werden sollte.

Als Mitautor dieser Fernsehsendung wollte Frau Giovetti dabei eine Folge dem Problemkreis Radiästhesie widmen und in diesem Zusammenhang dem Thema «Kirchen und radiästhetische Phänomene» einen besonderen Schwerpunkt einräumen.

Ich war als einer von drei in dieser Sendefolge auftretenden Radiästhesieexperten vorgesehen – als Experte einer «positiven Radiästhesie». Dabei sollte ich während der von Mailand ausgestrahlten Sendung in der Kirche San Clemente in Rom radiästhetische Untersuchungen durchführen und in Konferenzschaltung «live» darüber berichten.

San Clemente ist in diesem Zusammenhang vor allem deshalb besonders interessant, weil drei gut erhaltene übereinanderliegende und begehbare Bauabschnitte vorliegen, die vom zweiten bis ins achtzehnte Jahrhundert reichen.

Am 25. Juni fuhr ich nach Mailand, um im RAI-Gebäude in der Redaktion «Mister O» noch wesentliche Details durchzudiskutieren. (Der Titel «Mister O» war als «Aufhänger» für die Sendereihe gewählt worden und sollte an «mistero» [= Mysterium, Geheimnis] erinnern.)

Bei dieser Vorbesprechung kam auch zur Sprache, daß die bisherigen Sendungen außergewöhnlich gut beim Publikum angekommen seien. So hatte die Sendereihe auf Grund ihrer Qualität und ihres Erfolges nach der sechsten Sendefolge einen Preis der Journalisten Italiens zuerkannt bekommen. Dabei wurde besonders begrüßt, daß es den Autoren und Präsentatoren der Sendung sehr gut gelänge, brisante Themen der Grenzgebiete der Wissenschaften, die zum Teil von wissenschaftlicher Seite nach wie vor tabuisiert würden, seriös und zugleich publikumsnah zu gestalten.

Tags darauf reiste ich dann von Mailand nach Rom, wo am frühen Nachmittag der erste Kontakt mit dem dortigen Fernsehteam in der Kirche San Clemente stattfinden sollte.

In der Kirche war bereits ein Heer von Technikern mit den Vorbereitungen der Fersehübertragung beschäftigt. Aus Florenz hatte man zu diesem Zwecke eigens drei Übertragungswagen sowie einen Kranwagen zur Installation einer Parabolantenne nach Rom beordert.

Ich war wirklich schwer beeindruckt, daß man für meinen etwa zehn Minuten dauernden Auftritt einen derartigen Aufwand betrieb.

Nach einem ersten Gespräch mit dem Dolmetscher und dem Regisseur der Aussenstelle in Rom wurde arrangiert, daß ich zunächst die Kirche in aller Ruhe allein untersuchen konnte. Ich hatte bereits vor meiner Zusage zur Sendung als Vorbereitung vereinbart, zunächst ohne Publikum meine Untersuchungen durchzuführen, um unnötige irritierende Faktoren zu vermeiden. Diese Voraussetzung war sowohl in der Redaktion in Mailand als auch beim Team in Rom auf vollstes Verständnis gestossen.

Vom Regisseur wurde ich noch davon in Kenntnis gesetzt, daß wir für die obere Kirche – die heutige Basilika San Clemente – keine Dreherlaubnis bekommen hatten und wir somit auf die untere Kirche sowie auf das Mithräum – das Mithras-Heiligtum – im untersten und ältesten Niveau ausweichen müßten.

Trotzdem hatte ich die Gelegenheit, in der heutigen Kirche entsprechende Untersuchungen durchzuführen.

Dabei konnte ich feststellen, daß in der Achse der Basilika eine Reaktionszone verlief, die sich als Überlagerung einer Globallinie, einer Medial- oder Beredsamkeitslinie sowie eines «Wasserresonanzphänomens»* ergab.

Vor dem Altar traf ich auf eine signifikante Kreuzung durch mehrere Zonen, an denen Reaktionsphänomene des ersten, zweiten und dritten Gitters beteiligt waren.

Ein weiterer auffallender Kreuzungspunkt zeigte sich in der Mitte der Apsis im Bereich des Bischofssitzes. In diesem Punkt wurde die in der Basilika axial verlaufende geomantische Linie von einer Reaktionszone durchkreuzt, die sich ebenfalls als Überlagerung mehrerer Strukturelemente herausstellte.

Bei diesen Mutungen fiel mir auf, daß diese positiven Zonen und Zonenkreuzungen zwar vorhanden waren, aber nur eine sehr geringe Intensität aufwiesen und gewissermaßen einen «diffusen» Eindruck machten.

Merkwürdigerweise konnte ich in der Unterkirche, die genau senkrecht unter der heutigen Basilika liegt, weder die axial verlaufenden Zonen noch jene Kreuzungspunkte lokalisieren, die den Feldmustern der oberen Kirche entsprochen hätten.

Auch der in dieser unteren Kirche stehende Altar – sichtlich neueren Datums – der unter dem Altar der Oberkirche situiert ist, zeigte keinen positiven Kreuzungspunkt, obwohl die räumlichen Gegebenheiten dafür zu sprechen schienen.

Etwas rechts dieses Altars begann sich dann im Laufe meiner weiteren Untersuchungen ein sehr ausgewogener und harmonischer Kreuzungspunkt herauszukristallisieren, bestehend aus einer parallel zur Achse des Kirchenschiffes verlaufenden Vierfachzone mit Anteilen des Globalgitters, des dritten Gitters, einer Wasserzone sowie einer Mediallinie.

Dieses vielschichtige Strukturelement wurde im rechten Winkel durchgekreuzt von einer Dreifachüberlagerung positiver Reaktionszonen. Zwei positive Diagonallinien ergänzten die Differenziertheit dieses «Energieknotens», und in seinem Zen-

* In der näheren oder weiteren Umgebung von Wasserführungen treten unter Umständen sogenannte «Wasserresonanzphänomene» auf. Diese können auf natürliche Weise entstehen, aber auch künstlich hergestellt und manipuliert werden. So läßt sich etwa demonstrieren, daß sich eine derartige Felderscheinung entlang eines am Erdboden liegenden Metallkabels bildet, wenn dieses mit einer «echten Wasserzone» in Verbindung steht, also zum Beispiel den Verlauf einer unterirdischen Wasserführung durchkreuzt.
Fehlmutungen, die beim Aufspüren von «Wasseradern» oder Grundwasserläufen auftreten, können unter anderem darauf beruhen, daß in der radiästhetischen Praxis «Wasserresonanzphänomene» und «echte Wasserzonen» nicht entsprechend auseinandergehalten werden.

trum hob sich deutlich eine «blind spring» ab, die durch ihre ringförmigen Ankündigungszonen wesentlich zum Feldmuster-Charakter dieses Kreuzungspunktes beitrug. Dieser «Ort der Kraft» lag intensitätsmäßig erheblich höher als jener in der oberen Kirche. Er war klar ausgeprägt und strukturiert, wirkte sehr ausgewogen und wies gewissermaßen «klassische» Züge auf.

Nach Rücksprache mit dem Regisseur sollte diese Stelle im Rahmen der Live-Übertragung zunächst als Ausgangspunkt dienen, und es wurden in der Folge auch die ersten Kameraeinstellungen geprobt. Diese Proben wurden aber dann abgebrochen, da sich herausstellte, daß die Kirchenverwaltung mit der Fernsehübertragung der radiästhetischen Untersuchung dieses Punktes ebenfalls nicht einverstanden war.

Als Grund dieser Ablehnung wurde angegeben, daß in diesem Raum auch heute hin und wieder christliche Kulthandlungen vollzogen würden und man keine Störungen dieses Ortes durch einen fremden Kult wünsche. Da man nicht beurteilen könne, ob eine radiästhetische «Behandlung» dieses Kreuzungspunktes eine dem christlichen Kult «verträgliche» Kulthandlung sei – also möglicherweise die Heiligkeit dadurch gefährdet und der Ort «entweiht» werde –, würde man um Verlegung der Untersuchung in das Mithräum, das ja aus vorchristlicher Zeit stamme, ersuchen.

Ich hätte mir nicht träumen lassen, im Rahmen meines Landesgrenzen überschreitenden radiästhetischen Fernsehauftrittes derartige Unruhe und Verwirrung auszulösen und auf solche Schwierigkeiten zu stoßen.

Nachdenklich, ob vielleicht noch weitere aufschlußreiche Ereignisse dieser Art folgen würden, stieg ich also die steile Treppe hinunter in das sechzehn Meter unter dem heutigen Kirchenniveau liegende Mithras-Heiligtum aus dem zweiten nachchristlichen Jahrhundert.

Rom, San Clemente, Unterkirche.
Neben dem aus radiästhetischer Sicht «falsch situierten» heutigen Altar befindet sich ein besonders ausgewogener Kreuzungspunkt positiver Strukturelemente, an dem Wasserzonen mit «Resonanzphänomenen», Zonen des «ersten», «zweiten» und «dritten Gitters» sowie «Medial-» oder «Beredsamkeitslinien» beteiligt sind.
Dieser außergewöhnliche Punkt lag ursprünglich im Altarbereich einer Kirche des ausgehenden vierten Jahrhunderts, die als dreischiffige Säulenbasilika mit breitem Mittelschiff und mächtiger Rundapsis angelegt war. Als man im elften Jahrhundert die Oberkirche aufsetzte, erfolgte die Ausmauerung der Säulenreihen, um für den Neubau ein Fundament zu schaffen. Der Raum wurde dabei zu einem großen Teil zugeschüttet.
Die heutige Raumsituation der Unterkirche, auf die man in der Folge mit der Errichtung des bestehenden Altars reagierte, entstand im Laufe der im vorigen Jahrhundert begonnenen Ausgrabungen, bei denen weitere Mauern eingezogen werden mußten, um die Oberkirche zu stützen.

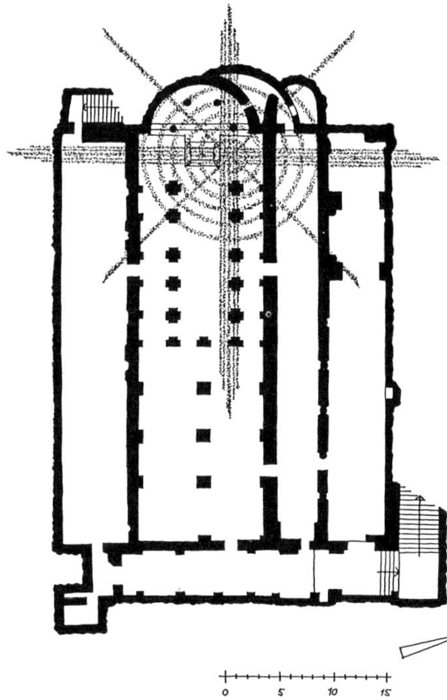

Der «falsch situierte» Altar in der Unterkirche.

Begegnung mit dem Licht

Über die abgetretenen Steinstufen folgte ich jener Gestalt, die mir vorausgeeilt war, um das sonst mit einem Eisengitter verschlossene Mithräum zu öffnen.

Feuchtkühle Luft begann mich einzuhüllen.

Ich hatte eher das Gefühl, in ein Verlies hinabzusteigen als in ein Heiligtum.

Da und dort tropfte es von den Gewölben, und an dem glitschigen Gemäuer glaubte ich, moosartige Erscheinungen zu erkennen. Aus der Tiefe vernahm ich das Rauschen fließenden Wassers.

Jene Menschen waren wahrlich nicht zu beneiden, die unter diesen Bedingungen Gottesdienst abhielten.

Ich wurde vor dem Eingang des grottenartigen Raumes erwartet und mit einer Geste der Verneigung — so, als ob ich besonders willkommen wäre — allein gelassen. Es war ja ausgemacht, daß ich in aller Ruhe und ohne Publikum meine radiästhetischen Untersuchungen durchführen sollte, um möglichst störungsfrei prüfen zu können, ob sich hier ein Punkt ergab, der für eine Fernsehübertragung in Frage kam.

Ich stand eine Weile an der Schwelle jenes kleinen, bescheiden beleuchteten Raumes und betrachtete ihn nachdenklich.

Eigentlich hatte ich vom Mithras-Heiligtum rein äußerlich etwas mehr erwartet als eine etwa neun mal sechs Meter große grottenartige Höhle mit seitlichen Steinbänken und einem eher deplaziert wirkenden Marmorklotz mit dem Relief des Gottes Mithras in der Mitte. Und doch war mir, als ob ein eigenartiger Zauber von diesem Raum ausginge.

Das wird wohl auch der Grund gewesen sein, warum ich eher respektvoll und bedächtig in das Mithräum eintrat, ohne mich meines Ruteninstrumentariums zu bedienen.

Auf die nun folgenden Ereignisse war ich allerdings nicht gefaßt. Denn schon nach wenigen Schritten verspürte ich eine geheimnisvolle Kraft, die fast augenblicklich in mir ein merkwürdig vibrierendes Empfindungsphänomen auslöste, das, vom Herzbereich ausgehend, sehr rasch meinen ganzen Körper erfüllte und schließlich das gesamte Blickfeld meines Bewußtseinshorizonts durchstrahlte und durchtönte.

Es schien, als ob ich in eine unsichtbare Sonne eingetreten wäre. Eine wunderbare Wärme durchströmte mich und ein wohltuender Schauer begann sich in mir auszubreiten.

Während dies geschah, lösten sich auf einmal alle Wahrnehmungsinhalte meiner Sinneseindrücke auf. In wenigen Augenblicken waren auf diese Weise alle Erlebnisbilder meines Alltagsbewußtseins wie ausgelöscht.

Ich fühlte mich der Erdenschwere völlig enthoben, und mein gewöhnliches Denken hatte längst aufgehört, tätig zu sein.

Trotzdem war ich hellwach, ja, so wach, wie ich Zeit meines Lebens noch nie gewesen war.

Ich hatte mich völlig in Licht aufgelöst. Ich war Licht.

Einverwoben und geborgen in diesem grenzenlosen Meer von Licht, ruhend in der Ewigkeit, ohne Raum- und Zeitgefühl, war der anfängliche wohltuende Schauer zu einem unbeschreiblichen Glücksgefühl angeschwollen.

Und dann kehrte ich allmählich zurück in die gewohnten Bewußtseinshüllen der Vergänglichkeit, in die Illusion von Raum und Zeit.

Allmählich setzte mein Körperbewußtsein wieder ein. Ich begann mich erneut im Spannungsfeld der Erdenschwere zu erleben, spürte meine leibliche Hülle und wurde mir bewußt, wieder mit beiden Beinen auf der Erde zu stehen.

Ich war aus der Identifikation mit der ewigen Sonne zurückgekehrt, war wieder eingetaucht in die raum- und zeitgebundene Bewußtseinsebene der physischen Erscheinungswelt.

Aber ich spürte ganz deutlich, daß ich nicht mehr derselbe war, wie vor wenigen Augenblicken.

Erst jetzt bemerkte ich, daß mir Tränen über das Gesicht rannen, die der reinigende Lichtstrom bewirkt haben mußte.

Ich brauchte eine ganze Weile, bis ich mich wieder einigermaßen in der Begrenztheit der leibhaftigen Wirklichkeit zurechtfand, bis ich wieder ganz «da» war, und noch einige Zeit lang fühlte ich mich außerstande, irgend etwas «Normales» zu denken oder zu tun. Dankbar und glücklich stand ich in dem bescheiden anmutenden Raum, dem in nichts anzumerken war, daß er mir eben sein Mysterium offenbart hatte.

Ich wartete noch ein wenig, bis ich mich wieder in der Lage fühlte, irdische Gedanken zu denken. Dann begann ich mir auch im Rahmen meines Verstandesbewußtseins klar zu werden, welches unter «normalen» Umständen «unwirkliche» und unvorstellbare Ereignis ich eben erfahren durfte.

Immer noch empfand ich jenen heiligen Schauer, der in mir nachklang, und spürte in abgeschwächter Form jene sonnenhafte «Kraftgestalt», an der sich dieses letztlich unbeschreibbare Erlebnis entzündet hatte.

Darauf bedacht, den «Ort der Kraft» nicht unnötig durch meine Gedanken zu stören, versuchte ich in der Folge, ganz ruhig mit meiner Erlebnisfähigkeit in dieser strahlenden flammenhaften Lichterscheinung zu verweilen, sie sozusagen genauer zu betrachten, um ein eventuelles Zentrum dieses ortsabhängigen Empfindungsphänomens aufzuspüren.

Ein derartiger Schwerpunkt war auch tatsächlich ortsgebunden zu erkennen. Allerdings war dieses Zentrum ungewöhnlich groß und stellte grob umrissen eine Art schwebende Kugel dar, mit einem Durchmesser von etwa eineinhalb Metern.

Die Strahlen dieses sonnenhaften Phänomens schienen den ganzen Raum zu erfüllen und wiesen spürbar dynamische flammenhafte Pulsationen auf.

Als ich dieses wunderbare, «lebendig» anmutende «Kraftgebilde» mit den «Augen fühlend abtastete», dessen wohltuende Wirkung ich nach wie vor verspürte, kam es mir auf einmal völlig absurd vor, diesen strahlenden «Organismus» in meiner gewohnten Weise zu untersuchen. Damit würde ich ja doch nichts von seinen wesentlichen Qualitäten erfassen können und lediglich unwichtige Teilperspektiven aus der lebendigen Ganzheit hervorheben und herauslösen, die durch meine spezielle radiästhetische Betrachtungsweise geprägt wären. Ich sah folglich keinen Sinn darin, dieses «Zerteilen» in subjektiv «gefärbte» Unwesentlichkeiten überhaupt durchzuführen.

Auch empfand ich es als unwürdiges Schauspiel, ausgerechnet an diesem heiligen Ort dieses systematische «Auseinandernehmen» in einzelne Strukturelemente «live» vor dem Massenmedium Fernsehen demonstrieren zu wollen.

Ich beschloß also, diesen wunderbaren «Ort der Kraft» nicht weiter zu stören und für das werte Fernsehpublikum einen anderen Kreuzungspunkt zu suchen.

Erleichtert, daß ich mich in dieser Weise entschieden hatte, verließ ich den geheimnisvollen Raum.

Vereitelter «Fluchtversuch»

Der Regisseur zeigte überraschenderweise vollstes Verständnis, als ich ihm kurz zu erklären versuchte, daß mir der Ort zu «stark» sei und ich mich außerstande sah, an ihm irgendwelche radiästhetischen Untersuchungen durchzuführen.

Er wollte also warten, bis ich in einem der übrigen Räume des untersten Kirchenniveaus einen anderen interessanten Punkt gefunden hatte, der mir für die vorgesehene Demonstration geeignet erschien.

Aber es war wie verhext. Ich konnte beim besten Willen keinen für diesen Zweck einigermaßen brauchbaren Punkt aufspüren.

Im Laufe der Überlegungen, was ich tun sollte, entstand in mir allmählich der Verdacht, daß es möglicherweise auch seine Bewandtnis haben könnte, warum ich durch eine Reihe von Umständen ausgerechnet auf diesen heiligen Ort im Mithräum gestoßen war. Und auf einmal erschien es mir gar nicht mehr so vermessen, gerade diesen Punkt zum Anlaß zu nehmen, um Millionen Fernsehzuschauer auf die besonderen Qualitäten von heiligen Plätzen aufmerksam zu machen, an denen sie normalerweise «ungerührt» vorbeigehen.

Ja, vielleicht würde es für viele zweifelnde und hoffende Menschen sogar eine wertvolle Hilfe sein, von «Orten der Kraft» zu erfahren und von der Möglichkeit, mit ihnen Verbindung aufzunehmen, mit ihnen ins «Gespräch» zu kommen.

Wie ein gewaltiges raum- und zeitüberbrückendes Gesamtbild begann sich mit einem Mal jener vielseitige Entwicklungsweg vor meinem geistigen Auge auszubreiten, den ich bisher gegangen war, und ich glaubte darin eine Art roten Faden, einen «tieferen Sinn» zu erkennen. Und plötzlich fühlte ich mich regelrecht dazu aufgerufen, diese einmalige Gelegenheit zu nützen.

Obwohl ich mich für diesen heiligen Ort in gewisser Weise verantwortlich fühlte, war ich nunmehr sicher, richtig zu handeln, wenn ich zumindest auf seine ortsgebundenen radiästhetisch zugänglichen Perspektiven hinwies.

Ich brauchte ja nicht gleich «mit der Tür ins Haus zu fallen» und sein eigentliches Mysterium zu «verraten», das man mir auf Grund meiner stammelnden Andeutungen darüber wohl auch kaum abgenommen hätte. Von den meisten «normalen» Menschen wären derartige Hinweise wahrscheinlich doch nur als «unverdauliche Kost» und «Spinnerei» empfunden worden.

Im Laufe dieser Betrachtungen fühlte ich mich in zunehmendem Maße stark genug, diese radiästhetischen Untersuchungen durchführen zu können, und ich war sicher, den heiligen Ort dadurch auch nicht zu «stören». Außerdem nahm ich mir vor, ihn besonders behutsam und rücksichtsvoll zu «behandeln».

Eventuelle energetische Strukturelemente sollte ich in Form farbiger Stäbe am Boden kennzeichnen, um den Aufbau eines solchen Punktes in anschaulicher Weise darzustellen und sozusagen «mediengerecht» zu präsentieren.

Ich kehrte also wieder an den «Ort der Kraft» im Mithräum zurück. Erneut empfand ich diese schwebende «Kraftgestalt» und spürte, wie von ihr eine Art lebendiger Energiestrom ausging, der mich zuvor zu jenem lichtvollen Einheitserlebnis emporgetragen hatte.

Als ich dann mit Hilfe der Rute begann, den Platz nach einzelnen Strukturelementen zu untersuchen, bemerkte ich, wie sich dadurch schlagartig die Erlebnisinhalte, die mich mit dem Ort verbanden, änderten. Fast war es, als würde ich mit jeder Einzelmutung das wie lebendig wirkende Gesamtphänomen seines sonnenhaften Wesens mehr zudecken und verschleiern.

So mußte ich erkennen, wie auf Grund meiner geistigen Einstellung, nur ganz bestimmte Zonen zu beachten und herauszuspüren, die beglückende Fülle dieser sonnenhaften Erlebnisqualität des Kraftfeldes aus meinem Bewußtsein entschwand und in die Begrenztheit des Erlebnisspektrums einzelner Rutenreaktionen zu zerfallen drohte. Und schließlich wurde mir mit aller Eindringlichkeit bewußt, daß ich durch meine analytische radiästhetische Betrachtungsweise ein völlig neues «Gesicht» dieses «Ortes der Kraft» heraufbeschworen hatte. Es war beinahe so, als würde ich den Sinn jenes «lebendigen Wortes» nicht mehr erfassen, das mir an diesem Ort entgegentönte, sondern lediglich das äußere «Klangbild», die «Kulisse» aus Lauten, Tönen und Geräuschen, durch die sich eine höhere geistige Wirklichkeit zu offenbaren versuchte.

Und als ich die einzelnen «Klänge» aus diesem Zusammenhang «herausgehört» und ihre «Spuren» im Raum durch farbige Stäbe am Boden ausgelegt hatte, wurde mir klar, daß damit buchstabenartige Zeichen zu einem «Schriftbild» zusammengefügt vor mir lagen, in dem das «lebendige Wort» geheimnisvoll verborgen und gewissermaßen «verzaubert» war.

Mit dem Blick des nüchternen «analytischen» Rutengängers betrachtete ich die einzelnen «Schriftzeichen», ihre Form und Ausmaße, die Art ihrer Überlagerung und Zuordnung sowie ihre räumliche Lagebeziehung.

Dabei realisierte ich, daß hier ein besonders klar ausgeprägter Kreuzungspunkt zahlreicher Strukturelemente vorlag.

Durch die Achse des Raumes führte eine breite Zonenüberlagerung aus einer Primär-Globallinie, einer Medialzone, einem begleitenden Wasserresonanzphänomen sowie einer leicht schräg verlaufenden positiven Wasserzone.

Etwa im Zentrum des Raumes wurde diese Vierfachzone von einer Dreifachzone rechtwinklig durchkreuzt, die Elemente des Globalnetzes, einer Mediallinie sowie einer Wasserresonanzerscheinung aufwies. Zudem führten durch diesen signifikanten Punkt zwei sich kreuzende positive Diagonalzonen.

Rom, San Clemente, Mithräum. (2. Jh. n. Chr.) Versuch einer Darstellung des strukturellen Aufbaues des Kraftfeldes im Mithras-Heiligtum.

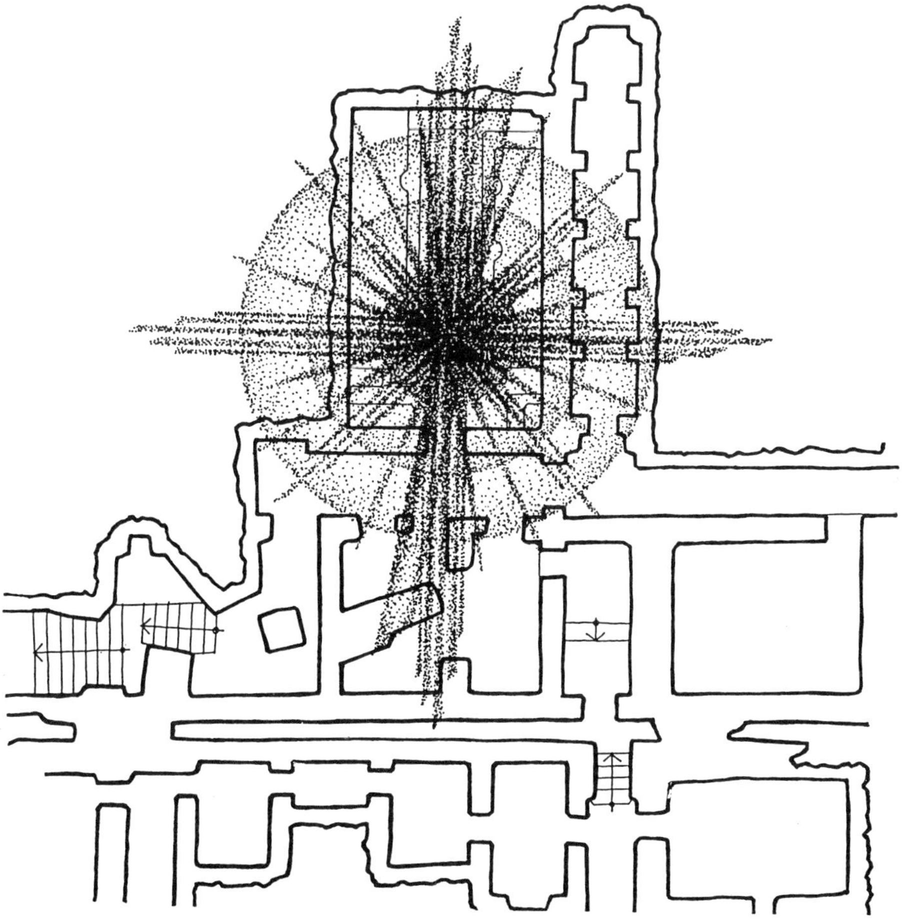

In der Folge versuchte ich dann im Sinne des «Lesens» einer Schrift, über die Äusserlichkeit dieses strahlenförmigen Zeichens «hinwegzusehen» und die Aufmerksamkeit auf jene höhere Wirklichkeit zu lenken, die sich dahinter verbarg.

Dabei drängte sich vorerst immer wieder das äußere Erscheinungsbild der symbolisch dargestellten Strukturelemente des «Ortes der Kraft» in den Vordergrund meines Bewußtseins.

Aber allmählich überwand ich diese Art des «Buchstabierens» und begann zu «lesen». Dadurch erwachte ich erneut auf jener Bewußtseinsebene, auf der ich die übersinnliche Wirklichkeit dieses sonnenhaft strahlenden Gebildes zu «sehen» vermochte.

Und auf einmal begriff ich, welche wertvolle Hilfe die Radiästhesie sein konnte, um sich dem Geheimnis eines «Ortes der Kraft» zu nähern.

Ich erkannte in jener radiästhetischen Methode, derer ich mich bediente, eine Art «Krücke», mit der es sozusagen auf analytischem Wege möglich war, so einen besonderen Punkt zu finden.

Aber zugleich wurde mir auch bewußt, daß man durch die Radiästhesie das eigentliche Geheimnis eines heiligen Ortes nicht zu ergründen vermochte. Denn erst wenn es gelang, sich von dieser «Gehhilfe» zu befreien und die Bewußtseinsbindungen an ihre physischen, seelischen und geistigen Dimensionen loszulassen, bestand überhaupt Aussicht, aus sich heraus jenen entscheidenden Bewußtseinsschritt zu vollbringen, der einem den geistigen Blick für diese andere Wirklichkeit erschloß.

Und dann würde es wohl auch jenes begnadeten Augenblickes bedürfen, um dem Suchenden das Mysterium in seiner ganzen unerschöpflichen Fülle zu offenbaren.

Ihr Auftritt bitte

Regisseur und Dolmetscher zeigten sich sichtlich erfreut, daß ich mich umentschieden hatte und nun doch im Mithräum «fernsehgerecht» zu agieren bereit war.

Gemeinsam überlegten wir, welche wesentlichen Phasen der Lokalisierung eines solchen heiligen Zentrums im Bild «zuschauergemäß» festgehalten werden könnten. Dabei kam deutlich zum Ausdruck, wie schwierig es überhaupt war, in den wenigen Minuten, die uns in der Sendung zur Verfügung standen, aussagekräftige Perspektiven des Phänomens «Orte der Kraft» zu vermitteln.

Einen halben Tag lang wurden mit dem Aufnahme- und Übertragungsteam verschiedene Einstellungen und Bewegungsabläufe geprobt und die optischen und akustischen Verbindungen mit Mailand abgestimmt und überprüft.

Mich beeindruckte dabei besonders, mit welchem gewaltigen technischen Aufwand eine derartige Live-Zuschaltung zu einer Studiosendung verbunden ist.

Einige Stunden vor meinem Auftritt wurde mir dann mitgeteilt, mit welchen Fragestellungen ich voraussichtlich von seiten der Kommentatoren zu rechnen hätte. Bei dieser Gelegenheit kam es auch zur Erprobung der Simultanübersetzung, die nach einigen akustischen Abstimmungsschwierigkeiten recht gut zu funktionieren schien.

Während einer der letzten Proben wurde ich von Mailand aus gefragt, was ich in den drei Ebenen der Kirchenanlage mit Hilfe meiner Wünschelrute feststellen konnte.

Man zeigte sich zunächst sehr interessiert für meine Schilderung des aus radiästhetischer Sicht falsch situierten neuen Altars in der Unterkirche und wünschte, daß ich unbedingt darüber sprechen sollte, wenn ich auf Sendung war.

Merkwürdigerweise kam dazu eine halbe Stunde später ein Rückzieher aus Mailand. Die Regie hätte nach eingehender Beratung beschlossen, daß ich den «mißglückten» Standort des Altars nicht erwähnen dürfe, da dies sowohl bei den zuständigen kirchlichen Stellen als auch bei den Fernsehzuschauern ungünstig aufgenommen werden könnte. Man fürchtete zum Beispiel, mein Hinweis würde womöglich so aufgefaßt werden, daß die heutigen Vertreter der Kirche kein Gespür mehr für diese besonderen Standortqualitäten hätten und gewissermaßen als «Vermittler» des Mysteriums heiliger Orte nicht mehr zuständig wären.

Am Abend, kurz vor der Sendung, breitete sich im Fernsehteam mit einem Mal eine auffallende Spannung und Konzentration aus. Die oft sehr lockere Atmosphäre, wie sie bei den Proben geherrscht hatte, war wie weggeblasen. Alle begaben sich auf ihren Posten. Ein Teil des Teams zog sich in die Übertragungswagen zurück. Der Dolmetscher saß in einem als Übersetzungsstudio improvisiert hergerichteten Raum in der Hausverwaltung.

Ich postierte mich hinter einer Mauerecke jener Stiege, die zur Unterkirche führte, und wartete auf mein Stichwort.

Der Kameramann hatte sich mit mir auf das Wort «Herr . . . » geeinigt, da es mit dem Aussprechen meines Namens bei ihm nicht so recht klappen wollte. Wenn er über Kopfhörer von der Hauptregie in Mailand aus sein Einsatzzeichen bekam, sollte ich also auf «Herr . . . » hinter meiner Mauerecke hervorkommen und den geprobten Bewegungsablauf absolvieren.

«Herr . . . » – wir waren auf Sendung.

Ich verließ meinen Ausgangspunkt und trat über ein paar Stufen ins Blickfeld der ersten Kamera. Ganz im Sinne der Regieanweisung – die eine Hand in der Hosentasche, die andere am Schultergurt meiner bei radiästhetischen Untersuchungen unerläßlichen Ledertasche – bewegte ich mich in Richtung Unterkirche.

Vor dem Fresko des Wunders des San Clemente blieb ich stehen und blickte zu ihm empor. Pflichtbewußt zählte ich dabei langsam bis vier. So lange wollte man diese Szene im Bild behalten. Dann trat ich mit ein paar Schritten über eine breite Steinschwelle in den östlichen Teil der Unterkirche.

Nun folgte eine schwierige Passage, denn ich mußte – um wertvolle Sendezeit zu sparen – in einem unauffälligen Laufschritt bis in die Nähe der zweiten Kamera gelangen, die im vorderen Teil der Kirche postiert war. Dort sollte ich meinen Schritt wieder auf «normal» stellen, mich betont locker an einem ausgemachten Punkt vor dem Altar langsam umdrehen und freundlich lächelnd auf das rote Lämpchen der Fernsehkamera blicken.

Diese ganze Prozedur lag für mich schon längst jenseits meiner schauspielerischen Begabung.

«Buona sera dottore . . . Guten Abend, Herr Doktor Purner . . . können Sie uns hören? . . . » – «Ja, ich höre Sie gut . . . ».

Nun wurde die erste Frage an mich gerichtet, bei der es darum ging, was für ein Experiment ich hier in der Kirche durchführen wollte. Ich antwortete, daß ich mit Hilfe einer bestimmten radiästhetischen Methode versuchen würde, festzustellen, ob im untersten Geschoß der Kirche besondere positive Zonen und Zonenkombinationen vorliegen und welche Lagebeziehung diese im Rahmen der baulichen Anlage aufweisen.

Man bat mich, in den nächsten zehn Minuten die angedeuteten Untersuchungen durchzuführen, um in einer zweiten Live-Schaltung über die Ergebnisse zu berichten.

Inzwischen sollten von Mailand aus Teile des Filmes «Orte der Kraft», an dem ich als Berater und Akteur mitgewirkt hatte, gesendet werden, an Hand derer Frau Paola Giovetti erläutern wollte, wer ich bin, was ich tue und welche Art von Forschungen ich im Zusammenhang von Kultstätten und Radiästhesie betrieben habe.

Während dies geschah, übersiedelten wir – das Aufnahmeteam und ich – auf die unterste Ebene von San Clemente. Vorher hatte ich im Mithräum bereits Teile der gemuteten Strukturelemente des heiligen Zentrums mit farbigen Klappmeßstäben ausgelegt, und es war vorgesehen, diesen Kreuzungspunkt dann live noch zu ergänzen.

Ich nahm den festgelegten Ausgangspunkt meines nächsten Auftrittes ein. Auf einen Wink des Kameramannes setzte ich mich in einem schmalen Gang in Richtung Mithräum in Bewegung, die Lecherrute in der Hand. In der Nähe der Kamera sollte die nächste Frage aus Mailand kommen.

An einem ausgemachten Punkt blieb ich so stehen, daß die Rute von der Kamera gut erfaßt werden konnte.

«... Signore ... Herr Purner, was haben Sie da in der Hand?»

Daraufhin versuchte ich in wenigen Worten zu erklären, um welche Art von Rute es sich hier handelt, daß sie als «Lecherleitung» physikalisch interpretierbar sei und auf Grund ihrer antennentechnischen Gesichtspunkte besonders geeignet erscheint, mit künstlich hervorgerufenen – also physikalisch erklärbaren – Reizzonen entsprechende radiästhetische Übungen durchzuführen. Dann kam ich auf jenen außergewöhnlichen «Ort der Kraft» im Mithrasheiligtum zu sprechen, der wie eine unsichtbare Sonne im Raum zu schweben schien. In ein paar Sätzen bemühte ich mich, zu erläutern, wie ich die Ortung eines solchen besonderen Punktes durchführe. So schilderte ich jene Art von Peilverfahren, mit dessen Hilfe ich zunächst versuchen würde, ein derartiges energetisches Gebilde in seinen groben Umrissen zu erfassen, um in der Folge in sein Zentrum einzutreten und entsprechende Detailuntersuchungen anzustellen. Auf die Frage, woher diese energetischen Erscheinungen stammen, konnte ich nur antworten, daß man darüber derzeit nichts Genaues wisse, obwohl sich zumindest bestimmte Aspekte dieser Phänomene aus dem Zusammenspiel terrestrischer und kosmischer Energien zu ergeben scheinen. Für mich persönlich sei aber der Ursprung dieser ortsgebundenen Energiepotentiale weniger wichtig, als die Tatsache ihrer Existenz und die Möglichkeit, diese Standortqualitäten aufzuspüren, um mit ihren harmonisierenden lichtvollen Kräften bewußt in Verbindung treten zu können.

Wäre es also empfehlenswert, zum Beten solche besonderen Orte aufzusuchen?

Diese unvorhergesehene Frage bewog mich, darauf hinzuweisen, daß der Mensch selbst ein außergewöhnlicher «Ort der Kraft» sei, der auch unabhängig von räumlichen und zeitlichen Gegebenheiten als Koordinationspunkt zu übersinnlichen Bewußtseinsebenen dienen kann.

Er selbst würde also gewissermaßen einen «Aufsteigeort» in höhere Wirklichkeiten darstellen. Folglich wäre es ihm grundsätzlich an jedem Ort und zu jeder Zeit möglich, sich durch das Gebet jenen heilenden Kräften zuzuwenden und anzuvertrauen, die in ihm wirken. Aber der Mensch ist als raum- und zeitgebundenes Wesen nicht immer und überall in gleicher Weise fähig, sich auf dieses «innere Gespräch» einzustellen. Außerdem sind sich wohl die meisten von uns als «Ort der Kraft» fremd geworden, und wir haben vielfach verlernt, aus jener lebendigen Kraftquelle zu schöpfen, die wir im Grunde unseres Seins sind.

So kann es eine große Hilfe sein, sich zum Gebet an solche Plätze zu begeben, die sich über Generationen hinweg als Orte der Einkehr und Besinnung bewährt haben und die durch ihr besonderes energetisches Fluidum und ihr geistiges Milieu wesentlich dazu beitragen, die Einstimmung und Ausrichtung unseres Bewußtseins auf die göttlichen Heilkräfte in uns zu erleichtern.

Es folgte die Frage, ob die hier durchgeführten Untersuchungen die Ergebnisse meiner früheren Arbeiten bestätigen.

Ich äußerte, daß dies sehr wohl der Fall ist, verwies aber gleichzeitig auf die Einmaligkeit und individuelle Ausprägung dieses außergewöhnlichen Punktes im Mithrasheiligtum.

Zum Abschluß meiner Ausführungen wandte ich mich besonders an jene Fernsehzuschauer, die sich vielleicht gedrängt fühlten, auf Grund der Sendung diesen Ort unbedingt zu besuchen. Ihnen empfahl ich, solche Plätze nie aus rein egoistischen Neigungen heraus aufzusuchen, sondern ihnen entsprechend ehrfürchtig und liebevoll zu begegnen. Auf keinen Fall sollten Neugierde und Sensationslust oder das Streben, unbedingt etwas Besonderes zu erleben, die Motive sein, eine heilige Stätte aufzusuchen.

Die Regie in Mailand hatte uns bereits stillschweigend ein paar Minuten mehr, als ursprünglich vorgesehen, an Sendezeit geopfert. Nun war die zeitliche Obergrenze aber offenbar endgültig erreicht, denn das Frage-Antwortspiel um die «Orte der Kraft» wurde mit Dankesworten und besten Wünschen für meine weiteren Forschungsbemühungen in höflicher aber unmißverständlicher Weise abgebrochen. Damit war unser Live-Beitrag aus Rom beendet, und man schaltete zurück ins Studio nach Mailand.

Aus einem Lautsprecher im Hintergrund vernahm ich noch, wie man den nun folgenden Studiogast ankündigte, mit dem die Sendung weitergehen sollte. Dann brach die Verbindung mit Mailand gänzlich ab. Die Techniker hatten inzwischen in beeindruckender Hektik mit dem Abbau der Kameras und den übrigen Geräten begonnen, um schon nach wenigen Minuten in sichtlicher Feierabendstimmung den Ort der Handlung zu verlassen.

Erleichtert, daß alles so gut abgelaufen war, stand ich vor meinem «Ort der Kraft» und betrachtete gedankenverloren die mit farbigen Stäben am Boden ausgelegten Zonen.

Über die Steinstufen hörte ich eilige Schritte herunterpoltern. Strahlend stürzte der Regisseur auf mich zu, der bis jetzt an seinem Regiepult in einem der Übertragungswagen gesessen hatte. Mit südländischem Temperament gratulierte er mir zu meinem Auftritt und beteuerte mit erhobenen Händen, wie wichtig seiner Meinung nach gerade für das italienische Publikum mein Hinweis gewesen wäre, daß man nicht aus bloßer Neugierde und Sensationslust derartige Orte aufsuchen solle. Der Dolmetscher erschien, ebenfalls sichtlich zufrieden, daß alles gut vorüber war. Von seiner Sprecherkabine aus hatte er über einen Monitor mitverfolgt, welche Bilder gesendet wurden und lobte den aus seiner Sicht sehr gelungenen und harmonischen Verlauf der Sendung.

So standen wir uns in einer Atmosphäre der Erleichterung und Freude über das gute Gelingen unserer gemeinsamen Aufgabe eine Weile gegenüber, bevor sich die beiden mit freundlichem Händedruck verabschiedeten.

Ich war wieder allein.

In aller Ruhe begann ich, meine farbigen Klappmaßstäbe zusammenzupacken, mit denen ich einen Teil der Strukturelemente des heiligen Zentrums ausgelegt hatte. Dabei muß ich wohl überhört haben, daß zwei Männer in den Raum getreten waren und mich schweigend bei meiner Tätigkeit beobachteten.

Als ich sie bemerkte, lächelten sie freundlich und sprachen mich auf Englisch an. Es war der Verwalter der Kirche und einer seiner Vertreter – irische Dominikanermönche in Zivil.

Merkwürdigerweise hatte ich den Eindruck, alte Bekannte vor mir zu haben, obwohl ich sicher war, ihnen nie begegnet zu sein. Sie äußerten sich lobend über den Verlauf der Sendung und gestanden, daß sie zunächst größte Bedenken gehabt hätten, da sie sich keine genaueren Vorstellungen machen konnten, auf was die Fernsehleute hinauswollten.

Nun verstand ich auch, warum sie in den oberen beiden Kirchen die Dreherlaubnis verweigert hatten.

Einer der Mönche kam aus der Gegend von Skellig Michael, jener sagenumwobenen Insel vor der irischen Küste, die mir eine wichtige Station auf meinem Weg zur Ergründung des Geheimnisses heiliger Orte gewesen war. Er zeigte sich hocherfreut, daß ich und meine Forschungsarbeit in der Sendung durch Filmbeiträge aus seiner Heimat vorgestellt worden waren.

Die beiden Dominikanermönche wußten auch selbst einiges über «Orte der Kraft» in Irland zu berichten. Ja, es sei ihnen durchaus bekannt und selbstverständlich, daß es Plätze gäbe, die sich durch ein außergewöhnliches immaterielles Fluidum auszeichneten, obwohl man ihnen dies von der äußeren Erscheinung her nicht anzusehen vermochte. Auch sie schienen von meinen Abschlußworten sehr angetan zu sein und bedankten sich für mein spürbares Bemühen, liebevoll und respektvoll mit diesen Phänomenen umzugehen.

Als sie mich dann auf jenes besonders Lichtvolle, Strahlende und Harmonische ansprachen, das dieser heilige Ort in sich bergen würde, hatte ich auf einmal das Bedürfnis, ihnen mehr über sein Geheimnis zu sagen. Und so versuchte ich, ihnen jenes wunderbare Erlebnis zu schildern, das mir zuteil geworden war.

Die beiden hörten mir andächtig zu, und während ich vom Sein im Licht sprach, schien es mir, als hätte ich auch in ihnen etwas Sonnenhaftes aufleuchten gesehen.

Gemeinsam stiegen wir dann hinauf in die Unterkirche. Dabei nützte ich die Gelegenheit, meine Begleiter darauf aufmerksam zu machen, daß der heute bestehende Altar nicht auf dem richtigen Platz steht, obwohl er sich rein äußerlich recht gut in den Kirchenraum einfügt. Ich zeigte ihnen auch den Ort, der aus meiner Sicht der richtige wäre, also jenen rechts vom bestehenden Altar liegenden harmonisch ausgeprägten Kreuzungspunkt.

Die Mönche nickten lächelnd, so, als ob ich damit eine Art Prüfung bestanden hätte, und bestätigten mir, daß der ursprüngliche Altar der frühchristlichen Basilika, die andere Ausmaße aufwies wie die heutige Unterkirche, tatsächlich im Bereich dieses Punktes situiert war.

Die Mönche begleiteten mich noch zum Ausgang, und ich mußte versprechen, bei meinem nächsten Rombesuch unbedingt wieder bei ihnen vorbeizuschauen.

Was ich auch zu tun gedenke – wenn möglich mit meinem Sohn Clemens, auf daß er das heilige Fluidum seines Schutzpatrons aus nächster Nähe kennenlerne ...

«Standortproblem» als Chance

Ich habe seither kein Bedürfnis mehr verspürt, weitere Kultstätten mit Hilfe der Rute nach ortsgebundenen Besonderheiten auszumuten oder gar in einzelne Strukturelemente «auseinanderzunehmen».

Nach dem Erlebten empfand ich es einfach nicht mehr als sinnvoll, mich in diesem Zusammenhang weiterhin an eine «Krücke» zu klammern, die ich ja doch loslassen mußte, wenn ich die eigentliche Quelle der Kraft erreichen und aus ihr schöpfen wollte.

So ist es für mich seit dieser lichtvollen Erfahrung selbstverständlich geworden, behutsam weiter zu üben, «Orte der Kraft» ohne äußerlich sichtbare «Gehhilfe» aufzuspüren und in Demut jenem geheimnisvollen Wort zu lauschen, das sich an solchen Orten in besonderem Maße danach sehnt, gehört zu werden.

Auch sonst kommt es seither in meinem «radiästhetischen Alltag» eher selten vor, daß ich die Wünschelrute benütze, obwohl es immer wieder «Wegstrecken» gibt, auf denen es mir doch zweckmäßig erscheint, mich auf diese bewährte «Krücke» zu stützen. So etwa bei der analytischen radiästhetischen Betrachtung eines als «problematisch» erspürten Punktes, wenn es darum geht, die Vielschichtigkeit des «Störbereiches» der davon betroffenen Person in detaillierter Weise vorzuführen. Denn viele Menschen scheinen nun einmal an einen rutentechnischen «Beweis» eines unsichtbaren Phänomens eher glauben zu können, als an ein unmittelbares Gespür dafür. Und von manchen wird es sogar als Zumutung empfunden, sich die Wahrnehmungsfähigkeit eines sinnlich nicht erfaßbaren Standortmilieus ohne Rute oder Pendel vorstellen zu müssen.

Vor allem in solchen Fällen finde ich es durchaus berechtigt und sinnvoll, derartige lokale Besonderheiten mit möglichst glaubwürdig erscheinenden Instrumenten und Mutungsmethoden anzuzeigen und in all jene Einzelheiten zu zerlegen, die derzeit von einer «seriösen» Standortuntersuchung im allgemeinen erwartet werden. Bei dieser Gelegenheit versuche ich aber auch, in dem Betroffenen ein Verständnis zu erwekken, daß dieses gemutete äußerliche Standortmilieu mit seinen einzelnen Strukturelementen nur eine Perspektive des Gesamtphänomens «Standortproblem» darstellt, in das er selbst als physische, seelische und geistige Wirklichkeit einverwoben ist. Gewöhnlich neigen nämlich gerade diejenigen, denen an möglichst kompliziert anmutenden radiästhetischen Gutachten gelegen ist, dazu, die Ursache ihres bedenklichen Gesundheitszustandes ausschließlich in einer von ihnen unabhängigen «Störung» zu suchen und damit auch jenen vielschichtigen und durchaus «lebendigen» Wirkungszusammenhang zu übersehen, der zwischen ihrer Person und dem energetischen Milieu eines Schlaf- oder Arbeitsplatzes besteht. Im allgemeinen zeigen sich aber die meisten Menschen durchaus aufgeschlossen, wenn man ihnen zu erklären versucht, wie sich im Erscheinungsbild ihres «Standortproblems» vieles widerspiegeln kann, was von ihnen selbst ausgeht.

So wird normalerweise auch jeder Betroffene ein gewisses Verständnis dafür aufbringen, daß er selbst durch sein eigenes «inneres Standortmilieu» und durch seine ganz individuelle «Programmierung» wesentlich dazu beiträgt, wie er auf eine äußere energetische Situation anspricht und ob sich diese auf ihn eher «gut» oder «schlecht», «heilsam» oder «krankmachend» auswirkt.

Schwerer hingegen vermögen sich die meisten vorzustellen, unter Umständen an der Entstehung und/oder «Aktivierung» einer äußeren «Störzone» mitbeteiligt zu sein.

Es mag in der geistigen Atmosphäre eines naturwissenschaftlich geprägten Zeitalters auch wirklich mehr als unpassend erscheinen, sich damit anfreunden zu müssen, daß wir es in manchem, was uns ortsgebunden «als Störung entgegenstrahlt», mit einer Art «immaterieller Spiegelung» jener Disharmonien zu tun haben, die derjenige, der darunter leidet, im Laufe der Zeit an diesem Ort unbewußt selbst hervorgerufen hat.

Wir hätten uns in diesem Falle nämlich einen Wirkungszusammenhang etwa in der Weise vorzustellen, daß zum Beispiel disharmonische Schattierungen des körpereigenen «Klangbildes» allmählich auf das energetische Milieu eines Standortes übergehen, ja, gewissermaßen «abfärben» oder durch das beständige Einfließen seelisch-geistiger «Mißklänge» im elementaren Fluidum eines Schlafplatzes «Störzonenelemente» regelrecht «zum Leben erweckt» und «genährt» werden.

Nicht zuletzt deshalb, weil sich ein «normaler» Erwachsener gewöhnlich nicht so ohne weiteres mit derartigen Merkwürdigkeiten abzufinden pflegt, zeigen im allgemeinen auch die unmittelbar Betroffenen ein eher bescheidenes Interesse, sich selbst als mögliche Mitverursacher und Mitgestalter ihres «Standortproblems» entsprechend ernst zu nehmen. So sind es in der Praxis nur sehr wenige, die sich für ihre mißliche Lage in einer Weise mitverantwortlich fühlen, daß sie sich ehrlich darum bemühen, jene oft ernüchternden «inneren Standorterhebungen» durchzuführen, die ihnen kein fühliger Experte abzunehmen vermag und die wesentlich zur Einsicht und Klärung der eigenen Aktivitäten im «Teufelskreis» ihrer chronischen Leiden beitragen könnten. Damit versäumen aber viele ihre Chance, sich im Spiegelbild ihres «Standortproblems» überhaupt selbst als «störendes» Element zu erkennen und dort mit einem «Standortwechsel» zu beginnen, wo nur sie selbst fähig wären, ein unmittelbares Gespür dafür zu entwickeln, ob sie «richtig liegen».

So neigen also die meisten dazu, ihre «Standortfrage» lediglich in der Weise zu stellen und zu «beantworten», daß sie sich von einem radiästhetischen Gutachter das äussere Symptom eines «gestörten» Bettplatzes diagnostizieren lassen, und diesem auszuweichen oder mit Hilfe einer fachkundigen «Entstörung» zu «entkommen» versuchen.

In der Praxis zeigt sich aber, daß dies allein zur Lösung der üblicherweise vorherrschenden «Standortprobleme» gewöhnlich nicht ausreicht und es eher die Ausnahme darstellt, wenn nur auf Grund eines Schlafplatzwechsels bereits eine wirklich anhaltende Besserung im Befinden eines Patienten eintritt.

Natürlich fühlen sich die Betroffenen im allgemeinen erleichtert, nach einer radiästhetischen Begutachtung ihr äußeres Standortmilieu gewechselt und entsprechend verbessert zu haben, vor allem dann, wenn sie ehrlich davon überzeugt sind, die Ursache ihrer Beschwerden müsse in einer von ihnen unabhängigen äußeren Feldsituation liegen.

Zum Teil stellen sich in dieser Atmosphäre der Erleichterung auch tatsächlich überraschend günstige Ortswechselreaktionen ein, die für Arzt und Patienten manchmal wie ein Wunder anmuten mögen und gerne als «Beweis» gewertet werden, daß also alles doch nur am «falschen» Platz gelegen habe.

Häufig kündigen sich aber bereits im Verlauf weniger Wochen erneut die alten Symptome an, von denen man hoffte, sie endgültig losgeworden zu sein.

In solchen Fällen lassen sich nun merkwürdigerweise am neuen Schlafplatz meist wiederum ortsgebundene Feldanomalien in Form charakteristischer «Reizzonen» feststellen, die mit den jeweiligen Beschwerden in Beziehung zu stehen scheinen, auch wenn der betreffende Ort zum Zeitpunkt des Standortwechsels aus radiästhetischer Sicht eindeutig ein «neutrales Bild» ergeben hatte.

Aus diesen neuerlichen Mutungen kann unter Umständen recht gut hervorgehen, ob diese neu aufgetauchten «Störelemente» eine ortsspezifische Art von «Schatten» oder «Spiegelung» jener Disharmonien darstellen, die der Mensch selbst «ausstrahlt», oder ob es sich um «gestörte» Feldverhältnisse handelt, die äußerlich verursacht wurden.

So sind ja unter anderem etwa bauliche Maßnahmen in der engeren oder weiteren Umgebung des Ortes oder Änderungen im Bereich der Hausinstallationen ebenfalls geeignet, eine Fülle von feldverändernden Wirkungen auszulösen, die mit den plötzlich in Erscheinung getretenen Standortanomalien in Zusammenhang stehen können.

Nun wird im Rahmen einer radiästhetischen Begutachtung vielfach deutlich, daß nicht nur die unmittelbar Betroffenen dazu neigen, die Ursache ihres «Standortproblems» ausschließlich auf der physischen Erscheinungsebene zu suchen und zu «behandeln», sondern auch jene fühligen Experten, die zum Aufspüren der ortsgebundenen Störzonenbereiche herangezogen werden.

Denn ein «normaler» Rutengänger beachtet bei seinen Standorterhebungen gewöhnlich nur solche Phänomene, die ihm als äußere «Reizzonen» erscheinen, und geht nicht darauf ein, ob und inwieweit der betroffene Mensch selbst an seinen eigenen disharmonischen Zuständen und an der Erscheinung der gemuteten «Störelemente» beteiligt sein könnte.

Deshalb sind es in der Praxis nur sehr wenige, die ihre Fühligkeit auch dafür einsetzen, um sich ein umfassenderes Bild der «gestörten Verhältnisse» zu machen und dabei etwa zu unterscheiden versuchen, was als energetisches Milieu und als elementares Fluidum ursprünglich vorhanden war, was vom Betroffenen selbst gewissermassen «aktiviert» und «heraufbeschworen» wurde, oder ob gar noch andere «Flüche» und «unerlöste Gedanken» auf diesem Ort lasten.

Und doch wäre es im Rahmen einer wirklich verantwortungsbewußten radiästhetischen Beratung wesentlich, ein «Standortproblem» als vielschichtiges Gesamtgeschehen zu betrachten und sich innerhalb dieses lebendigen «Zusammenklangs» physischer, seelischer und geistiger Elemente zumindest um eine gewisse Unterscheidungsfähigkeit der verschiedenen disharmonischen Bereiche zu bemühen.

Mit Hilfe einer ganzheitlich ausgerichteten, geistige, seelische und physische Dimensionen berücksichtigenden radiästhetischen Betrachtungsweise bestünde nämlich nicht nur die Möglichkeit, sozusagen in jene enge Wechselbeziehung zwischen den vom Menschen als innerlich und äußerlich erlebten Wirkungsfeldern Einblick zu nehmen, sondern auch die Schwerpunkte der «störenden» Einflüsse aufzuspüren.

Dabei ließe sich gewissermaßen ablesen, ob es überhaupt sinnvoll und verantwortbar ist, jemandem auf Grund eines anscheinend «gestörten» Schlafplatzes lediglich die äußere Maßnahme eines Standortwechsels zu verordnen. Denn häufig würde der Betroffene ja damit nur den standortgebundenen Spiegelungen seiner eigenen disharmonischen Ausstrahlungen ausweichen, ohne sich von den eigentlichen Ursachen seiner Beschwerden im geringsten zu entfernen.

Ein entsprechend umsichtiger radiästhetischer Berater wird sich in so einem Fall aber nicht auf diese fragwürdige Art einer «Symptombehandlung» beschränken, sondern versuchen, seine therapeutischen Maßnahmen und Empfehlungen so anzusetzen und abzustimmen, daß dadurch auch die tieferen Wurzeln der «Störzonen» erreicht und beeinflußt werden können.

Ob und inwieweit es damit gelingt, etwas «in Gang zu bringen», das sich in tiefgreifenderer Weise bereinigend und heilsam auf die «gestörten Verhältnisse» auszuwirken vermag, hängt allerdings weitgehendst vom Leidtragenden selbst ab. Denn wenn dieser nicht ernsthaft bemüht ist, sich vor allem geistig und seelisch entsprechend «in Bewegung zu setzen», wird er sich zumindest von jenen störenden Elementen schwerlich entfernen können, die in ihm selbst gründen.

Zum Ausklang

... und so erwachte er allmählich wieder aus jenem Traum, den er durch viele Jahre mit den «normalen» Erwachsenen gemeinsam geträumt hatte.

Das Wunschbild von der ausschließlichen Wirklichkeit der physischen Welt verschwand damit zusehends aus seinem Bewußtsein, und immer deutlicher sah er dahinter eine Wirklichkeit heraufdämmern, an die er sich aus früheren Kindheitstagen zu erinnern glaubte. So begannen etwa – den physischen Sinnen verborgen – erneut Wesen in seinem geistigen Blickfeld «Gestalt anzunehmen», die ihm behutsame und liebevolle Begleiter waren.

Und doch schien es keine bloße Wiederholung des einstigen Kindheitstraumes zu sein.

Denn der Spiegel seines Bewußtseins hatte sich seither in einer Weise gewandelt, daß er viel freier und wacher diese andere Wirklichkeit zu betreten vermochte und nunmehr auch fähig wurde, jene Geister klarer zu unterscheiden, die ihm auf seiner weiteren Weltenwanderung begegneten.

Dankbar besann er sich derer, die ihm auf seinem Wege hilfreich gewesen waren, sei es in menschlicher oder zwergenhafter Gestalt, als Wesenheiten des Lichtes oder der Finsternis.

Und eines Tages hatte er das Gefühl, daß es an der Zeit war, auch selbst anderen zu helfen, jenes geheimnisvolle Licht zu finden, das sich danach sehnte, erkannt zu werden.

Literatur- und Quellenverzeichnis

Assmann, D.
«Das Numinose in Sitte und Brauch». Imago Mundi, Band 1, Verlag Schöningh 1968, Paderborn

Assmann, D.
«Die bedeutendsten Wallfahrtsorte Österreichs und Südtirols». Österreichischer Volkskundeatlas, Kommentar VI, 6. Lieferung, 2. Teil, 1979.

Beichl, Carl
«Prähistorische Pfade – eigenartige Bahnstrassen». Österreichischer Verband für Ruten- und Pendelkunde. Wien, September 1973.

Bielenberg, Hinrich
«Der Einfluß des Stalles auf die Schweinemast». Dissertation. Braunschweig 1963.

Bird, Christopher
«Die weissagende Hand oder das Mysterium der Wünschelrute», Moos-Verlag, München, 1981.

Boothby, R.
«The Religion of the Stone Age». Journal of the British Society of Dowsers, Vol. 2, 1935.

Brüche, Ernst
«Zur Problematik der Wünschelrute». Documenta Geigy Nr. 5, Basel, 1962.

Caminada, Ch.
«Die verzauberten Täler». Walter Verlag, Freiburg 1961, (neu jetzt Desertina-Verlag, Disentis 1986).

Capra, Frijof
«Der kosmische Reigen. Physik und östliche Mystik – ein zeitgemäßes Weltbild». O. W. Barth Verlag, 1980

Castaneda, Carlos
«Reise nach Ixtlan. Die Lehre des Don Juan.» Fischer TB. Nr. 1809. 1979.

Castaneda, Carlos
«Die Lehren des Don Juan. Ein Yaqui-Weg des Wissens,» Fischer TB. Nr. 1457, 1980.

Charpentier, Louis
«Die Geheimnisse der Kathedrale von Chartres.» Gaia Verlag Köln 1974.

Cles-Reden, S.v.
«Die Spur der Zyklopen.» DuMont Verlag, Köln 1960.

Endrös, Robert
«Die Strahlungen der Erde und ihre Wirkung auf das Leben», Pfaffrath-Verlag, 5630 Remscheid, 1978.

Frieling, R.
«Von Bäumen, Brunnen und Steinen in den Erzvätergeschichten.» Verlag Urachhaus, Stuttgart 1969.

Galling, K.
«Die Religion in Geschichte und Gegenwart.» J. C. B. Mohr, Tübingen 1959, 3 Band.

Goldammer, K.
«Wörterbuch der Religionen.» Kröners Taschenausgabe, 3. Auflage, Band 125, Stuttgart 1976.

Graves, Tom
«Radiästhesie, Pendel und Wünschelrute», Goldmann-Taschenbuch Nr.: 11732.

Gugitz, G.
«Österreichs Gnadenstätten in Kult und Brauch.» Band 3, Tirol und Vorarlberg. Verlag Hollinek, Wien 1956.

Hartmann, Ernst Dr. med.
«Krankheit als Standort-Problem», Haug-Verlag, Heidelberg. 5. Auflage, 1986.

Hauck, A.
«Realencyklopädie für protestantische Theologie und Kirche.» J. C. Hinrich'sche Buchhandlung, Leipzig 1899, 7. Band.

Höfer, J./Rahner, K.
«Lexikon für Theologie und Kirche», Verlag Herder, Freiburg 1960, 5. Band.

Hürlimann, Gertrud I.
«Pendeln ist erlernbar» Band I und II. M&T Verlag, Zürich und St. Gallen, 1985.

Kirchgässner, A.
«Die mächtigen Zeichen. Ursprünge, Formen und Gesetze des Kultes.» Herder Verlag 1957.

Kirchner, Georg
«Pendel und Wünschelrute», Handbuch der modernen Radiästhesie, Ariston-Verlag, Genf, 1977.

König, Herbert, Prof. Dr.
«Unsichtbare Unwelt», Eigenverlag, München, 4. Auflage, 1983.

Kötting, B.
«Peregrinatio religiosa. Wallfahrten in der Antike und das Pilgerwesen in der alten Kirche.» 1950.

Lexikon
für Theologie und Kirche, 2. Auflage, Band 10, Freiburg 1965.

Luther, M.
«Die Bibel oder die ganze Heilige Schrift des Alten und Neuen Testaments.» Privilegierte Württembergische Bibelanstalt, Stuttgart 1912.

Michell, John
«Die vergessene Kraft der Erde», Frauenberg, 1981.

Michell, John
«Die Geomantie von Atlantis» Dianus-Trikont Verlag, München, 1984.

Pennick, Nigel
«Die alte Wissenschaft der Geomantie» Dianus-Trikont Verlag, München, 1982.

Pietschmann, Herbert
«Das Ende des naturwissenschaftlichen Zeitalters». P. Zsolnay Verlag, Wien 1980.

Purner, Jörg
«Radiästhetische Untersuchungen an Kirchen und Kultstätten», Dissertation, Universität Innsbruck, Fakultät f. Bauingenieurwesen und Architektur, Innsbruck, 1981.

Reicke, B./Rost, L.
Biblisch-Historisches Hand-Wörterbuch, Vandenhoeck & Ruprecht, Göttingen 1964, 2. Band.

Resch, Andreas
«Zur Geschichte und Theorie des siderischen Pendels mit Bericht über eigene Experimente.» Dissertation, Innsbruck 1967.

Resch, Andreas
«Kosmopathie», Der Mensch in den Wirkungsfeldern der Natur. Resch-Verlag, Innsbruck, 1981.

Roberts, Jane
«Gespräche mit Seth». (Von der ewigen Gültigkeit der Seele.) Ariston Verlag, Genf 1979.

Schneider, Reinhard
«Leitfaden und Lehrkurs der Ruten- und Pendelkunde. Einführung in die Radiästhesie». Teil I. Eigenverlag des Forschungskreises für Geobiologie e. V., München 1977.

Simonis, Werner Christian
«Erde, Mensch und Krankheit». Mellinger Verlag, Stuttgart 1974.

Steiner, Rudolf
«Individuelle Geistwesen und ihr Wirken in der Seele des Menschen». Bibl. Nr. 178, Verlag der Rudolf Steiner Nachlaßverwaltung, Dornach, 1980.

Streit, Jakob
«Sonne und Kreuz. Irland zwischen Megalithkultur und früherem Christentum.» Verlag Freies Geistesleben, Stuttgart 1977.

Thürkauf, Max
«Sackgasse Wissenschaftsgläubigkeit», Strom Verlag, Zürich 1975.

Thürkauf, Max
«Wissenschaft und moralische Verantwortung.» (Vom Bildungswert des naturwissenschaftlichen Unterrichts). Novalis Verlag, 1977.

Underwood, Guy
«The Pattern of the Past.» Abacus, London 1974.

Watkins, Alfred
«The Old Straight Track». Abacus, London 1978.

Wetter-Boden-Mensch
Schriftenreihe des Forschungskreises für Geobiologie e.V., München.